"十三五"普通高等教育本科部委级规划教材

上海市教委科研创新重大项目:2017-01-07-00-03-E00044

海派时尚设计及价值创造协同中心 13S10702

2016 年上海高校示范性全英语课程建设项目

现代纺织经济与纺织品贸易
（第 2 版）

高长春　肖　岚　主　编

汪　军　高　晗　陈慰来　副主编

中国纺织出版社

内 容 提 要

本书结合产业转移理论、企业经营与成本管理、需求理论和国际贸易理论等内容来介绍纺织产业的发展与纺织企业的经营管理特点,是一本可以让学生全面了解全球主要国家的纺织产业发展和国际贸易现状的教材。本次修订,编者又结合近十年来纺织服装产业中出现的新动态、新发展和新趋势,再次丰富教材内容,特别是加入了互联网经济与纺织品创新等内容,并更新了相关案例,以便学生能够更好地全面了解现代纺织产业的转移、生产、销售、国际贸易、电子商务和创新情况。

本书既可以作为高等院校纺织、服装和经济管理类专业学生的教材,也可以作为从事纺织品、服装贸易人员的自学参考书。

图书在版编目(CIP)数据

现代纺织经济与纺织品贸易/高长春,肖岚主编. -- 2 版. -- 北京:中国纺织出版社,2018.1(2021.7重印)

"十三五"普通高等教育本科部委级规划教材

ISBN 978 - 7 - 5180 - 4225 - 8

Ⅰ. ①现… Ⅱ. ①高… ②肖… Ⅲ. ①纺织工业—工业发展—中国—高等学校—教材 ②纺织品—国际贸易—高等学校—教材 Ⅳ. ①F426.81 ②F746.81

中国版本图书馆 CIP 数据核字(2017)第 265103 号

责任编辑:符 芬　责任校对:武凤余
责任设计:何 建　责任印制:何 建

中国纺织出版社出版发行
地址:北京市朝阳区百子湾东里 A407 号楼　邮政编码:100124
销售电话:010—67004422　传真:010—87155801
http://www.c-textilep.com
中国纺织出版社天猫旗舰店
官方微博 http://weibo.com/2119887771
三河市宏盛印务有限公司印刷　各地新华书店经销
2008 年 10 月第 1 版　2018 年 1 月第 2 版
2021 年 7 月第 6 次印刷
开本:787×1092　1/16　印张:11.75
字数:282 千字　定价:49.00 元

目前,中国是全世界发展最快也是最大的发展中国家,同时也是人口最多的国家。从1994年开始,中国成为世界上最大的纺织服装生产和出口大国,这对保证我国持续的经济增长、稳定的外汇储备和解决社会就业起到了至关重要的作用。时至今日,在劳动力成本上升、发达国家的制造业回流、中国纺织企业的海外布局和互联网经济的兴起等一系列新形势背景下,也产生了如我国纺织服装企业能否继续保持出口优势,海外投资能否获得成功,互联网背景下对我国纺织服装企业的销售和品牌建设会产生何种影响等一系列新的课题。

继2008年我们与中国纺织出版社通力合作,推出《现代纺织经济与纺织品贸易》一书后,本书一直用作东华大学和浙江理工大学等纺织类院校的教材。全书在概述全球化经济、产业转移理论、企业管理理论和国际贸易理论的基础上,让工科学生熟悉我国纺织产业发展的现状、特点和进出口情况,并对主要纺织生产大国的纺织产业国际竞争力有所了解。

斗转星移,世事变迁,本书初版至今已有近十个年头。十年来,世界发生了巨大变化,中国经济发展变化更大,纺织领域的贸易、投资变化也是有目共睹。与第1版相比,本版内容做了较大的修改和补充,更加侧重于讲解近十年来纺织服装领域的产业变化、纺织服装国际贸易的动态以及蓬勃兴起的纺织服装电子商务情况,并更新了相关案例。

本书的初版编写和再版修订是编者集体智慧的结晶。参与初稿编写的有高长春、肖岚、陈慰来、赵君丽、岳甚先、钱竞芳和刘蕴莹等。参加此次再版修订的具体分工为:高长春编写第一章,肖岚编写第二、第三章,陈慰来编写第四章,赵君丽编写第五章,肖岚、汪军、楼凌辰编写第六、第七章,高晗编写第八章,徐舒曼编写第九章,王金凤编写第十章,全书由高长春、肖岚负责统稿。除此之外,我们还要向所有对本书做出过贡献的学者、老师和研究生以及各界同仁致以深深的谢意。

为了补充客观、准确的纺织产业发展与贸易数据,我们做出了许多努力,但由于贸易情况的变化和产业发展的起伏,书中若有叙述不尽之处,敬请各位专家和读者予以批评指正。

编者
2017年8月

随着我国市场经济体制的逐步完善,2001年加入世界贸易组织和2005年纺织品配额的取消,纺织品国内市场与国际市场逐步接轨,中国已成为全球纺织品生产和出口领域中最引人注目的国家之一。根据相关数据显示,2006年中国纺织品服装出口已占世界贸易额的26.4%(其中服装出口高达30.6%),但是我国纺织业在迅速发展的同时,由于主要以劳动密集型产品为主,过度依赖劳动力优势,也存在着技术密集型产品发展缓慢,企业规模不大,产品附加值低,缺少国际知名品牌等一些问题。

面对不断增加的劳动力、原材料成本和国际贸易摩擦,我国纺织企业如何合理配置各种资源,使得资源利用更加经济合理;如何在经营中降低成本,提高利润,根据市场的需求安排生产;如何在国际贸易中获得更多的收益等,需要我们从经济学、管理学和国际贸易的角度去把握。

目前国内关于经济学、管理学和纺织品国际贸易实务操作方面的著作不胜枚举,但是系统地融合经济学相关理论和我国纺织服装产业特点的书籍却很少。作为纺织高等教育"十一五"部委级规划教材,我们旨在借鉴经济学、管理学和国际贸易的相关理论,结合纺织服装产业发展等内容,在介绍一些基本理论和知识点的基础上,使读者既能够从宏观上了解世界纺织行业发展的轨迹和中国纺织行业经济发展的特点,又能够从微观上掌握纺织企业和纺织品市场的特点。

本书主要由东华大学、浙江理工大学和哈尔滨工业大学几位从事经济学、纺织经济与贸易教学和研究的教师在总结实践经验的基础上编写而成,其主要特点是从现代纺织基本理论出发,以纺织经济资源的合理配置为目标,将经济学理论与纺织产业相结合,并结合理论教学与具体案例分析的内容,从不同的视角来解析中国纺织业和纺织企业的特点。本书较全面地分析了纺织经济和纺织品国际贸易问题,既可用作纺织、服装、经济管理类和其他相关专业学生的教材,也适用于从事纺织品服装行业的工作人员,作为其学习资料。

全书共分十章。第一章至第七章侧重于介绍转轨经济和二元经济结构以及纺织业国际产业转移背景下中国纺织企业的发展,纺织企业的生产管理与新产品开发,成本与利润管理,纺织品市场需求与影响市场需求的主要因素,纺织产业国际竞争力比较,技术进步与纺织经济的发展等内容;第八章至第十章主要从国际贸易主要理论、我国纺织品对外贸易发展现状和发展战略,以及纺织品对外贸易实务三个方面来介绍纺织品国际贸易的内容。

在本书编写过程中,参阅了大量专家同行的著作和文献资料,并从中吸取了一些符合本教材编写要求的内容,相关参考书目附于每章后的参考文献中。在此,特对这些参考文献的作者表示敬意和感谢!

本书由高长春担任主编。具体编写分工为:高长春编写第一章;肖岚编写第二章、第三章;陈慰来编写第四章、第十章;赵君丽、徐丽编写第五章;赵君丽编写第八章;钱竞芳、刘蕴莹编写第六章、第九章;岳甚先编写第七章。

本书的编撰、出版工作得到了东华大学各级领导的大力支持,在此一并致谢。

尽管我们做出了许多努力,但由于学识有限,若有错误和不当之处,敬请专家和读者给予批评、指正,在本书再版时我们将予以更正。

编者

2008 年 6 月

课程设置指导

本课程设置意义 "现代纺织经济与纺织品贸易"课程采用理论结合实际、定性和定量分析方法相结合,系统地介绍了相关经济学和国际贸易理论,同时还结合了外部环境的变化和纺织产业的特点对现代纺织经济与纺织品贸易进行了全面分析。本课程有利于学生在掌握基本经济学和国际贸易理论知识的基础上,从宏观角度整体把握纺织经济的特点和分析纺织品国际贸易的现状与发展。

本课程教学建议 "现代纺织经济与纺织品贸易"课程作为培养纺织行业综合性人才的主干课程,本书可用于现代纺织技术专业"纺织品检测与经贸""纺织品检测/国际贸易实务""服装贸易"方向的主干课程教材;也可用于经济管理类专业的选修课程教材。

本教材可供 3 或 4 学分的课程使用一学期,建议学时为 48 或 72 课时,建议每课时讲授字数控制在 4000 字以内,教学内容包括本书全部内容。对于只有 2 学分的课程,可以压缩相关内容。就专业而言,如果是纺织专业类学生,建议使用全书;如果是经济管理类专业的学生,建议在修完相关经济理论基础课后,选修本门课程。其他专业可以选择与专业有关的内容进行教学。

本课程教学目的 通过本课程的学习,可以使学生在掌握基本经济理论和分析方法的同时,了解在全球和区域经济一体化环境下,纺织经济在我国国民经济不同阶段的地位及其变化的原因,认识到我国纺织业在国际竞争中的比较优势和不足之处,学会客观地分析纺织业的特点和中国纺织业的发展。

Contents

目 录

第一章 导 论

● 本章知识点 ●

1. 狭义和广义纺织业的概念，以及现代纺织品的应用前景。
2. 转轨经济和二元经济结构下中国纺织业的发展过程。
3. 全球化经济背景下中国纺织业发展的特点。
4. 互联网经济背景下中国纺织产业的发展。

纺织业是我国传统的行业之一，是与国民经济和人们日常生活密切相关的一个重要产业。现代纺织业的内涵也远远超越了传统的纺纱织布的范畴，伴随着机电一体化、化学纤维的应用、信息化等科学技术的发展，现代纺织产品正广泛应用于工业、农业、军事、医药、建筑和航天等领域。本章旨在探讨转轨经济、二元经济结构、全球化经济和互联网经济背景下的中国纺织业发展的同时，指出和分析存在的问题和面临的挑战与压力，以求多角度地解析纺织经济的特点与中国纺织业的发展。

第一节 现代纺织的概念和应用前景

一、现代纺织的概念

英国的工业革命从纺织业发端，日本的产业发展和经济进步也是以纺织业为先导。纺织行业作为我国的传统行业，有着悠久的发展历史。中华人民共和国成立以来特别是改革开放三十多年来，我国纺织产业得到了快速发展。从纺织业的内涵来说，现代纺织业早已突破传统的范畴，正逐渐发展成为一门包括纤维材料新技术、纺织染工艺与设备新技术、信息技术等多学科相交叉的综合性产业。

关于纺织业的内涵，可以从狭义和广义两个层次进行理解。狭义的纺织业是指用天然纤维或化学纤维加工而成各种纱、丝、绳、织物及其色染制品的工业。按原料性质的不同，可分为棉纺织工业、毛纺织工业、丝纺织工业、麻纺织工业，化学纤维工业等。按生产工艺的不同，可分为纺纱工业、织布工业、针织工业、非织造工业、印染工业等。广义的纺织业，除包括狭义的纺织业的内容外，还包括服装工业。习惯上通常将广义纺织业称之为纺织服装业。

二、现代纺织品的构成和应用

在纺织业中，服用纺织品、家用纺织品与产业用纺织品共同构成纺织业的三大类支柱产品。根据相关统计数据，2010年我国纺织三大类最终产品：服用、家用、产业用纺织品三者的比例为51∶29∶20,2015年三者比例为48∶27∶25。其中产业用纺织品所占比例增速最快,从2005年的13%增长到2010年的20%,到2015年占到总数的1/4。

虽然服用纺织品仍接近半数比例,近年来我国床上用品、布艺产品、毛巾类和刺绣品等装饰用产品的增长迅速,正成为纺织产业中新的增长点。我国作为世界上主要棉花生产国,在床上用品和毛巾成品等装饰用纺织品方面也具有较强的竞争力。

产业用纺织品在国外被称为"技术性织物",通常附加值比较高,主要品种有篷帆布、革基布、交通运输用纺织品、过滤用纺织品以及建筑用、包装用和医疗卫生用纺织品。随着工农业生产的快速发展和国家对基础设施投入的加大,对新型材料以及工业用、军事用、农业用、医药用、建筑用纤维材料产品需求的增长,产业用纺织品呈现快速增长趋势。

纤维技术和消费市场的持续发展也将为纺织工业的发展提供源源不断的动力。比如:随着生物工程技术的不断发展,出现了如大豆纤维、纳米纤维、玉米纤维等新型纤维;随着新材料技术的发展,碳纤维等高性能、高功能化学纤维已成为21世纪重要的新材料之一,将应用于国防、航空和其他工业,最近欧盟新生产的空客A380,30%的壳体和部件使用碳纤维。具体来说,还有芳纶高强高模纤维可以作为土木建筑新材料,应用于海边结构物、大跨度桥梁;强度高、重量轻的芳纶、碳纤维代替钢筋,可用于象征人类未来城市的千米以上超高层建筑;防震能力很高的碳纤维材料可用于加固、修补桥墩、地下停车场、立柱等。

在开发飞机和现代国防材料方面,一架新型喷气客机777需5吨碳纤维用于垂直和水平尾翼部位;洲际导弹头防热层,需要黏胶基碳纤维;坦克和装甲车,需芳纶复合钢板;核潜艇艇身,需整体特种纤维缠绕结构。

在开发生物工程技术方面,人体的神经、血管、筋腱、韧带、肌肉、皮肤等结构,均由纤维类物质所组成,研制人造器官需从研制新型纤维入手。此外,还可用纤维制成激光光纤治疗器、手术刀和光纤传感器等医疗器械。

在保护环境和治理污染方面,在净化水、除臭、吸附酸性氧化物气体和油类污染、减少固体废气时,可用中空纤维分离膜超细纤维毡片、离子交换纤维、汲油纤维以及微生物降解纤维等。此外,在农、林、水产等产业用品中,温室大棚的保温材料、多功能遮阳网、智能化薄膜、无土栽培的基质材料、远洋轮缆绳等,均可用特制纤维制成。

纺织业是中国的传统产业,曾经在我国工业化进程中起到先导作用,现代纺织正通过依靠高新技术产业,充分发挥高新技术的渗透和辐射作用,开辟纺织产业新的领域、新的功能、新的价值,拓展新的市场和新的产业发展空间。

第二节　转轨经济和二元经济结构中
中国纺织业的发展

从1978年中国经济体制改革开始,中国的经济飞速发展,我国人均国民生产总值(GDP)从1979年到2013年的35年间,年均增长达到9.6%,2006年人均GDP首次突破2000美元,2016年人均GDP超过8000美元,达到8866美元,达到中等发达国家的中下等水平。

目前,我国是世界上规模最大的纺织品服装生产国、消费国和出口国,是纺织产业链最完整、门类最齐全的国家之一,在生产领域中形成了以纺织原料、纤维、面料、服装等产业相衔接,棉、毛、丝、麻、化学纤维、纺织机械等工业相配套,门类齐全的、完善的上下游产业链和较为完整的产业体系。

一、转轨经济中中国纺织业的发展

经济转轨不同于改革,转轨是从基于国家控制产权的集中计划经济转向自由市场经济,而改革的目标在于通过改进一些非根本性制度来对现存制度进行完善。目前我国仍处于由计划经济向市场经济转型的过程中,仍然是一个发展中国家。1984 年我国取消了布票(1954~1983 年),标志着纺织服装业由计划经济向市场经济转变的开始。

利用经济规律和价格杠杆来调节市场,为纺织服装工业的快速发展增加了动力,加之由于其进入门槛低、市场大、技术障碍小、投资少、收益快、积累资金多、可以吸纳大量就业等特点,我国纺织服装业得到了迅速的发展。

(一)转型期间纺织业各阶段的发展特点

从行业自身的发展特征来看,结合经典的"里兹模型",根据生产量、国际贸易量、生产能力、产业策略、产业结构、国内经济政策以及国内市场等七个因素,可以把纺织工业划分为七个阶段,依此顺序为:维生阶段,起飞阶段(早期工业化),快速成长阶段,发散整合阶段,产业发展量、质俱增阶段,创意独具实质整合阶段和产业发展新形态阶段。根据这七个阶段的特征,可以看出,中华人民共和国成立以后,我国纺织业经历了起飞阶段和快速增长阶段,现处于发散整合阶段。

起飞阶段(20 世纪 50~70 年代末)。这一阶段突出体现了计划经济的特征,销售是计划分配的,主要产品以天然纤维原料成衣为主,基本满足国内需求,市场布局比较分散,生产集中度不高。

快速增长阶段(20 世纪 80~90 年代末)。这一阶段是由计划经济向市场经济过渡的阶段,从 20 世纪 80 年代到 90 年代后期,大批的民营企业进入纺织服装业,90 年代后期大量外资企业以合资方式进入,全国纺织服装生产布局开始由计划经济的分散布局逐步向区域集中。主要产品以大宗纺织品及成衣为主,且开始大量出口,纺织经济朝外向型经济发展。

发散整合阶段(21 世纪初至今)。这一阶段是全球化背景下的结构调整时期,是纺织产业富于变化的时期。这期间中国纺织品服装的生产和出口的种类、数量不断取得突破。自 2005 年 7 月我国开始实行有管理的浮动汇率制度以来,人民币汇率不再盯住单一美元,而是形成了更富弹性的人民币汇率机制。在目前人民币对美元不断升值的情况下,中国纺织企业如何提高产品附加值、增加利润成为首要的课题。

2012 年中国纺织工业联合会发布了《建设纺织强国纲要(2011~2020 年)》,提出了到 2020 年要建成纺织科技强国、品牌强国、可持续发展强国和人才强国的战略目标。

(二)纺织业民营企业的兴起

民营企业的发展在纺织服装业中最为显著,20世纪90年代中后期,由于体制落后、技术落后等问题,我国纺织业曾经陷于困境,虽然政府实施了"压锭"和向西部地区战略转移的计划,但曾经占主导地位的国有纺织企业仍然陷于困境。与此同时,中国东部沿海地区的私营企业家们纷纷转向纺织业,果断投资、大胆引进国外先进技术和设备,在短短的数年内异军突起,使中国纺织业迅速地完成了一次大规模的产业结构调整和升级换代。通过市场的作用,纺织服装业中国有资本的比重已经越来越小,非国有资本的比重越来越大。

目前纺织行业中民营企业占多数,总数达几十万户,规模以上3.6万家纺织服装企业中,非公企业已占总数的97%,民营企业占76%,2016年民营企业出口占比达68.5%。例如,在浙江,民营纺织企业的数量占到全省纺织企业总数的97%以上,支配着全省纺织工业70%多的资产。广东、江苏、山东等纺织大省的情况也大致相同。据统计,在我国现有的服装企业中,民营企业数量已占到50%以上,如红豆、罗蒙、杉杉、雅戈尔等民营企业正在成为行业中的代表。

从分布区域来看,目前我国民营纺织企业大多集中在沿海地区的几个纺织发达的省份,这为其发展提供了良好的外部环境。这些企业又大部分分布在县、乡等区域或产业集群区,区位优势明显。目前在浙江、江苏、山东、广东等省,超过万家纺织服装企业的纺织产业集群区域和特色城镇比比皆是,这些企业90%以上都是民营企业。利用县、乡、镇低成本的劳动力资源,加之产业集群区域的专业化分工和相互之间的密切协作,民营纺织企业逐渐进入了发展的快车道。

在长期的发展中,民营纺织企业不仅为国家创造了大量的利润和外汇,而且在改善人民生活质量和增加就业等方面做出了突出贡献。

二、二元经济结构中中国纺织业的增长

(一)二元经济结构理论

二元经济结构理论是发展经济学的奠基性理论之一。美国著名经济学家刘易斯(W. A. Lewis)在《劳动力无限供给条件下的经济发展》一文中系统地提出了经济发展过程中的二元经济结构理论,揭示了发展中国家并存着农村中以传统生产方式为主的农业和城市中以制造业为主的现代化部门,因为农业中存在着边际生产率为零的剩余劳动力,因此农业剩余劳动力的非农转移能够促使二元经济结构逐步削减。

同时纺织产业自身的自然属性和社会属性也加强了这种二元经济结构。从自然属性来说,作为加工工业,对其加工的原料具有较大的兼容性;其加工技术中,生产要素、资本与劳动配置比例的范围也较宽,为多种生产方式的存在提供了可能性。从社会属性来讲,纺织业既是传统的产业,与小生产方式联系在一起;同时纺织业也是现代产业,是与现代化的大机器生产联系在一起的。

中国作为一个发展中的人口大国,二元经济结构的特征更加突出,并具有其特殊性。目前受户籍制度的影响,农村劳动力市场和城市劳动力市场是分割的两个市场,低报酬劳动力的大量供给,资本的成本较高,大大促进了我国劳动密集型纺织业的发展,所以劳动力的供给状况

直接决定了今后我国纺织业的发展,劳动力成本上升的话题自然也就引起越来越多的关注。

（二）对今后我国纺织业发展的影响

根据国家统计局发布的数据显示,在 2014 年全年经济增速下滑的同时,劳动年龄人口比例也出现了连续第三年的下降。据统计,16～59 岁的劳动年龄段人口在 2014 年减少了 371 万人,降幅超过了 2013 年。"人口红利"的消退也称为中国经济新常态的表象之一。

随着工业化发展,中国已经达到了"刘易斯拐点",这是农业部门的剩余劳动力已经见底的状态。虽然此观点仍存在争议,但普遍认为,过去劳动力供给从过剩逐渐走向短缺,在纺织行业这一现象更为明显。劳动力人口的减少确实会造成劳动力成本的提高,这对纺织企业来说确实增加了生产成本。

以成本优势为例,中国昔日廉价劳动力的优势一去不复返,这是中国经济社会发展的必然结果。但在这个昔日优势逐渐消失的同时,新的优势正应运而生。劳动力人口的减少会导致劳动力市场供求关系发生变化,在那些出现劳动力短缺的地区和行业,劳动者工资待遇、劳动保障有可能出现实质性的改善。而且从另一方面看,也会倒逼企业从依靠人力转向依靠创新,转向提高生产效率,转向产品结构调整和升级。

第三节　全球化经济中的中国纺织业发展

目前,中国已经成为世界最大的贸易国之一,有着世界上 120 多个国家的贸易伙伴。2015 年 10 月中国首次超过加拿大成为美国第一大贸易伙伴。2015 年中国纺织服装出口占全球份额的 38.5%（其中服装出口高达 39.3%）,连续多年占据全球纺织服装出口国的首位。

一、第二次世界大战后全球纺织业发展的历史与现状

第二次世界大战以后,全球纺织服装的生产和国际贸易经历了一个飞速发展的时期,在 1968～1974 年年间,全球纺织品贸易额年均增长 18.9%,服装贸易额年均增长 21.6%;纺织品生产量年均增长 13.2%,服装生产量年均增长 17.2%;而当时所有可贸易品的年均增长仅为 9.7%。

在经济全球化的推动下,纺织产业结构在世界范围内发生着巨大的变化和重组。从 20 世纪 60 年代开始,伴随着世界纺织工业中心逐渐从美国、西欧、日本等发达国家转移到亚洲新兴工业化国家和地区,并在 20 世纪 60 年代末到 70 年代初期间达到了顶峰,当时的一些发展中国家利用生产和出口制成品的机会实现了经济的迅速发展,这其中就包括纺织品服装的生产和出口。纺织品服装是国际贸易最重要的行业之一,这段时期,在这方面飞速发展的国家包括韩国、巴西、哥伦比亚等国。纺织业由于其劳动密集型和较少资金的要求,促进了这些国家的资金、技术积累和工业化的发展。中国虽然作为最大的发展中国家,但却没有赶上这次发展的机会。进入 20 世纪 80 年代之后,发达国家进一步从传统纺织产业中退出,而新兴工业化国家和地区则进入传统纺织产业结构升级的行列。至 1997 年,纺织品的出口占到了全球工业品出口的 9%。

在全球经济一体化和世界纺织服装产业结构大调整的今天,全球纺织服装供应链的走势是发达国家主要生产高端(高附加值、高科技含量)产品,如美国、欧洲的纺织品、服装及家纺产品都在不断减少。美国在地毯及高品质工业用纺织品,如碳纤维复合材料和车用安全气囊方面具有统治地位。意大利是欧洲最大的纺织品和服装生产国,被公认为是高档服装和服装面料的领先国家。而中低端产品(批量大、低附加值和低技术含量)的生产被转移到劳动力成本低的国家和地区,如化学纤维市场已被分成两块。中国和亚洲其他国家主导着日用纤维市场;美国、欧洲和日本的公司主导着高性能纤维市场。中国已成为纺织品服装出口大国和纺织进口大国,服装出口金额占全球服装出口总金额的1/3以上。

据日本化学纤维协会2017年1月报道,2016年世界化学纤维生产量为6529万吨。其中最大生产国依然是中国,2016年继续增加,但增长率减慢,比2015年增长3%,为4570万吨,占世界化学纤维生产的比例为70%。其他主要生产国家和地区,印度、东盟和韩国,与2015年相比,增长2%~5%,西欧、美国大体停滞不前。

二、中国纺织业对外经济贸易的发展

经济全球化实质是全球经济市场化,对转轨国家带来的机遇大于风险。中国的纺织服装业是最早开放的产业,伴随着世界纺织产业结构的调整,依靠原料和劳动力价格优势,我国纺织服装业生产加工迅速上升,竞争力不断增强,纺织服装产品在国际上的份额也不断增加。

虽然在20世纪末,由于棉花价格不断上涨,国家投资减少,我国纺织服装业经历了一段非常困难的时期,但是在2001年加入世界贸易组织后,依托不断增加的出口市场,我国纺织品服装出口一直保持高增长,占全球纺织服装贸易份额不断攀升(表1-1)。我国纺织服装业得到了飞速发展。

根据WTO统计,2015年,中国占全球纺织服装贸易的份额是38.5%,其中占全球纺织品贸易份额为37.4%,占全球服装贸易份额为39.3%。与2004年年底纺织品配额全面取消之前相比,截至2015年,中国占全球纺织服装贸易的份额增长了17.6%,其中纺织品份额增长了20.3%,服装份额增长了15.8%,纺织品贸易份额增长速度略高于服装。排在中国之后的是欧盟,占全球份额的24%;其他国家和地区的份额都不超过5%。印度占4.8%,中国香港占3.7%,孟加拉占3.6%,土耳其占3.5%,越南占2.9%。可以说,中国在世界市场上的份额遥遥领先于其他发展中国家,今后几年中国在全球的份额有可能会缓慢下降,但绝对份额会基本保持稳定,见表1-1。

表1-1　1990~2015年中国占全球纺织服装贸易份额

年度	中国纺织服装出口额(亿美元)	占全球份额(%)	中国纺织品出口额(亿美元)	占全球份额(%)	中国服装出口额(亿美元)	占全球份额(%)
1990	168.9	7.9	72.2	6.9	96.7	8.9
1995	379.7	12.2	139.2	9.1	240.5	15.2
2000	522.1	14.7	161.4	10.3	360.7	18.3

年度	中国纺织服装出口额（亿美元）	占全球份额（%）	中国纺织品出口额（亿美元）	占全球份额（%）	中国服装出口额（亿美元）	占全球份额（%）
2004	952.9	20.9	334.3	17.1	618.6	23.7
2005	1152.1	24.0	410.5	20.3	741.6	26.8
2010	2066.9	34.1	768.7	30.5	1298.2	36.8
2011	2481.8	34.9	944.1	32.0	1537.7	36.9
2012	2550.5	36.0	954.4	33.4	1596.1	37.8
2013	2839.8	37.2	1065.7	35.0	1774.1	38.6
2014	2982.7	37.4	1116.6	35.6	1866.1	38.6
2015	2837.0	38.5	1090.0	37.4	1747.1	39.3

资料来源　《2015/2016 中国纺织品服装对外贸易报告》，中国纺织品进出口商会编著

但是从 2015 年开始，我国纺织服装出口连续两年下降，继 2015 年下降 4.9% 之后，2016 年继续下降，且降幅扩大至 5.9%。这是中国纺织品服装出口近 20 年来，首次出现连续两年下降，且降幅逐年放大的局面，表明中国纺织品服装出口已正式步入拐点，进入调整周期。

2016 年出口下降的主要原因包括：主要出口市场经济复苏缓慢，外需疲软；外部环境不稳，影响出口的不确定因素增多；企业生产成本不断提升，传统优势进一步弱化；产业及产品转移导致我国产品在主要市场份额逐步缩小；出口商品价格出现较大幅度下跌。

总体而言，我国纺织服装业具有企业多、分布散、规模差距大的特点。近年来，伴随着产业结构调整、转型升级的加快，出口企业集中度有所提升。从 2016 年出口数据看，年出口额在 5000 万美元以上的大型、超大型企业家数比上年减少 70 余家，但出口金额占比仍保持在 28%，与 2015 年持平。

第四节　互联网经济中的中国纺织业发展

随着我国经济从投资驱动型制造业为主的经济转变为消费驱动型服务业经济，消费占 GDP 的比重，从 2007 年开始逐步上升，2016 年服务业占 GDP 比重已上升为 51.6%，比 2015 年继续高出 1.4 个百分点，比第二产业高出 11.8 个百分点。

根据中国互联网络信息中心（CNNIC）2017 年 1 月发布的第 39 次《中国互联网络发展状况统计报告》显示，截至 2016 年 12 月，中国网民规模达 7.31 亿，互联网普及率达到 53.2%。其中，手机网民规模 6.95 亿，增长率连续三年超过 10%。台式电脑、笔记本电脑的使用率均出现下降，手机不断挤占其他个人上网设备的使用。移动互联网与线下经济联系日益紧密，2016 年，我国手机网上支付用户规模增长迅速，达到 4.69 亿，年增长率为 31.2%，网民手机网上支付的使用比例由 57.7% 提升至 67.5%。

一、互联网经济与大数据时代

目前,中国经济规模已经跃居世界第二。随着中国国民收入的大幅度增长,中国国内市场规模不断扩大,劳动力成本上升的另一面是人们经济生活水平的提高,市场需求的增大和创新能力的提升,这也更有利于制造业的转型。更为重要的是,由人民生活水平提升带来的互联网经济的高速发展,可能会成为加速推动下一轮中国工业转型的巨大引擎。

2014年7月,麦肯锡全球研究院发布的《中国的数字化转型:互联网对生产力与增长的影响》报告中指出,拥有6.32亿网民,7亿台智能终端的中国正在从消费者主导型的互联网转变为企业主导型的互联网。报告还指出,2013年,中国互联网经济占GDP的比重已经超过美国和德国,预计2013~2025年,互联网将帮助中国提升GDP增长率0.3%~1.0%。这意味着在未来十几年中,互联网将有可能在中国GDP增长总量中贡献7%~22%。互联网不仅可以成为未来几年中国经济的新引擎之一,更重要的是,它还将改变经济增长的模式。

在互联网技术的带动下,越来越多的新产业、新业态、新商业模式成为经济增长的亮点,尤其是网购这一消费模式,成为中国经济稳中有进、稳中向好的重要动力。

二、中国纺织服装电子商务的发展

随着互联网用户和网购用户规模的快速扩大,为纺织服装行业电子商务发展提供了良好的基础。经测算,2016年纺织服装电子商务交易总额为4.45万亿元,同比增长20.27%,占全国电子商务交易总额的20.23%。其中,纺织服装企业间电子商务(B2B)交易额为3.45万亿元,同比增长21.05%;服装家纺网络零售总额合计为9850亿元,同比增长18.53%,占全国实物商品网络零售总额的23.51%。从长期发展来看,PC、移动、实体店铺的高度融合,是纺织服装销售领域发展的必然趋势。

中国纺织服装电子商务以企业间电子商务应用形式为主体、专业化的第三方平台为主要渠道,多形态稳步发展。应用企业围绕电子商务质量提升和品牌发展,在跨境电子商务、移动电子商务、O2O线上线下联动、网红电商等新领域得到了有力推进,促进了行业企业创新意识。目前我国纺织服装行业的电子商务发展主要呈现如下主要特点。

1. B2B形式是行业开展电子商务的主体　目前,纺织服装行业开展电子商务的形式以B2B为主体,呈现多样化、多形态共同发展。特别是纤维原料、纱线等产品的交易主要发生在企业之间,大宗商品现货交易模式在企业中的应用受到重视。在阿里巴巴、网上轻纺城等第三方平台上,坯布、面辅料、服装家纺等电子商务活动越来越活跃。

2. 交易产品种类覆盖全产业链　纺织服装产品种类的多样化,使纺织服装产品成为电子商务交易中最活跃的部分。在B2B电子商务平台上,纺织服装交易产品覆盖全产业链,从工业原料到产成品,包括原料、纱线、坯布、面辅料、服装和家用纺织品等;在B2C、C2C的电子商务交易中,产品主要集中在女装、男装、童装、运动休闲装、内衣、家居服和家纺等方面,但以女装和男装为主;交易量大的PTA(精对苯二甲酸)、棉花、生丝、羊绒、纱线和化学纤维等标准化程度较高的纺织原材料,则成为大宗商品电子盘上比较活跃的产品。

3. 第三方平台是行业电子商务发展的主要途径　第三方电子商务平台泛指独立于产品或服务的提供者和需求者,通过网络服务平台,按照特定的交易与服务规范,为买卖双方提供服务,服务内容包括供求信息发布与搜索、交易的确立、支付和物流等。企业利用第三方平台发展电子商务主要分为两类:其一是综合性电子商务平台,例如阿里巴巴、慧聪网、环球资源网以及天猫、京东商城等平台针对纺织服装产品开辟了从原材料到成品的专门频道,并提供专业化的电子商务服务,包括网络推广、在线询盘、订单管理、在线支付、物流在线查询等;其二是纺织服装垂直专业性电子商务平台,例如网上轻纺城,该平台为企业提供专业化的线上服务和个性化的线下服务,包括国际采购洽谈、样品国际展示等。

4. O2O 线上线下联动是电子商务的重要经营模式　O2O 线上线下结合为纺织服装企业创造了更多的价值。从目前各品牌已探索的情况来看,企业在自建网站、手机 APP、天猫商城、支付宝公共服务平台或腾讯微信等互联网服务平台上都设置入口。一方面为消费者推送商品信息和优惠券,吸引消费者到实体店试穿、购买,实现线上导流到线下;另一方面引导到店消费者扫描二维码成为品牌"粉丝",使线下用户向线上转换。支付环节也引入支付宝、微信支付等移动支付服务。2014 年以来,更多品牌服装家纺企业借助天猫、淘宝、京东、唯品会等成熟的 B2C 或 C2C 平台,开展线上销售与线下门店互为补充的经营模式。部分企业和市场积极应用微商、APP 等移动技术,移动电子商务表现活跃;此外,主要针对家庭主妇、老年人等人群的电视购物频道,也受到不少家纺企业的青睐。

5. 纺织服务企业纷纷布局跨境电子商务　目前,纺织服装产品仍然是跨境电商交易的主要品类。根据《2016 年中国跨境电商发展报告》,2015 年中国跨境电商交易规模达 4.8 万亿元,同比增长 28%。预计 2020 年,跨境电商市场交易规模将达 12 万亿元,在 2015 ~ 2020 年区间,复合年均增长率为 20.1%。目前,我国跨境电商平台企业超过 5000 家,境内通过各类平台开展跨境电子商务的企业已超过 20 万家,知名平台包括阿里巴巴一达通、环球资源网、中国制造网等 B2B 国际批发网站;亚马逊、eBay 等国际零售平台和"天猫国际"、京东"海外购"等国内零售平台。

案例

罗莱家纺的转型发展

　　罗莱成立于 1994 年,是国内一家专业经营纺织品的企业,集研发、设计、生产、销售于一体,是中国最早涉足家用纺织品行业,并形成自己独特风格的家纺企业之一。从 2005 年开始连续 11 年,罗莱品牌的床上用品系列、被系列同时并列全国市场同类产品市场综合占有率第一。

　　罗莱也是国内第一家拥有自己电商渠道的品牌,其独立注册的电商品牌"LOVO"于 2009 年 3 月 1 日正式运行。2010 年,罗莱家纺建立了自营电商渠道"罗莱商城",出售主品牌罗莱和其他代理品牌的商品。2015 年全年营收 29.16 亿元,同比增长 5.59%,净利润

4.10 亿元,同比增长 3.01%。

2015 年,罗莱家纺渠道投入和支持力度继续向电子商务倾斜,除加大旗下专属电商 LO-VO 打造力度之外,还积极拓展旗下乐优家、罗莱儿童等其他品牌的电商业务,并在 2016 年"双十一"实现销售收入 2.088 亿元,创造了"双十一"家纺类五连冠的佳绩。

2015 年 12 月 21 日起,公司名称正式由"罗莱家纺"变更为"罗莱生活";公司证券英文简称不变,仍为"LUOLAI";公司证券代码不变,仍为"002293"。由于公司主营业务范围发生了变更,从以家纺产品为主扩展到涵盖家纺、家居、厨具、洁具等在内的日常生活相关的各个领域,公司发展战略也由家纺企业向"家居生活一站式"供应商转变,并积极进军智能家居领域,围绕家居、生活产业链和相关生态圈进行战略推进。

案例分析题

1. 罗莱之所以取得今天的成绩,关键原因是什么?
2. 简述罗莱品牌商务的核心思想。

思 考 题

1. 什么是转轨经济?试述转轨经济的主要特征。
2. 什么是二元经济结构?试述二元经济结构的主要表现。
3. 什么是广义和狭义纺织业?
4. 目前我国纺织服装电子商务的特点有哪些?

参考文献

[1]邹至庄.中国经济转型[M].北京:中国人民大学出版社,2005.

[2]中国纺织工业联合会.2014/2015 中国纺织工业发展报告[M].北京:中国纺织出版社,2015.

[3]Gregory Schmid,Owen Phillips. Textile Trade and the Pattern of Economic Growth[J]. Review of World Economics,1980,116(2):294 – 306.

[4]中国纺织工业联合会.2011 ~ 2015 年中国纺织服装电子商务发展报告[M].上海:东华大学出版社,2016.

[5]刘数英.全球纤维纺织品应用大趋势[J].进出口经理人,2017(5):36 – 38.

第二章　全球化和区域经济一体化中的中国纺织业

● 本章知识点 ●

1. 中国纺织业在国民经济中的地位。
2. 主要国际产业转移理论和纺织业国际产业转移历史。
3. 区域经济一体化概念和主要区域经济一体化组织。
4. 我国纺织业的全球化发展趋势。

我国纺织服装业迅速发展既得益于自身的改革开放和经济发展,更与纺织服装产业的全球产业结构调整密不可分。要客观分析我国纺织服装业的发展,就必须把它放置于全球经济和区域化经济的大环境中。

第一节　中国纺织业在国民经济中的地位

一、纺织服装业是一个民生行业

目前,我国纺织行业产值占全国 GDP 的比重超过 3%,是我国的支柱产业,纺织全行业就业人数约 2000 万人,占整个工业的比例约 10%,是重要的民生产业。另外,纺织服装业也是与农村关系非常密切的产业。在纺织全行业从业人员中 70% 以上来自农村,每年增加农民实际收入 1 000 亿元以上,较好地发挥了工业反哺农业的作用。纺织工业具有很长的产业链,其中棉纺、毛纺、丝绸、麻纺织等行业的原料与农业密切相关。同时,纺织服装业的快速发展对大批农民转为产业工人、农村城镇化也承担着重要的历史责任,对促进解决二元经济等众多问题的解决有着重要的现实意义。

长三角和珠三角是我国纺织服装业两个最重要的产业基地。其中,长三角地区共拥有纺织服装企业上万家,占全国比例的 50%,纺织业、服装业以及化学纤维制造业的销售收入占全国的比例都在 50% 以上,已形成多个纺织、服装服饰产业聚集地。在我国东南沿海地区的县城、镇、村形成了一大批纺织服装产业集群,如湖州市织里镇生产的童装占全国童装市场的 15%,诸暨市大唐袜业是全球袜业重要的生产基地,在全国袜业市场占有率达 40%。纺织产业集群的快速发展既吸纳了大量农村富余劳动力,增加了农民收入,有效地解决了农村在工业化进程中向城镇转变的问题,加快了农村城镇化进程。

二、纺织服装业是一个净创汇行业

自 20 世纪 80 年代末以来,我国纺织品服装出口一直保持贸易顺差。2005 年其贸易顺差超过 1000 亿美元,2007 年超过 1500 亿美元,2011 年超过 2000 亿美元,2015 年又超过 2500 亿美元。可见,纺织服装业仍然是中国主要的出口净创汇行业(表 2−1)。

表 2−1　2006～2016 年中国纺织品服装贸易差额

年份	纺织品服装出口额 (亿美元)	纺织品服装进口额 (亿美元)	纺织品服装顺差额 (亿美元)	纺织品服装贸易顺差与 全国贸易顺差的比例(%)
2006 年	1439.7	180.9	1258.8	71
2007 年	1712.1	186.4	1525.7	58
2008 年	1852.2	185.4	1666.8	56
2009 年	1670.7	168.2	1502.5	77
2010 年	2065.4	202.3	1863.1	102
2011 年	2479.6	230.4	2249.2	145
2012 年	2549.8	244.6	2305.2	99
2013 年	2840.7	269.9	2570.8	99
2014 年	2984.9	265.5	2719.4	71
2015 年	2839.0	256.1	2582.9	43
2016 年	2672.5	233.6	2438.9	48

资料来源　根据相关年度中国外贸统计数据整理而成

继 2003 年、2004 年我国纺织品服装贸易顺差高达全国贸易顺差的 2 倍以上后,近十年来,继 2010 年和 2011 年超过全国贸易顺差之后,我国纺织品服装贸易顺差比例开始逐年下降。

三、纺织服装业呈现"西进"趋势

近年来,我国中西部纺织服装业增长速度加快,以新疆为例,自从 2014 年第二次中央新疆工作座谈会提出,要大力促进新疆发展纺织服装产业带动就业。以及随后新疆实施发展纺织服装产业带动就业战略,纺织品服装运费补贴、使用新疆棉花补贴、企业社保补贴等各种优惠政策相继出台。这一系列优惠政策吸引了我国东部纺织服装产业向新疆转移,对新疆吸纳劳动力就业、增加农民收入、繁荣市场起到了重要的推动作用。

东部虽然优势明显,然而经过多年快速发展,土地、劳动力、能源等要素供给日益饱和,发展潜力受到很大限制,几乎所有的企业都面临着工资、原材料、融资成本增长的困难,劳动力紧缺、成本上涨、土地局限等因素已成为纺织经济发展的瓶颈。

与东部转型的迫切形成鲜明对比,新疆近年来发展纺织服装产业的优势日益凸显,不断完善的基础设施、丰富的原料资源、低廉的要素成本、广阔的产业发展空间以及强烈的引资需求,正逐步吸引东部沿海地区纺织企业向中西部地区加快转移。东莞、深圳、上海、惠州、苏州、杭州等城市的纺织企业纷纷迁址新疆。

从 2014 年至 2016 年 8 月,先后有 1845 家纺织服装企业落户新疆,全国纺织服装企业纷纷在新疆投资建厂。到2016年年底,新疆纺织服装行业的固定资产投资达到900亿元左右。据不完全统计,2014年以来,新疆已累计新增就业24.93万人,预计到2023年,实现纺织服装工业总产值2125亿元,全产业链就业容量100万人。

新疆棉花产量约占全国的60%,同时具备充裕的电力能源优势和向西开放的区位优势,不仅便于企业进行产业链整合,降低原料成本、运输成本等,还可以利用"丝绸之路经济带"的区位优势开拓新的出口市场。

第二节　全球化经济与纺织业的国际产业转移

第二次世界大战以来,国际经济中一个非常显著的经济现象就是国际产业转移的出现,并且随着经济全球化和区域经济一体化进程的加快,获得了长足发展。纺织工业是历史悠久的传统产业,从工业化和经济发展的一般规律来看,它往往是一个国家或地区工业化初期的先导产业,不少发展中国家的纺织服装业在承接发达国家转移生产能力的基础上,逐步具备了通过国内积累实现自身发展的条件。

随着全球经济(特别是跨国公司)的迅速发展,国际产业转移使得世界各国经济形成了"你中有我,我中有你"的局面,跨国间经济相互依存进一步加强。目前,中国是吸收国际产业转移最多的发展中国家之一,根据联合国贸发会议统计,中国利用外资已经连续十多年居发展中国家首位,而我国纺织服装业吸纳国际产业转移的主要优势在于成本和市场。

一、主要国际产业转移理论

国际产业转移是指某些产业从一个国家和地区通过资本的国际流动和国际投资等多种方式转移到另一个国家和地区的过程。国际产业转移既是发达国家调整产业结构,实现全球战略的重要手段,也是发展中国家改造和调整产业结构,实现产业结构升级和技术进步的重要途径。

国内外关于国际产业转移的一系列研究中,主要形成了以下一些代表性的理论,它们从不同的角度和层面出发,解释了国际产业转移问题。

(一)雁行模式理论

雁行模式理论是由日本著名经济学家赤松要在其1932年的著作《我国经济发展的综合原理》中提出的,并认为日本的工业化是遵循着雁行模式发展的。他提出的"雁行产业发展形态学说"以日本棉纺工业发展为例,文中以棉纱、棉布代表消费品工业,以棉纺织机械代表生产资料工业,并以过去半个世纪世界棉纺织工业的经验证明二者均沿此轨迹发展,说明了产业跨国梯度转移的过程。即在日本工业化初期,主要对外输出丝绸、棉纱、棉布等消费品,换取工业国的纺织机械等生产资料,用西方先进的纺织机械装备本国的纺织品生产。进而,日本对进口纺织机械进行替代性生产,从而带动了日本的机械工业的发展。在机械工业有了长足发展的基础上,再依次带动钢铁工业、机电工业等行业的发展。

由于该行业产品的成长经历了从进口到国内生产再到出口三个主要过程,在一个以横

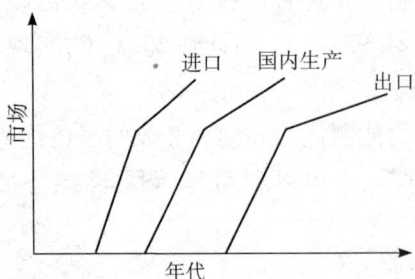

图 2 - 1 雁行产业发展形态

轴为年代,纵轴为市场的直角坐标图上,进口、国内生产、出口三个阶段如三只大雁在飞翔,其中第一只雁代表该行业的进口浪潮,第二只雁代表国内生产浪潮,第三只雁代表出口浪潮。因此,这一过程被形象地称为"雁行产业发展形态学说"(图 2 - 1)。这三只大雁形象地显示了工业化过程中,某一产业在次发达国家或发展中国家由进口、国内生产到出口的全过程,实质上也间接说明了该产业由较发达国家转移到本国国内、再转移到不发达国家的梯度转移过程。

雁行模式理论分析了外贸主导型对外开放的过程,分析了产业吸收国某一产业的引进、发展过程,从市场需求和技术变动的角度揭示了后进国家比较优势变化和产业成长的过程,并奠定了国际产业转移理论的雏形。

(二)产品生命周期说

20 世纪 60 年代,美国哈佛大学教授弗农(R. Vernon)在《产品周期中的国际投资与国际贸易》一文中提出了"产品生命周期说"。"产品生命周期"即产品的市场寿命,是指一种新产品从开始进入市场到被市场淘汰的整个过程。该理论间接地阐述了产业在国家间的梯度转移。

产品和人的生命一样,要经历形成、成长、成熟、衰退这样的周期。就产品而言,也就是要经历一个开发、引进、成长、成熟、衰退的阶段。而这个周期在不同的技术水平的国家里,发生的时间和过程是不一样的,期间存在一个较大的差距和时差,正是这一时差,表现为不同国家在技术上的差距,它反映了同一产品在不同国家市场上的竞争地位的差异,从而决定了国际贸易和国际投资的变化。为了便于区分,弗农把这些国家依次分为创新国(一般为最发达国家)、一般发达国家、发展中国家。

典型的产品生命周期一般可以分为四个阶段,即介绍期(引入期)、成长期、成熟期和衰退期。产品开发和引入期是最初阶段,在这一阶段,生产成本中投入最多的是技术和熟练劳动,产品的技术密集度较高。由于技术、资金等方面的优势,发达国家一般处于产品或产业创新的前列,并往往由其开始某一产品或产业的生命周期循环。在这一阶段,一般发达国家或发展中国家由于技术、资金等限制只能购买发达国家的产品,没有能力进入这个新兴产业。

成长阶段是产品及其生产技术逐渐成熟的阶段,这一阶段国外对产品的需求越来越大,外国厂商开始模仿或引进该技术进行生产,产品开始由技术密集型向资本密集型转化。

成熟阶段是产品及其生产技术的定型化阶段,在这一阶段研究与开发费用占生产成本的比重逐渐降低,资本(尤其是熟练劳动)成为产品成本的主要部分,生产地点也互补向低成本的不发达国家或地区转移。随着技术的不断创新,该产品的技术逐步标准化直至落后,其附加值也逐步降低,当其利润降低到某一程度时,进入衰退期,发达国家便会从这一领域退出并再次推出新的产品,从而又开始新一轮"产品生命周期"(图 2 -2)。

弗农还从市场需求的诱因和生产成本的比较两个方面对产品生产（产业）在国家和地区之间转移的原因进行了分析。由于产业存在的基础是产品，从而也就形成了产品生命周期。虽然弗农没有使用"产业转移"这一概念，但从企业生产由发达国家到不发达国家的转移过程来看，这种"产品生命周期"的实质就是产业在不同国家之间的梯度转移。

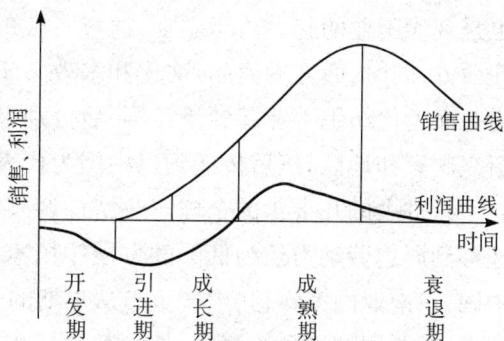

图2-2 产品生命周期曲线

（三）劳动密集型产业转移论

美国经济学家刘易斯在《国际经济秩序的演变》一书中对20世纪60年代的劳动密集型产业跨国转移进行了初步分析。当时的发达国家由于人口自然增长率下降，人口增长缓慢，劳动力成本趋于上升；而工业的高速增长需要大量非熟练劳动力，从而导致发达国家非熟练劳动力严重不足，在发展中国家劳动力价格优势的吸引下，某些劳动密集型产业转移就从发达国家转移到发展中国家。

由于当时国际产业转移主要发生在劳动密集型产业，因而影响产业转移的主要因素就是发达国家和发展中国家之间在非熟练劳动力丰裕程度上的差别。刘易斯虽然揭示了当时劳动密集型产业跨国转移的现象，但并没有从更多的角度去探讨国际产业转移背后的动因和规律。

（四）边际产业扩张论

日本经济学家小岛清在其《对外贸易论》一书中提出的"边际产业扩张论"更为直接地揭示了产业梯度转移规律。他在对日本对外直接投资的有关资料进行分析后提出："一国应将本国已经处于或即将处于劣势地位的产业转移至该产业正处于优势地位或具有潜在比较优势的国家，这样双方都可以获取比较利益。"

他分析：从日本的对外直接投资来看，其特点一是按照比较成本大小的顺序依次进行，目的在于振兴并促进对方国家的比较优势产业，并主要向国外市场销售；二是中小企业进行的对外直接投资主要从与对方国家技术差距最小的产业依次进行投资；三是在方式上主要采取与对方国家合办或类似产品分享方式的非股权安排方式。如针对当时日本纺织服装企业对外投资的比较优势，他提出日本对外直接投资的重点在于开发国外的自然资源和将劳动密集型生产转移到国外。

他认为，按照比较成本论，一国应生产并出口具有比较优势的产品，并从比较劣势的产业开始对外直接投资，吸引外资国则通过引进先进的生产技术发挥或增强其比较优势。

边际产业扩张论对我国纺织服装企业对外直接投资有一定的指导作用。由于在纺织服装行业拥有过剩的加工能力和技术，这些劳动密集型行业在国内市场上已经饱和，属于"边际产业"。把这些产业转移到在国际分工中处于更低阶梯的国家，将有助于国内产业结构的调整。

二、纺织服装业的国际转移历史

纺织服装业作为人类赖以生存和与社会发展进程密切相关的产业，是人类文明的载体，也是现代工业的起源。历史上,通过古代的丝绸之路,中国的丝绸、布匹等源源不断地被运往西方,同时,西方的商品、文化和宗教又流入中国,丝绸之路成为促进东西方交流的重要通道。而近代纺织工业起源于英国,后分别兴起于美国、德法,再转向日本,又转向韩国等亚洲新兴国家和地区,然后传递到以中国为代表的亚洲发展中国家。

在过去的几十年的全球产业结构调整中,发达国家将失去比较优势的纺织服装加工业迁移到周边劳动力较为低廉的发展中国家和地区,如欧盟向土耳其、东欧国家转移,日本向中国、东南亚国家转移,生产重点从早期的劳动密集型产业转向化学纤维、印染、服装设计和销售、产业用纺织品等资金、技术密集型产业。现在亚洲发展中国家已成为世界纺织品服装的主要供应中心,而西欧和北美等发达国家则成为世界纺织品服装主要的消费市场。

关于世界纺织服装业的转移历史主要划分为以下三个时期。

(一)18 世纪~19 世纪末(英国棉纺织业的兴盛期)

从 18 世纪英国工业革命开始,蒸汽机的发明、电力的出现和当代数字化技术、材料创新等都大大推动了纺织工业的发展。最早开始的纺织品工业化生产出现在英国,并成为大英帝国强有力的产业。

19 世纪初,英国的现代棉纺织业开始在德国、法国等欧洲国家和美国的现代棉纺织业也相继建立起来。但在整个 19 世纪,英国仍然是世界上纺织工业的中心,在 19 世纪 20 年代,英国拥有的棉纱锭数比法国多 3~4 倍,比德国要多 10 倍以上。机器纺织品以其巨大的生产能力和低廉的价格,使之成为 19 世纪英国国际贸易中最主要的工业制成品,但是到 19 世纪末期,英国棉纺织能力开始出现衰退。据统计,1839 年英国占世界棉纺织业的工厂厂内棉锭数的 69.2%,到 1895 年时,下降到 49.2%。

(二)20 世纪初~20 世纪末(美国、日本、中国相继成为纺织大国)

进入 20 世纪后,英国棉纺织能力延续了 19 世纪末开始的衰退和停滞局面。1900 年英国棉花消费量和生丝消费量都被美国超过,美国的棉纺织业生产能力开始不断扩张,并成为世界纺织品产量的第一大国。然而从 20 世纪 20 年代开始,美国纺织业也步入了下降阶段。根据相关数据,1939 年,美国的棉纺锭总数为 2 569 万锭,1955 年为 2 225 万锭,到 1965 年下降为 1 936 万锭,到 20 世纪 60 年代,美国已由世界上纺织品出口大国变为进口大国。1963年,美国进口纺织品 6.8 亿美元,占世界纺织品进口总值的 10%;到 1982 年,其纺织品进口额达 28.5 亿美元,占世界进口总额的 6%。到近几年,美国年人均进口纺织品额约 300 美元,其中特别是服装在美国各类纺织品进口中占有突出地位。

取代美国成为纺织大国的是日本。从 19 世纪末开始,日本首先从进口英国的棉纺产品开始,之后又进口棉纱,纺织后在国内市场进行销售。到 1900 年时,日本已经能够进口棉花,出口棉纱。到 20 世纪初,日本已经发展为棉纺织产品的主要出口国。日本纺织业产值在 20 世纪 20 年代初占到其工业总产值的一半,1925 年日本纺织品出口额占其商品总出口额的 67.3%,在第二次世界大战后,纺织业成为日本国民经济中获取外汇和资本积累的最主要的经济部门,推进了日本经济的起飞。但到 20 世纪 60 年代,随着日本经济的崛起,其劳动力成本不断提高,原有的劳动密集型产业在国际市场上逐步失去了优势,产业结构面临调整,日本的纺织业也趋向衰退。1961年,纺织工业产值占工业总产值的比重下降到11.3%,出口比重也降为16%。

从20世纪70年代末开始,由于日本经济的快速发展,其自身产业结构需要进一步升级,部分不再具有比较优势的产业也需要向外进行转移。于是,韩国、新加坡等亚洲"四小龙"成为主要劳动密集型产业的转移地点。到1980年,日本仍然是世界上最大的纺织品出口国,占世界纺织品出口的9.3%,但是,20世纪70年代中后期,日本纺织工业的发展速度已经开始减缓,随着一个又一个新兴产业的发展及其较强的出口能力,劳动力成本的上升,以及世界纺织品服装市场日趋激烈的竞争,日本纺织品生产的比较优势日趋减少。尤其是1985年日元大幅度升值,纺织业遭到了致命的打击,再难形成出口优势,1986年日本成为纺织品净进口国,从此改变了数十年纺织品贸易年年顺差的局面。日本纺织业也顺应这一趋势,从此开始积极在海外低成本地区投资设厂,以此继续保持纺织业的核心竞争力。

自20世纪80年代开始,日本和亚洲"四小龙"为了经济转型和调整产业结构,逐步将纺织业等劳动密集型的传统产业向东盟四国和中国转移,自己则大力发展资本、技术密集型产业。中国香港在1984年和1987~1993年间取代意大利成为世界第一大纺织品服装出口地区。1994年开始,中国一直保持全球第一大纺织服装出口国的地位。

(三)21世纪初~(中国纺织工业继续发展,并开始向外转移)

在过去的20年时间里,中国大陆逐渐从日本和亚洲"四小龙"手中接过世界工厂的接力棒,在某种程度上,把这根接力棒传递给周边和世界的其他国家是中国制造业实现产业升级换代的必经之路,到21世纪,尤其是近几年,纺织业又向东南亚众多发展中国家转移。

目前,中国的发展正在迅速逼近亚洲"四小龙"在历史上曾经经历的"拐点"。劳动力成本的提高,原材料成本的居高不下正在迫使纺织服装企业改变依靠数量增长的模式。

珠三角和长三角的很多纺织服装企业已开始投资于东南亚等国家,利用当地更廉价的劳动力来获取利润;日本、韩国的一些服装生产企业也开始重新进行全球布局,如日本TO-MIYA服装公司在中国生产比例曾一直保持在海外生产总量的40%左右,2006年该公司将这一比例降低到25%,而越南生产所占比例将原来的5%提高到43%,在缅甸生产所占比例也将原来的20%提高到27%左右的水平。

在历史上,韩国(1972~1981年)和中国台湾花费了大约十年的时间,才逐渐完成了产业结构调整的任务,电子工业代替了轻工产品的出口,并发展了十大战略工业。考虑到我国庞大的消费市场和国内地域之间经济发展的不平衡,我国纺织服装业的国际产业转移可能要花费10年或者更长的时间。在这期间,必须成功地进行产业结构调整,在知识经济和信息化网络经济的条件下,全球配置资源,利用知识外溢的有利条件,实现跨越式发展。

第三节 区域经济一体化与纺织服装业的发展

经济全球化和经济区域化正成为当代经济发展的重要趋势,推动着世界经济的发展。1995年世界贸易组织(WTO)的正式成立大大推进了国际贸易的发展,2005年WTO《ATC》

协议取消了纺织品服装进口配额,全球纺织品服装贸易实现了自由化,但由于各国政治制度和经济发展水平的差异,使各国对国际一体化难以达成共识,无法真正实现生产要素在全世界的自由流动。区域经济一体化以其多样性有效地推动了经济一体化在局部地区的发展,促进了生产力的发展。

一、区域经济一体化的概念

区域经济一体化是指地理上邻近的两个或两个以上的国家(地区)政府通过签订条约或协议,甚至让渡部分主权,制定统一对内对外经济政策、财政与金融政策等,消除国家之间阻碍经济贸易发展的障碍,实现区域内互利互惠、协调发展和资源优化配置,最终形成一个政治经济高度协调统一的有机体的过程。

区域化以其多样性有效地推动了经济一体化在局部地区的发展。区域经济一体化是当前世界经济发展的主要趋势,它以投资、贸易、金融、技术、人才自由流动与合理配置为本质,推动了生产力的快速发展。

按照一体化的程度逐渐加深,可以将区域经济一体化组织划分为五种类型。

(1)自由贸易区。是指成员国之间贸易自由化,但保持各自的对外关税。

(2)关税同盟。是指在自由贸易区的基础上制定共同的对外关税。

(3)共同市场。是在关税同盟的基础上实现生产要素的自由流动。

(4)经济联盟。是指在关税同盟的基础上,进一步协调成员国之间的经济政策。

(5)完全的经济一体化。是指在经济联盟的基础上,实现政治制度和法律制度等方面的协调。

不同类型区域经济一体化的特征见表2-2。

表2-2 不同类型区域经济一体化的特征比较

一体化特征	自由贸易区	关税同盟	共同市场	经济联盟	完全经济一体化
取消关税	○	○	○	○	○
设立共同壁垒	—	○	○	○	○
取消要素流动限制	—	—	○	○	○
统一经济政策	—	—	—	○	○
统一政治政策	—	—	—	—	○

注 "○"表示该经济一体化下具备的特征,"—"表示该经济一体化下不具备的特征。

二、区域经济一体化的发展

20世纪90年代以来,随着经济全球化迅速发展,具有排他性的区域经济一体化也获得飞速发展,如今全球大约一百多个区域经济组织中,最大的有三个,主要分布在欧洲、北美洲和亚洲,它们是:欧洲联盟(简称"欧盟"),北美自由贸易区和亚太经济合作组织。它们拥有世界4/5的国内生产总值和4/5以上的国家贸易。一般而言,亚太经合组织一体化的程度最低;北美自由贸易区大致处于自由贸易区的发展阶段;欧洲联盟经济一体化的程度最高,正在从经济联盟向完全的经济一体化过渡。本节主要介绍双边自由贸易协定(FTA)、北美自由贸易区(NAFTA)、多边自由贸易区—中国东盟自由贸易区(CAFTA)及欧盟(EU)三种类型的区域经济一体化组织。

(一)双边自由贸易协定(FTA)

各国、各地区为了深化国际分工与合作,已不满足于WTO所形成的次优原则和秩序,为了自身经济发展的需要,与其他国家进行双边交往,或者与局部地区进行联系,以寻求更大的便利和自由化。因此,在区域经济一体化形式中,以双边贸易协定为主,通过区域经济合作来推进两国关系或整个地区的经济贸易增长,已成为当今国际经贸发展的重要趋势。

所谓双边自由贸易协定(FTA),是指一国同另一国(地区)或多国集团就取消或降低各种贸易和投资限制而达成的协定。

(二)多边自由贸易区——北美自由贸易区(NAFTA)

1994年1月1日生效的北美自由贸易协定(NAFTA)规定从开始实施后的15年内,美国、加拿大、墨西哥三国间产品贸易关税全部取消。NAFTA使得美国、加拿大、墨西哥三国生产的纺织品服装可以在贸易区内自由流动。

北美自由贸易区建立后,区内关税削减对区域内部相互贸易起到了促进作用。从NAF-TA对成员国贸易的具体影响来看,美、加、墨三国的影响不尽相同。北美自由贸易区成立后,美国和加拿大之间的贸易基本保持稳定增长,墨西哥与美国和加拿大的贸易则增长十分迅速。1993~2002年,墨西哥向美国和加拿大的出口都翻了一番,变化最明显的是墨西哥在美国贸易中的比重(美国从墨西哥进口的商品占其全部进口的比重)从9%上升到了13.5%,墨西哥与NAFTA伙伴国的贸易(进出口总和)占其总GDP的比重从1993年的25%上升到2000年的51%。2002年墨西哥向NAFTA伙伴国的出口约占其总出口的90%,而进口则占其总进口的65%以上。可见NAFTA对于墨西哥的贸易发展作用尤其明显。

纺织品服装方面:北美自由贸易区制订了严格的原产地规则,对原产于贸易区内和贸易区外的产品实行差别待遇,服装制造只有当纱线—纺织品—服装整个工序都是在北美完成时,才能以"北美制造"资格在区内享受自由贸易待遇。北美自由贸易区也使美国纺织品服装企业获得了更大的市场,大批纺织品可以给墨西哥的服装生产企业进行加工,相当一部分的纺织品和服装生产与贸易可以在贸易区内完成。

(三)多边自由贸易区—中国东盟自由贸易区(CAFTA)

2010年中国—东盟自由贸易区开始实施,成为拥有19亿人口、6万亿美元国内生产总值、4.5万亿美元贸易总额,是规模仅次于欧盟和北美自由贸易区的世界第三大自贸区。

东盟已成为中国对全球纺织服装出口增长最快的地区之一。2010年CAFTA实施当年,东盟就跃升为中国第一大纺织品(纱线和面料)出口市场,2013年东盟首次超越日本成为中国第三大纺织服装出口市场,中国对东盟出口年均出口增速达30%以上。目前,东盟是中国第一大纺织品出口市场,按单个国别算,越南和孟加拉是中国第一、第二大面料出口目的国。

（四）一体化程度最高的组织——欧盟（EU）

欧盟的发展史上有两个标志性文件：一个是1986年5月当时12个成员国首脑签署的《欧洲一体化文件》，规定从1992年12月31日开始，正式实行成员国之间的商品、资本、劳务和人员的自由流动，从而建成欧洲统一大市场；另一个文件是1992年2月7日，欧共体成员国首脑正式签署了欧洲经济和货币联盟条约（即《马斯特里赫特条约》，简称马约），该条约决定符合一定经济条件的欧洲国家将建立联盟，其主要内容是实行单一货币和建立中央银行。随着欧盟货币一体化的实现，欧盟内部各国的合作达到了更加高级的阶段。

在中东欧10个候选国从2004年5月1日起正式成为欧盟成员国，欧盟扩大为25个成员后，随着保加利亚和罗马尼亚在2007年1月1日正式加入欧盟，欧盟成员国数增加到了27个，总人口为4.8亿，国内生产总值之和超过10万亿美元，成为世界上一体化程度最高、综合实力最强的国家联合体。

目前，欧盟是全球纺织品服装最大的进口和消费市场，同时也是第二大出口供应地。2016年，英国"脱欧"给欧盟带来一些负面效应，但经济整体未出现较大波动。目前中国仍是欧盟纺织服装进口第一大来源国，但近年来中国所占的市场份额逐年缩减，从2013年的38.1%降至2015年的36.8%。与中国相比，欧盟从亚洲其他国家进口增速明显高于我国，这些国家在欧盟的市场份额也有明显提升。2016年孟加拉国、土耳其、印度和巴基斯坦分别列欧盟纺织服装来源国的第二至第五位。

三、区域经济一体化对我国纺织业的影响

在经济全球化和经济区域化的推动下，中国纺织业得到了长足发展。目前我国是世界上最大的纺织品生产国，化学纤维、棉花、棉纱、棉布、丝织品、服装、针织品产量居世界第一位。我国也是世界上最大的纺织品服装出口国，纺织品服装出口数量和出口额多年来位居世界第一，所占世界纺织品服装市场份额在30%以上。

通过有管理的贸易自由化和区域一体化安排，发达国家的纺织业已经并且继续和一些发展中国家的纺织服装业进行整合。这种整合使发达国家和一些发展中国家的纺织服装业形成了利益联合体，加大了要求限制，如中国等区域外国家纺织品出口的压力，又如美国和墨西哥，欧盟内的发达国家和罗马尼亚、保加利亚等发展中国家之间的纺织服装业的合作和贸易将增强。

如在1997年以前，我国曾经是对美服装出口第一大国。但是，1994年北美自由贸易区建立后，在美国、加拿大和墨西哥之间逐渐形成了美国生产棉纱，在墨西哥、加拿大织成布，做成服装再销售到美国的纺织品服装贸易的区内循环趋势。美国、加拿大和墨西哥之间的纤维贸易额1996年为122亿美元，1997年达157亿美元，1998年则达到184亿美元，与北美自由贸易区生效前的1993年的60亿美元相比，贸易规模已扩大到3.1倍。1997年，墨西哥已经取代我国成为美国第一大纺织品服装供应国。北美自由贸易区的建立对中国输美纺织、服装产品形成了较大的竞争压力。

2002年中国与东盟八国、2005年与智利、2006年与巴基斯坦等发展中国家分别签署了

自由贸易协定;2008 年 4 月中国和新西兰正式签署自由贸易协定,这是我国与发达国家签署的第一个自由贸易协定。2014 年 7 月,中国—瑞士自贸协定、中国—冰岛贸易正式生效实施,中国—瑞士自贸协定是我国与欧洲大陆国家的首个自贸协定。由于瑞士是中国纺织机械进口的主要国家之一,根据中瑞自贸协定,中国进口瑞士生产的纺织机械产品关税将在 5 年之内逐步降为零。

目前,中国在建自贸区 18 个,涉及 31 个国家和地区。其中,已签署自由贸易协定 12 个,涉及 20 个国家和地区,遍布五大洲。根据 2012 年数据显示,我国自贸区贸易额已涵盖我国外贸总额的 24%。随着中国与越来越多的国家签订自由贸易协定,将有利于中国在出口纺织品服装时享受到这些国家的零关税待遇,以更低的价格进入当地市场,参与竞争。

第四节　我国纺织业发展的"走出去"趋势

在经历三十多年的净资本流入之后,2006 年中国超过日本成为第一外汇储备大国,2010 年成为全球 GDP 总量第二大国,2013 年成为全球第一货物贸易大国,中国经济的基本面已经发生改变,中国企业和中国资本走出去到海外寻求投资机会已经成为不可阻挡的趋势。

我国纺织服装企业"走出去"是我国纺织产业转型的必然结果,到境外投资建厂,将过剩的生产力转移到比中国更具有生产优势的其他发展中国家,实现原产地的多元化,采用多种方式开拓国际市场,培养新的增长点,从而促进产业结构的升级换代。通过打造跨国供应链、保持可持续的竞争优势;同时通过品牌、技术、市场渠道的向外拓展或合作实现在全球产业价值链的位置提升。

一、"走出去"战略

"走出去"战略即国内企业通过对外直接投资,将各种生产要素输出到国外,到国外投资开办工商企业,将生产能力向国外延伸和扩展。这将使中国的产品、服务、资本、技术、劳动力、管理以及企业本身走向国际市场,到国外去展开竞争与合作。

根据商务部统计数据,2013 年中国对外投资首次突破千亿美元大关,达到 1078.4 亿美元,同比增长 22.8%,2016 年全年我国共对全球 164 个国家和地区的 7961 家境外企业进行了非金融类直接投资,累计实现投资 1701.1 亿美元,同比增长 44.1%。

据中国纺织工业联合会统计,截至 2014 年年底,中国纺织服装企业在 100 多个国家和地区进行纺织服装生产,贸易和产品设计企业超过 2600 多家。

二、我国纺织服装企业在境外投资

中国虽然目前是世界最大的纺织品服装生产国和出口国之一,但随着本国劳动力成本的上升,必然面临着向低工资地区的转移和产业升级的发展路径。中国纺织制造业海外转移已成趋势,而且转移的企业正由服装向产业链上游纱线、染整等领域发展。近年来,加强跨国资源整合,构建"中国 + 周边"的生产布局模式,正在成为我国纺织企业的全新选择。

目前,我国纺织服装对外投资涵盖棉纺、针织、毛纺、化学纤维、服装、家纺和纺织机械等多个行业,分布在100多个国家和地区。以针织服装为代表的中低端纺织加工产业产能向海外转移的进度尤为明显,一些开展海外投资的企业已经停止在国内的新建投资,甚至关停了国内原有的部分工厂。

目前对东南亚和南亚等发展中国家投资以承接我国的过剩中低端服装产能为主,并已经开始出现从服装加工向纱线和面料,特别是棉纺生产延伸的趋势。

随着"中国+周边"的产业布局新模式的发展,国内生产成本日益高企,国际采购商采购需求多元化等背景下,东南亚地区逐渐成为纺织服装企业产业转移的首选地区。许多国际纺织服装企业也开始投资东南亚地区,到东南亚投资逐渐成为热潮,中国纺织服装企业也在顺应这个潮流,纷纷到东南亚投资设厂。

2010~2015年,我国投资东南亚地区的纺织服装企业数量逐年递增,2015年投资企业数量是2010年的4倍,共计230家,其中柬埔寨是主要投资地区,占比43%,其次是缅甸和越南,分别占比19%和15%。在以上三个国家投资建厂的企业以加工企业为主,涉及服装、家纺、纱线和面料等多个领域。例如,红豆和申洲集团在柬埔寨设立出口加工区和服装加工基地,天虹、溢达、鲁泰和青岛即发在越南设立棉纺基地和服装加工基地,都成为中国纺织企业"走出去"的典范。

近年来,化学纤维和印染企业也开始逐渐增多。在其他东南亚国家投资的企业以贸易类企业为主,还有部分设计研发类企业主要集中在新加坡。

我国纺织服装企业投资欧洲、美国等发达国家或地区投资的动机主要是市场驱动和技术驱动。大多数是为了实现战略长远发展的需要。最近几年,开始有一部分生产商转向美国。北卡罗来纳州和南卡罗来纳州现在至少有20家中国生产商落户,包括科尔集团、太阳纤维(Sun Fiber)公司等企业。

案例

山东岱银纺织服装集团的海外布局

在纺织业发达的山东,已经有一些企业捷足先登,在"走出去"方面进行了成功的探索。山东临沂的岱银纺织服装集团是一家集纺织、服装、进出口贸易、跨国生产经营于一体的综合性企业,现有员工9000余名,年产各类棉纱10万吨,牛仔布3000万米、毛呢500万米,服装1000万套,系全国棉纺行业竞争力排名前20强企业、全国服装双百强企业、国家纺织品开发基地、中国优秀民营企业和山东省重点工业企业集团。

早在2000年,集团就开始在斯里兰卡投资设立了"岱银兰卡服饰有限公司",经过十多年的生产经营运作,公司已拥有各类服装生产设备1500台/套,生产规模达到20条服装生产线,年产各类服装230万件,产品全部出口到欧、美、非等国家和地区。

2007年,集团在美国投资设立了岱银美国贸易公司,注册了"雷诺"服装商标,针对美国市场开发了西服套装、休闲服、衬衣、大衣、西裤等系列产品进行自主品牌直销,在华盛顿、芝加哥、马里兰等20多个不同州的重点城市设有销售网点,2014年在美国市场实现自主品牌服装销售20万余套。

2014年,集团在马来西亚投资12亿元建设20万锭高档精梳纱项目,全部建成投产后可年产高档特种精梳纱6万吨,年产值20亿元,利税3亿元。项目分两期建设,其中一期工程10万纱锭项目已于2015年5月实现投产,年产高档特种精梳纱3万吨,二期工程12万纱锭项目也已于2016年11月开始建设。

案例分析题

1. 分析岱银集团进行跨国加工生产的利与弊。
2. 岱银集团海外布局的主要原因是哪些?

思 考 题

1. 简述主要的国际产业转移理论。
2. 简述近代纺织服装业的国际转移历史。
3. 简述区域经济一体化的主要形式。
4. 简述"走出去"战略,并分析对中国纺织服装业发展的意义。

参考文献

[1]大野健一. 从江户到平成[M]. 北京:中信出版社,2006.

[2]郭燕. 后配额时代的中国纺织服装业[M]. 北京:中国纺织出版社,2007.

[3]田青. 国际经济一体化理论与实证研究[M]. 北京:中国经济出版社,2006.

[4]李琮. 经济全球化新论[M]. 北京:中国社会科学出版社,2005.

[5]戴宏伟. 国际产业转移与中国制造业发展[M]. 北京:人民出版社,2006.

[6]中国纺织工业协会. 2014/2015中国纺织工业发展报告[M]. 北京:中国纺织出版社,2015.

[7]陈漓高. 全球化条件下的区域经济一体化[M]. 北京:中国财政经济出版社,2006.

[8]曹宏苓. 国际区域经济一体化[M]. 上海:上海外语教育出版社,2006.

[9]赵玉敏. 我国纺织工业的未来[J]. 国际贸易,2005(6):13-16.

[10]中国纺织品进出口商会. 2015/2016中国纺织品服装对外贸易报告[M]. 北京:中国农业出版社,2016.

第三章 纺织品成本与利润管理

● 本章知识点 ●

1. 有关成本的基本概念。
2. 主要成本的计算方法,销售收入和利润的核算。
3. PDCA 成本管理,目标成本和目标利润的概念和运用。
4. 家用纺织品面料成本核算例解。
5. 我国纺织产业经营现状和纺织品盈利模式。

第一节 成本的概念与分类

一、成本的概念

随着商品经济的不断发展,成本概念的内涵和外延都处于不断的变化中。美国会计学会(AAA)在 1951 年对成本作了如下定义:"成本是为了一定目的而付出的(所能付出的)用货币测定的价值牺牲。"这个定义的外延相当广泛,远远超出了产品成本的概念。按这个定义,劳务成本、工程成本、开发成本、资产成本、质量成本、资金成本等都可包括在其中。

成本在企业中有很多作用,如产品成本通常是指企业为生产一定种类和数量的产品所消耗而又必须补偿的物化劳动和活劳动中必要劳动的货币表现。基于成本管理的目的不同,形成对成本信息的不同需求,使成本有各种各样的组合。同时对于成本的各种特性以及影响成本的复杂因素,人们的认识也日趋深化。于是,变动成本、固定成本、可控成本、目标成本、机会成本、显性成本和隐性成本等新的成本概念不断涌现,组成多元化的成本概念体系。

二、成本的分类

(一)按经济用途划分

1. 制造成本 制造成本是指在产品生产(制造)过程中发生的各项耗费,包括直接材料费、直接人工费和制造费用三部分。制造成本通常被认为是企业对所购买的生产要素的货币支出。不同目标的企业会有不同的产量,但产量一旦被确定下来以后,企业往往会努力以最低的生产成本达到计划的产量。

(1)直接材料费。用以形成产品实体或构成产品主要部分的材料成本。

(2)直接人工费。在产品生产中直接改变原材料的性质和形态所耗用的人工成本。

(3)制造费用。在产品生产过程中发生的,除了直接材料、直接人工以外的其他全部耗费。

2. 非制造成本　非制造成本是指企业在行政管理方面和在产品推销过程中发生的各项耗费,包括管理费用、销售费用和财务费用三部分。

(1)管理费用。为保证企业日常行政管理工作的正常进行而发生的各项耗费,如办公费、邮电费和行政管理人员的工资。

(2)销售费用。为推销产品而发生的各项耗费,如广告费、销售佣金和销售人员的工资等。

(3)财务费用。企业为筹集资金而发生的各项费用,如利息支出、汇兑损失、金融机构手续费等。

(二)按成本的性质划分

1. 变动成本(可变成本)　变动成本(可变成本)是指在一定业务范围内,总额随业务量的变动而发生正比例变动的成本。企业生产过程中发生的直接材料、直接人工、制造费用中产品包装费、按工作量计算的固定资产折旧费,以及按销量支付的销售佣金都属于变动成本。这些成本的总额随产量和销售量的变动而呈正比例变动。

2. 固定成本(不变成本)　固定成本(不变成本)是指在一定时期和一定业务量范围内总额不受业务量的影响而变动的成本。企业按直线法计提的固定资产折旧费、管理人员的工资、财产保险费等都属于固定成本。固定成本总额不受业务量变动的影响而变动,因此单位固定成本随业务量的增减而呈反比例的变动。

3. 半变动成本　半变动成本是指并非所有的成本都能够直接归入变动成本或固定成本,还有一类成本,其总额随业务量的变动而呈非正比例的变动,这类成本称为半变动成本,如企业的公共事业费支出(电费、水费等)、设备维修费等。半变动成本的总额由两部分成本组成,一部分即为固定成本部分,无论是否有业务量发生,这部分成本总会发生,并不受业务量变动的影响;另一部分随业务量的变动而发生正比例变动,这部分为变动成本部分。由于半变动成本的一部分是固定不变的,其总额尽管随业务量的增减变动而发生相应的增减变动,但与业务量之间并不具有同变动比例的关系。

(三)按费用抵销收入的时间划分

1. 产品成本　产品成本是指与产品生产存在着明显因果关系的生产费用构成的产品的制造成本,它是极易计入产品的成本,如制造产品的材料消耗和人工消耗就直接计入产品制造成本。当产品尚未制造完成或已制造完成但未售出时,作为在产品成本或产成品成本列入资产负债表并结转入下一会计期,当产品制造完成并售出时,以销售产品成本的形式列入当期的"利润表",抵减当期销售收入,计算销售毛利。

2. 期间成本　期间成本是指成本所发生期间内的费用,不能与特定的收入相联系,它们的发生是为了维持公司在特定时期内的经营活动。它是以期间为归属对象的成本,是除了产品制造成本外的所有其他成本,如租金、销售费用和管理费用等。

(四)其他重要成本概念

从经营管理、投资决策的角度来看,还需要了解其他一些重要的成本概念。

1. 机会成本　机会成本即当一个社会或一个企业用一定的经济资源生产一定数量的一种或者几种产品时,这些经济资源就不能同时被使用在其他的生产用途方面。这就是说,这个社会或这个企业所获得的一定数量的产品收入,是以放弃用同样的经济资源来生产其他产品所获得的收入作为代价的。例如,当某服装企业决定利用自己所拥有的经济资源来生产衬衫时,这就意味着该厂商不能再利用相同的经济资源来生产其他产品,如西裤或大衣。可以说,生产衬衫的机会成本就是所放弃生产的西裤或大衣。如果用货币数量来代替对实物商品数量的表述,且假定所生产的衬衫的价值为1万元,大衣的价值为2万元,则可以说,衬衫的机会成本是价值2万元的大衣。因为一般来说,生产某种商品的机会成本是指生产者所放弃的使用相同的生产要素在其他生产用途中所能得到的最高收入。

2. 显性成本　显性成本是指厂商在生产要素市场上购买或租用他人所拥有的生产要素的实际支出。例如,某纺织企业雇佣了一定数量的工人,从银行取得了一定数量的贷款,并租用了一定数量的土地,为此,该厂商就需要向工人支付工资,向银行支付利息,向土地所有者支付地租,这些支出便构成了该厂商的生产显性成本。

3. 隐性成本　隐性成本是指厂商本身自己所拥有的且被用于该企业生产过程的那些生产要素的总价格。例如,为了进行生产,一个厂商除了雇佣一定数量的工人,从银行取得一定数量的贷款和租用一定数量的土地之外(这些均属于显性成本支出),还动用了自己的资金和土地,并亲自管理企业。既然借用了他人的资金需付利息,租用他人的土地需付地租,聘用他人来管理企业需付薪金,那么,同样道理,当厂商使用了自有生产要素时,也应该得到报酬。所不同的是,现在厂商是自己向自己支付利息、地租和薪金,所以,这笔支出也应该计入成本之中。由于这笔成本支出不如显性成本那么明显,故被称为隐性成本。

通常认为,显性成本和隐性成本两个部分构成了企业的生产成本。

4. 沉没成本　沉没成本是指厂商退出市场时无法收回的投入资本。该成本是在某种情况下不能回收的过去成本,是与固定成本不同的概念。它是厂商进入市场时投入的资本,如设备等固定资产及研究开发费用等无形资产,在退出市场时因无法转作他用而报废或由于转让价格过低而损失的部分。

沉没成本是任何投资中必须考虑的内容,是决策中无法避免的成本。几乎所有业务都有一定的沉没成本,如棉纺织工业中的纺织设备投资,由于设备的通用性较弱,难以转产,所以棉纺厂商在退出市场时,考虑到沉没成本较高,从而影响厂商的退出。这也是很多纺织服装企业在低利润甚至利润为零的情况下仍然坚持生产经营的原因。

第二节　成本计算方法、销售收入和利润的核算

一、成本计算方法

成本计算的方法很多,这里介绍几种主要的成本计算方法。

(一)完全成本法、制造成本法和变动成本法

从管理会计角度来讲,产品成本计算根据成本核算的范围不同分为完全成本法、制造成

本法和变动成本法。三者对产品成本核算范围的主要区别见表3-1。

表3-1　产品成本核算范围的比较

项　　目	完全成本法	制造成本法	变动成本法
直接制造成本			
直接材料费	○	○	○
直接人工费	○	○	○
间接制造成本			
变动性间接费用	○	○	○
固定性间接费用	○	○	
非制造成本			
管理费用	○		
销售费用	○		
财务费用	○		

注　"○"表示计入产品成本。

从表3-1中可以看出,完全成本法是把企业在生产经营过程中发生的费用全部计入产品成本的一种成本计算方法;制造成本法将生产过程中的全部费用作为产品成本,而把管理费用、销售费用和财务费用作为期间成本;变动成本法只是将生产过程中的变动费用,包括直接材料、直接人工和变动性间接费用作为产品成本,至于固定性间接费用、管理费用、销售费用和财务费用,则都作为期间成本,使期间成本的外延进一步扩大。

以上三种成本计算方法对期间成本有不同的处理,这不仅影响产品成本的构成,还涉及对损益的计量。从长远看,不论产品成本还是期间成本,都会使企业减少收入,但从某一特定时期看,如果产品存货有波动,则期间成本计入产品成本与否和多少都会影响损益的确定。

制造成本法与变动成本法在现阶段两者并存,分别在企业经营管理中发挥不同的作用。在企业对外报告中广泛地运用按制造成本法所提供的信息。例如,在资产负债表上对产成品、在成品等存货的计价,在利润表上对销货成本的计算等。取得会计报告的合法性和对企业外部提供公认的会计资料,是制造成本法最大的作用。在企业内部经营管理中,则越来越多地运用按变动成本法提供的信息,例如对于接受追加订货的决策和最优生产批量的决策等。为企业内部各级管理人员提供有助于他们对生产经营活动进行预测、决策和控制的成本信息,是变动成本法的重要作用。

(二)品种法

成本计算的品种法是以产品品种(不分批次,不分步骤)作为成本计算对象,归集生产费用和计算产品成本的一种方法。

1. 品种法的特点

(1)在整个企业范围内,以企业最终产品的品种作为成本计算对象,据以开设生产成本明细账归集费用和计算成本。

（2）成本计算期按日历月份划分，成本计算期与会计期间一致，而与产品生产周期不一致。

（3）一般情况下企业都存在着产品计价问题，即需将成本在完工产品与在产品之间划分，如果在产品成本在全部生产费用中所占比重很小，可以不计。

2. 品种法的适用范围

（1）品种法适用于大量、大批单步骤生产的成本计算。

（2）品种法还适用于大量、大批单步骤生产而管理上不要求分步计算产品成本的企业。

（三）分步法

产品成本计算的分步法是以各加工步骤的产品为成本计算对象，以归集生产费用计算产品成本的一种方法。

1. 分步法的特点

（1）以各个加工步骤的各种产品作为成本计算对象，据以开设生产成本明细账。在大量、大批、多步骤生产中，从原材料投入到产品产出的生产过程是由若干加工步骤所组成的。多步骤生产每经过一个步骤加工，便会产生出不同的半成品，它们是后面有关步骤的加工对象。

（2）成本计算期与产品生产周期不一致。在大量、大批生产条件下，产品重复不断地投入与产出，成本计算期无法与产品生产周期保持一致，只能定期按月计算产品成本。

（3）需要采用适当方法划分完工产品与在产品成本。由于多步骤生产下产品需经若干步骤加工才能完工，月末通常有较大数量的在产品，而大量、大批生产又使成本计算期无法与产品生产周期一致，因此按加工步骤所归集的生产费用，必须用适当的方法，在完工产品与在产品之间进行分配。

2. 分步法的种类　用分步法计算产品成本时，生产费用是按各加工步骤进行归集的，然后再汇总计算产品成本，所以需要将各步骤费用按一定方式进行结转，根据结转方式的不同，分步法可分为：逐步结转分步法和平行结转分步法。

（四）分批法

成本计算的分批法是按产品的批次或订单归集生产费用以计算产品成本的一种方法，一般适用于单件、小批生产。在单件小批量生产企业中，有些是按订单组织生产的。所谓按批次计算成本，通常也就是指按订单计算成本，因此分批法又被称为订单法。下面简单介绍分批法的特点和适用范围。

1. 分批法的特点

（1）成本计算对象是购买者的订单或企业事先规定的产品批别。企业一般根据订单开出生产通知单，车间则根据生产通知单组织生产，仓库根据生产通知单准备材料，会计部门根据生产通知单开立生产成本明细账，计算产品成本。

（2）产品成本负担的起讫期是从订单开工至订单结束，因此成本计算是非定期的，其成本计算期与生产周期相同,而与会计报告期不一致。

（3）某份订单完工以后,把成本明细账上所归集的生产费用累计,就是该订单的完工产成品成本;月终未完工订单所归集的生产费用则是在产品成本。

2. 分批法的适用范围

（1）单件、小批量生产。

（2）修理生产。

（3）新产品试制与工程项目。

二、销售收入的核算

工业企业的销售包括产品销售和其他销售。产品销售是指产成品、自制半成品、代制代修品以及工业性作业（劳务）的销售;其他销售是指产品以外的销售,包括外购商品和材料的销售,无形资产的转让以及固定资产、包装物出租业务、运输、装饰等非工业性劳务供应等。企业的基本建设部门、生活福利部门和专项工程等方面使用本企业生产的商品产品,应视同对外销售处理。产品销售净收入的核算公式为:

产品销售净收入 = 产品销售收入 – 销售退回 – 销售折让损失（折扣）

其中:　　　　产品销售收入 = 产品销售量 × 单位产品销售价格

三、利润的核算

利润是个综合程度很高的指标,它不仅能反映出产品的数量、品种、质量、消耗的影响,而且能反映出企业生产经营活动其他方面的效果。利润是综合衡量和评价企业经济效果的一项极为重要的指标,利润的多少,也直接关系投资者的利益,也是国家财政收入的重要来源。

因此,企业应不断改善经营管理,提高劳动生产率,降低各种消耗,提高经济效益,为国民经济建设提供更多的积累。企业各种利润核算方法如下:

产品销售利润 = 产品销售净收 – 产品销售成本 – 产品销售费用 – 产品销售税金及附加

其他业务利润 = 其他业务收入 – 其他业务成本 – 其他业务税金

销售利润 = 产品销售利润 + 其他业务利润 – 管理费用 – 财务费用

利润总额 = 销售利润 + 投资净收益 + 营业外收入 – 营业外支出

以上各计算公式中,各有关指标的含义如下。

产品销售收入,是指企业对外销售产品,提供劳务所获得的销售收入。

产品销售成本,是指企业销售的产品、自制半成品和工业性劳务等的成本。

产品销售费用,是指企业在产品销售过程中发生的费用,包括运输、装卸、包装、保险、展览、广告等费用,以及为销售本企业产品而专设的销售机构的职工工资、福利费、业务费等。

产品销售税金及附加,是指由销售产品和提供工业性劳务费等所负担的销售税金及附加,包括产品税、增值税、营业税、城市维护建设税、资源税和教育费附加等。

其他业务收入,是指企业材料销售、技术转让、固定资产出租、包装物出租、运输等非工业性劳务收入。

投资净收益,是指企业对外投资(如购买、转让和出售股票、债券等)所取得的收入和所发生的损失之间的差额。

营业外收入,是指企业发生的与企业生产经营无直接关系的各项收入,包括固定资产盘盈,处理固定资产净收益,确实无法支付而应转作营业外收入的应付款,教育费附加返还款等。

营业外支出,是指企业发生的与企业生产经营无直接关系的各项支出,包括固定资产盘亏,处理固定资产净损失、非常损失、非正常停工损失等。

由于企业的生产规模、技术装备等条件的差别,各企业的利润总额也有差别。因此,除了利润总额指标以外,还要采取利润率指标,并把这两者结合起来运用,才能比较全面地反映企业的经济效益。

利润率是表现企业利润水平的相对指标,一般有以下四种:成本利润率、销售收入利润率、产值利润率和资金利润率。其计算公式如下:

$$成本利润率 = \frac{产品销售利润}{产品销售成本} \times 100\%$$

$$销售收入利润率 = \frac{产品销售利润}{产品销售收入} \times 100\%$$

$$产值利润率 = \frac{利润总额}{工业总产值} \times 100\%$$

$$资金利润率 = \frac{利润总额}{固定资金平均余额 + 流动资金平均余额} \times 100\%$$

第三节　成本管理、目标成本和目标利润

一、成本管理

(一)开展成本预测,确定目标成本,编制成本计划(Plan)

在认真分析研究现有技术经济条件、发展前景和采取各种相应措施的基础上,根据有关数据,对未来成本水平及其变动趋势,做出科学的估计。

(二)进行成本控制(Do)

成本控制是在成本形成过程中,事先对成本进行严格控制,切实限制各种费用的发生,及时发现和解决在成本形成过程中产生的问题。不仅在生产过程中要控制成本的发生,使成本不超过目标规定,在产品投产前就要注意工艺设计的经济效益。

(三)准确及时地核算成本(Check)

成本核算是指企业对生产经营过程中实际发生的各项费用,按照合理、科学的方法进行汇集与分配,从而确定当期的产品实际总成本和单位总成本,并及时提供各种有关的、准确的成本信息。

（四）开展成本分析与考核（Action）

成本分析是通过对成本形成过程的评价和总结，找出影响成本完成情况的各种因素，为未来的成本管理和降低成本途径提出改进决策和措施，以便为下期预测目标成本与编制成本计划提供方向和依据。

以上四个方面周而复始地形成一个成本管理系统，这就是 PDCA 循环在全面成本管理中的运用。

二、目标成本和目标利润

目标成本是指为了实现目标利润而需要达到的成本水平。按照全面成本管理的要求，实现降低成本的循环周期，是成本管理的一项改革，也是改变事后核算分析为事先预测和控制的主要环节。事先确定整个生产过程中成本支出的标准范围，可以随时了解实际成本脱离目标成本的情况，在发生差额时及时加以纠正，达到控制成本的目的，保证企业目标利润的实现。

目标利润是指在一定时期内能实现的利润，是经营目标的一个重要组成部分。通过规划目标利润，来综合平衡企业的生产经营活动，这是企业从生产型转变为生产经营型的一个重要步骤。为达到目标利润，要以预测销售量和销售额为依据，这要求企业做好市场调查与预测，进行市场分析，并在此基础上制订各种可行方案，尽可能地使企业的生产量与销售量保持一致，使产品价值能及时实现，并减少库存和积压产品。目标利润和目标成本的计算公式如下：

$$目标销售成本 = 预测销售收入 - 目标销售利润 - 应纳税金$$

在上式中，首先预测销售收入，再规划目标利润，扣除应纳税金，剩下的部分就是可供经营使用的成本，也就是成本必须控制的范围。

第四节　家用纺织品面料成本核算

与人工、水电等其他成本相比，纺织原料在纺织企业总成本中所占比重最高，纺织业内称为"七纱八布"，即纺织原料在纱类产品的成本占七成，在布类产品的成本占八成，而服装成本中原料所占比例一般也达到六成。

一般而言，家用纺织品面料成本是由原料费用和生产费用构成的。家用纺织品面料生产费用会随所生产的面料不同，有不同的变化。

一、坯布生产成本的核算

坯布是家用纺织品面料的初级产品，坯布生产成本构成如下。

$$坯布 = \frac{原料价额}{织成率} + 织造费用$$

1. 原料价格　原料价格是指原料到货的价格，包括原料的出厂价格和运输费用。原料供应商报价时,一般报出的是出厂价,因此实际计算时,一定要考虑原料运送到达过程中的其他因素。

2. 织成率 织成率是使用单位数量原料所能生产出产品数量的比例。机织物是以长度为单位,需要将纱线的重量折算成长度,或将织物的长度折算成重量进行计算,计算方法和过程相对比较复杂。

$$织成率 = \frac{坏布成品重量}{纱线的使用量} \times 100\% = 1 - 损耗率$$

3. 织造费用 企业生产加工费用通常是按行业的市场行情,结合企业自身的情况综合考虑而确定下来的,一般分为常规产品的加工费用与特殊产品的加工费用。常规产品的加工费用一般较低,而且相对比较稳定;特殊产品的加工费用,相对变化较大,视产品的复杂程度、使用生产设备的条件、生产工艺的难易、生产效率和质量的高低而发生变化。因此,计算特殊产品的加工费用,要依据实际情况,参考有可比性的产品加工费用进行计算。

通常生产加工费用含有一定的加工利润,因此在成本核算时,应以生产加工价格进行计算,即使产品的销售价格很低,没有利润,甚至持平时,至少还有少量的生产加工利润包含在里面,不致造成亏损。

二、色织坯布生产成本的核算

色织坯布的生产成本,应加上纱线染色的费用,还要考虑纱线染色时的损耗。

$$色织坯布成本 = \frac{色纱成本}{织成率} + 织造费用$$

$$色纱成本 = \frac{原料成本}{1 - 染缩率} + 染色费用$$

$$色织坯布成本 = \frac{原料成本 + 染色费用(1 - 染缩率)}{织成率 \times (1 - 染缩率)} + 织造费用$$

织成率是指色纱的织成率。染色费用通常是指染纱厂的加工价格,它随所染颜色和纱线品种的不同而变化;一般情况下,其价格随着颜色深浅由浅色到深色而提高;随着纱线由粗到细而提高,即较细的纱线染深色的加工价格是最高的。染色费用通常是按下面几个等级来划分的。确定纱线染色费用时,要根据纱线粗细和所染颜色的深浅合理地安排。

(1)按所染颜色分。分为漂白及浅色、中等颜色、深颜色三个等级。

(2)按纱线的粗细分。分为较粗的纱线(29.2tex 以上)、中等粗细的纱线(14.6 ~ 29.2tex)、较细的纱线(14.6tex 以下)三个等级。

三、成品面料生产成本的核算

成品面料是指将坯布(包括色织坯布)进行染色、整理、印花加工后,生产出的可用于服装、家用纺织品的成品制作织物。因此,成品面料的成本核算,应依据坯布的后续加工方式分别核算。

1. 染色织物的成本核算 染色织物的成本是坯布经染色整理加工后的成本。

$$染色织物成本 = \frac{坯布织物成本}{1 - 染整损耗率} + 染色加工费用$$

染整损耗率可通过实践总结、咨询有经验的人员或广泛了解染整加工企业的实际控制水平而得出，它是一个经验指标。由于坯布织物的原料成分不同，染整损耗率也有不同的变化，一般情况下，染整损耗率为5%～12%，其大小可通过以下几个方面来确定。

(1)颜色深浅。深色较小，浅色较大。

(2)原料成分。化学纤维类织物较小，天然纤维织物较大。

(3)纱线的形成。长丝纱线织造的织物较小，短纤纱线织造的织物较大。

2. 后整理织物的成本核算　后整理织物是指不需要染色而单纯地对织物进行后整理，使织物平整、干净、尺寸稳定，通常色织坯布需经过退浆、水洗、定形、预缩整理等工序就可形成成品面料。

$$后整理织物成本 = \frac{坯布织物成本}{1 - 后整理损耗率} + 后整理加工费$$

后整理损耗率因整理不同会有较大的变化，常规的后整理损耗率较低，为2%～3%，特殊后整理方法可能产生较大的损耗。后整理加工费也会因整理要求不同而有较大的变化，常规整理的加工费较低，特殊整理可能会使加工费大幅度上升。如对织物进行生物整理、抗菌处理、防臭处理、吸湿速干整理等特殊整理时，因整理所需的助剂成本较高，致使后整理加工费较高，有时甚至会超过染色的加工费用。

3. 印花织物的成本核算　印花织物的成本与所需印花织物的状态有较大关系，印花之前的织物可以是坯布、染色织物或经过整理的色织物。因这几类织物本身的成本不同，造成印花后织物成本有较大的变化。

$$印花织物成本 = \frac{织物成本}{1 - 印花损耗率} + 印花加工费$$

计算印花织物成本时，要确定印花之前的织物状态和成本，通常坯布经印花加工后形成的印花织物成本较低；染色织物和色织织物的成本含有染色和整理的加工费用，因而其织物成本较高。

印花加工费用含有印花和整理的费用，它会因印花工艺不同而产生较大的变化，它还因印花数量多少而有不同的变化。印制的数量越少，印花后单位数量分摊的费用较多，印花成本增加；反之，成本增加的幅度较小。印花的工艺要求和质量要求不同，也会造成印花成本的不同。普通涂料印花比活性印花的成本要低，因此，在核算印花织物的成本时应充分考虑不同条件下的印花加工费用，尽量采用低成本的印花工艺达到同样的质量水平，提高产品价格的竞争力。

第五节　我国纺织产业经营现状和纺织品盈利模式

一、我国纺织产业经营现状

近年来，我国纺织行业年平稳增长，行业盈利能力稳定，运行质量持续改善，但企业成本负担依然较重,增速下降,行业面临较大发展压力。据国家统计局数据显示,2016 年纺织行业规模以上企业工业增加值同比增长 4.9%,低于上年同期增速 1.4 个百分点;实现主营业务收入 73302.3 亿元,同比增长 4.1%,增速较上年同期放缓 0.9 个百分点;实现利润总额 4003.6 亿元,同比增长 4.5%,增速较上年同期放缓 0.9 个百分点;固定资产投资完成额 12838.7 亿元,同比增长 7.8%,增速较上年同期降低 7.2 个百分点。

二、我国纺织品盈利模式

如同低档家电、日常生活用品的出口一样,中国纺织品的盈利模式正在面临很大的挑战,目前纺织品加工企业盈利部分主要在生产加工环节,盈利模式呈"橄榄型"。而纺织品的盈利空间主要在整个产业链的两端,一端是原料供应者,另一端是零售商,而作为生产商的我国纺织品加工企业的收入只有加工费这部分,随着劳动力、原材料成本和销售费用的上升,这部分的利润空间将越来越小。所以,最终要提高纺织品利润就只有通过原材料(如高档布匹、印花)、品牌等方面提升产品附加值,将纺织品盈利模式由"橄榄型"转变为"哑铃型"模式。

以服装行业为例,目前的盈利模式基本有三种:一是服装生产盈利模式,这是一种以生产为中心的盈利模式,以国内市场为主,以服装生产商为价值链的主体,服装生产经历了大量生产、质量保证和多品种生产三个过程;二是贸易盈利模式,以国际市场为主,以服装贸易商为价值观链的主体,生产商主要是贴牌加工;三是以品牌营销为主的盈利模式,以服装品牌商为价值链的主体,生产商主要是生产加工。

纺织企业可以一方面加强成本管理,降低生产成本和销售费用;另一方面,通过不断推出新产品,并把新产品定位为高端产品,或者可以通过对销售较好的产品进行涨价的方法来提高产品利润率。

案例

芭比娃娃(Barbie)

众所周知,芭比娃娃(Barbie)是世界上非常有名的美国品牌玩具,在全球玩具中销量很高,美国《洛杉矶时报》曾经刊登了一篇文章《芭比娃娃与世界经济》,文中介绍了出口到美国的中国产芭比娃娃的例子:

美国提供芭比娃娃的模型和装饰,日本和中国台湾地区提供原材料,印度尼西亚、马来西亚或中国大陆进行组装,中国大陆还提供棉布用于制作芭比娃娃的服装。当芭比娃娃制作完成后离开中国香港前往美国时,价值 2 美元,其中 35 美分是中国的劳动力,65 美分是材料成本,另外 1 美元是运输成本、管理费用以及中国香港的利润。芭比娃娃在美国的平均售价为 9.99 美元 1 个,其中 1 美元是美泰(Mattel)公司的利润,剩下的用于支付运输成本、市场营销以及批发与零售费用。目前,芭比娃娃在全世界以每秒 2 个的速度销售,每年可以为美泰公司带来非常可观的收入,而中国内地仅获得了一点点劳动收入(最终价值的 3.5%)。

除去外资公司的利润,中国净得估计只有100多亿美元,远低于美国从中国获得的利润。

案例分析题

1. 试分析中国在芭比娃娃全球生产链中的利润份额。

2. 结合本案例,试分析中国纺织品生产厂商该采取哪些措施来提高利润。

思 考 题

1. 什么是机会成本? 什么是隐性成本和显性成本?

2. PDCA 循环如何应用于成本管理系统?

3. 有哪些手段可以提高纺织品利润?

参考文献

[1]高鸿业. 西方经济学[M]. 北京:中国人民大学出版社,2006.

[2]罗伯特·S. 卡普兰,安东尼·A. 阿特金森. 高级管理会计[M]. 大连:东北财经大学出版社,2000.

[3]孙明贵. 现代纺织企业管理[M]. 2 版. 北京:中国纺织出版社,2013.

[4]常亚平. 中国纺织产业分析和发展战略[M]. 北京:中国纺织出版社,2005.

[5]周惠中. 微观经济学[M]. 上海:上海人民出版社,2003.

[6]刘小红. 服装行业的盈利模式[J]. 中国纺织. 2005(6).

[7]祝永志. 家用纺织品生产管理与成本核算[M]. 北京:中国纺织出版社,2009.

第四章　纺织企业生产与管理

● **本章知识点** ●

1. 纺织企业核心竞争力的概念及其重要性和主要形式。
2. 纺织企业的战略类型及战略措施。
3. 纺织企业生产管理的主要内容。
4. 纺织企业生产的特点和生产计划的主要指标、编制步骤以及生产计划的具体实施。
5. 纺织产品质量及全面质量管理的概念、质量管理标准以及质量控制方法。
6. 新产品开发的意义、新产品的类型、新产品的形成方法、新产品的开发方式以及新产品的开发程序及其市场化过程。

第一节　纺织企业的生产经营战略

"没有战略的组织就好像没有舵的船,只会在原地打转",一个没有战略的纺织企业,也必将落后并遭到淘汰。如何立足于瞬息万变的社会,如何在商海中占据一席之地,如何实现纺织企业的可持续发展或保持长盛不衰是每个企业所面对的问题。在激烈的竞争环境下,企业决策者必须分析企业的外部环境,评估企业内部条件及核心竞争力,认清企业的优势和劣势,在此基础上为企业的生存和发展勾画出一个企业发展的整体战略。

一、纺织企业的核心竞争力

企业的核心竞争力通常是以一个组织的核心技术能力为基础的通过企业的战略决策、生产制造、市场营销、内部组织的协调管理的交互作用而获得的,使企业保持持续竞争优势的能力,使企业在其发展过程中建立并发展起来的一种资产与知识的互补体系。

核心竞争力是一个企业在关键领域建立独特竞争优势的能力,它使竞争对手在一个较长时间内难以超越,具有较长的周期和较高的稳定性,能够使企业保持较长时间的竞争优势,获得稳定的超额利润的能力。麦肯锡公司在总结了大量实践经验后认为:核心竞争力可以看作是一系列互补的技能和知识的结合,它具有使一项或多项业务达到竞争领域一流水平,具有明显优势的能力。由此可见,核心竞争力是以知识和技能为基础的。它是一个企业多种技术、技能的综合集成,而不是某种分散的技术和技能。体现了企业为实现特定目标而对各种资源进行整合的能力。它是一个企业长期积累的历史成果,它根植于企业的成长历程并经过市场的检验,而不是从企业外部引入的。企业的核心竞争力的存在形式一般为隐性的,它更多地体现在技术、信誉、相互关系、组织文化、体制等无形的资源上,是那种独具特点的、不易被外界获得与模仿的知识和技能。

核心竞争力的主要形式有:企业的战略管理能力,企业的核心技术能力,企业的核心制造能力,企业的核心营销能力,企业的管理能力。

企业核心竞争力的高低一方面表现在以上各种能力的质和量上,也表现为以上几种能力的转化效率上。核心竞争力是企业发展到一定规模、一定时期的战略要求。在企业处于较低层次的经营阶段时,重要的是基本能力的积累,而非盲目的战略要求。核心竞争力还需要适应企业外部环境的变化,在相关的核心竞争力的基础上,抓住外部机会,同时还需要企业对其核心竞争力加以认识和把握,并在实践的基础上加以不断检验和修正。

二、纺织企业的战略定位

一个企业确定了企业的使命和发展目标,并且也分析了企业的外部环境和内部条件,了解了企业目前的状况后,还要选择企业发展的总体战略。企业的总体战略是指导企业在今后若干年总体发展、统帅全局的综合性战略。总体战略涉及企业的经营范围、发展方向和道路问题。例如,是集中从事现有产业的经营业务,还是进入其他产业的经营领域;是维持现状还是扩张或收缩;谋求发展主要是靠内部开发,还是靠外部的兼并、收购。总体战略主要有如下三种类型。

(一)拓展型战略

拓展型战略是使企业在现有基础上向新的目标发展的战略。该战略以发展为导向,引导企业不断地开发新的产品,开拓新的市场,采用新的生产方式和管理方式,以便扩大企业的产销规模,提高竞争地位,增强企业的竞争实力。正确地运用发展型战略,能够使一个企业由小到大、由弱到强,获得不断的增长和发展。

一般来说,拓展型战略分为以下几种类型。

(1)集中型拓展战略。集中型拓展战略是指集中企业资源,集中企业的产品和经营市场,绝大部分销售收入来自一种同类产品或同一组生产技术密切相关的产品或服务。

(2)一体化拓展战略。一体化拓展战略又分为纵向一体化战略和横向一体化战略两种。纵向一体化战略是指在向前和向后两个方向上,扩大企业现有经营业务的一种发展战略。例如纺织厂与服装厂联合,或者纺织厂增加服装生产。横向一体化战略是指企业通过收购、兼并、控股等方式,获得同行业竞争企业的所有权,获得更大利润的发展战略。

(3)多样化拓展战略。多样化拓展战略又称多元经营战略,指企业通过资产重组、参股控股、兼并联营或开发新产品、新技术等方式,扩大生产经营领域,从事多种产品、多种市场的经营业务。

(二)稳定型战略

采用稳定型战略的企业不需要改变自己的宗旨、目标,只需要按一定比例提高其销售、利润等目标就可以了。在这样的战略下,企业只需要集中资源于原有的经营范围和产品,并通过改进其各部门和员工的表现来保持和增加其竞争优势。企业遇到以下情况时有必要采用稳定型战略。

（1）外部环境发生重大变化，一时难以判断是机会大于威胁，还是威胁大于机会，或不清楚对企业是如何影响或影响的程度多大。

（2）企业内部领导班子更换，人员结构有重大调整，需要统一认识，稳定队伍。

（3）企业经过了一段时间的快速发展，出现了一些新的矛盾，需要暂时稳定，以便进行调整。

（4）企业将面临重大变化，在正式变化前，企业需要在稳定的状态中等待。

(三) 紧缩型战略

当外部环境对企业不利，如宏观政策出现重大调整、需求市场出现较大萎缩、出现了强大的同行对手等，企业面临销售不旺盛、奖金调度困难、企业员工思想浮动等情况，企业决策者可以选择主动收缩企业规模，以减少损失、保存实力、寻找机遇，这时采取的战略就是紧缩型战略。其主要有以下几种类型：收缩战略、放弃战略、依附战略、破产战略。

此战略的选用一定要慎重，因为选择这种战略容易使企业陷入消极的经营状态，影响企业的长远发展，影响企业员工的士气和企业的形象。

三、纺织企业的战略措施

(一) 生产战略和经营战略

1. 生产战略　生产战略作为一个职能战略，其作用在于在生产领域内取得某种竞争优势以支持企业的经营战略，而不局限于处理和解决生产领域内部的矛盾和问题。生产战略不是以成本和效率为中心，也不过分强调高效率与最现代化技术的应用，而是通过目标优先级的决策来实现产品的竞争优势，通过生产系统中各要素间在生产类型结构框架下最优化的组合以及要素间的协调性，使这个生产类型结构最佳地发挥出其潜力。

生产战略受到三方面的制约：企业经营业务方向的制约，企业经营目标的制约，企业经营战略的制约。

2. 经营战略　经营战略是企业面对激烈变化、严峻挑战的环境，为求得长期生存和不断发展而进行的总体性谋划。在符合和保证实现企业使命的条件下，利用环境中存在的各种机会以及创造新机会，确定企业同环境的关系，规定企业从事的事业范围、成长方向和竞争对策，合理地调整企业结构和分配企业的全部资源。经营战略需要用机会和威胁来评价现在和未来的环境，用优势和劣势评价企业现状，进而选择和确定企业的总体、长远目标，制订和抉择实现目标的行动方案。

正确的经营战略不能保证企业一定会成功，但可以促使企业较顺利地达到规划的目标。企业只在现有市场内占有最合适的位置是不够的，还必须能准确预见未来市场之所在。企业不仅需要有发展的年度计划，更需要能提供发展蓝图的战略设计，依据这张蓝图，可以建立控制未来市场需要的各种能力。不仅要在现有产业范围内竞争，而且还要在塑造未来产业构架方面竞争。

3. 生产战略和经营战略的匹配　生产战略是在企业经营战略的总体框架下,决定如何通过生产作业活动来实现企业的整体目标。生产战略是企业或者企业某项事业的经营战略中的一个职能战略,其作用在于在生产领域内取得某种竞争优势以支持企业的经营战略。总成本领先战略、差异化战略和集中化战略是企业一般采取的三种基本经营战略,也可能采取两种以上的基本经营战略,但无论采取哪种经营战略,都需要有相匹配的组织机构、职能战略和资源,使经营战略得到有效的支持,避免力量分散、战略混乱。

（二）品牌战略

在过去以及现在的发展中,我国纺织企业的前进都相当程度上依靠着价格的优势和廉价的劳动力市场而在国际上享有纺织大国的地位。但随着产业的进一步发展,特别是周边一些国家也逐渐具备了与我国同样的竞争优势,这就要求我国纺织品出口企业必须改变低价竞争策略。一个企业若没有品牌就无法参与世界市场的竞争,因此,纺织企业应该发挥自身优势加大研发投入、提高产品附加值,在品牌宣传、卖场设计、产品开发等各方面规划出完整的品牌国际发展路线,提升整体竞争力。目前,我国纺织品的产品结构还不能适应市场需求,创新设计能力不足,技术装备水平不高。产品要走高附加值之路,必须注重创新,不断出新品,这样才可以在价格上胜人一筹,从而带来丰厚的利润。这也是进行企业差异化的一步,可巩固企业在行业内的地位。

1. 品牌是企业的无形资产　企业在品牌战略过程中要有清晰、准确的品牌定位,策略化的宣传推广以及适时、科学的品牌延伸等。在培养品牌过程中要有适当的广告投入,要从多种渠道宣传,增加市场上消费者对品牌的认可度。这种投入在作为成本消耗掉的同时,也在无形之中凝结在了企业的品牌价值这种无形资产中,使品牌得到增值。

2. 品牌战略是现代企业市场营销的核心　品牌首先是一个区别标志,是把竞争者的产品或服务区别开来的名字或者符号,其更多的是产品的质量、性能、满足消费者效用的可靠程度的综合体现。它凝结着企业的科学管理、市场信誉、追求完美的精神文化内涵,决定和影响着产品市场的结构与服务定位。

3. 品牌形象的塑造　品牌形象具有综合性、相对稳定性和品牌形象塑造的传播性。品牌形象是社会公众对企业综合认识的结果,一旦在公众的心目中形成,这一形象就不会轻易或很快地改变。另外,企业要想在公众心目中树立良好的形象,就必须借助各种传播手段,如果不通过媒介传播,企业的信息就不能达到社会大众。

4. 确立品牌的市场定位　产业内部有不同的分工,市场中的消费者也有着不同的消费观念、消费习惯等,无论一个企业有多强大的实力,都不能满足所有消费者的需求。因此,企业必须从各个方面细分市场,从中选择自己最具占领优势的一块进行专攻,将自己的产品依据目标的特征进行科学有效的定位,在充分考虑竞争对手的产品特色、品牌理念、品牌个性等因素下,确定适合本企业品牌独特的个性与形象,这也与企业独特的背景息息相关。

（三）企业的人才战略

1. 人才环境的建设　从表现形式上看,人才环境分为硬环境和软环境,硬环境易被重视也容易做到,而软环境是大多数纺织企业所欠缺的,其主要包括人才政策环境、管理环境、人文环境等有利于人才成长的外部条件。与之配套的是,企业必须重视企业文化的建设,营造激励员工并使整个企业更加充满活力和人性化的氛围,为人才创造更适合生存和发展的环境。

2. 人性化人才激励政策的建设　在顺应时代变迁的同时,员工的价值取向正发生着深刻的变化,价值的构成不局限于工资、奖金等收入性要素,还包括集体感、荣誉感、健康的进步感、社会地位、受尊重感、主人翁感、培训和提高技能机会等诸多因素。有计划地、持续地提升人才的报酬水平,这不仅是激励人才为企业不断奉献的最有效手段,也是最大限度地提升员工对企业忠诚度的有效手段。

3. 要合理地用人,并为员工创造培训机会　企业要量才录用,一个企业就是一个团队,团队精神是必须具备的,从能力的合理组合与搭配出发,不以资历、学历、亲疏、派别等为依据;多劳多得,优质优价,用长容短。企业开展教育与培训可以提高组织的应变能力以及员工的适应能力,使员工对企业有认同感和归属感。企业可以在员工入企时,进行"入企教育",介绍企业的发展情况、工作要求,组织结构和人员组成与关系、企业精神、企业文化、生产和工艺流程、技术强项、主要产品和品牌等,让员工迅速融入企业;企业还可以进行"在职培训",让员工学到新理论、新知识,掌握先进设备和工艺,提高员工素质,针对不同对象,进行侧重点不同的培训。

（四）企业的信息战略

1. 组建推动战略管理的职能组织　该组织处于企业内部,却应像置于企业外部的职能机构一样,具有强烈的客观性和独立性。该组织的主要职能是研究企业重大问题,策定战略性行动方针,同时,它也有足够的力量促使战略行动和计划方案的贯彻落实。

2. 建立战略资料库　充分、及时、准确的信息对有效地制订战略规划和推进战略实施具有非常重要的意义。战略资料库是有关影响本企业战略抉择的各种相关方面或环境的最重要战略信息的汇总。

3. 开展电子商务　对于面向瞬息万变的国际市场的纺织企业来说,更需要通过网络结识新的合作伙伴,第一时间掌握行业资讯。要将自身的品牌推向全世界,电子商务是不可缺少的途径之一。纺织企业需要建立网站,以产品展示为核心,精心进行网站策划,为品牌传播营造氛围,还要由目前提供信息型网站逐步向开展在线交易的电子商务型网站转化,再围绕产品进行营销推广、网站推广。

4. 聘请顾问,运用企业外部资源　聘请顾问是国际惯例之一,在信息社会,纺织企业在研究解决重大问题、实行战略管理的过程中,要注意加强与社会管理咨询顾问机构的联系和沟通,得到高质量、深层次、综合性和实用性强的咨询服务,准确把握时代前进的方向。

（五）企业的资本运营战略

资本运营战略是一种跳跃性的战略,产品经营到一定程度需要和外部资源进行整合、交换时,它依赖外部资源使企业的规模达到一个飞跃,这个飞跃是建立在前一个战略的基础上的,企业的规模越大,资本运营的机会越多,效果也越明显。外部交易战略是指企业为了有效整合外部资源而采取的更为复杂的战略举措,包括兼并、收购、分拆、重组、破产、股份制与上市等,这些都是企业的资本运营的形式和手段,包括了资本的组织、投入、营运、产出和分配的各个环节和方面,是企业实现最大限度增值目标的一种经营管理方式。

第二节 纺织企业生产管理和质量控制

随着纺织企业竞争的日趋激烈,纺织企业生产管理和质量控制对纺织企业提高竞争力显得愈发重要。企业的持续发展离不开独特的管理理念和一种行之有效的管理模式,也离不开精确的质量控制。在全球纺织贸易格局发生变化的新形势下,纺织企业应了解取消配额对纺织品出口的影响,根据形势的变化确定和调整企业的发展方向,在产品设计上增强创新能力,研发具有自主知识产权的产品;加大在开发新产品技术上的投入,提高纺织品的质量档次;在管理上要加强企业信息化的建设,提高快速反应能力,增强企业核心竞争力;应用电子商务与国际接轨,扩大市场资源,参与国际竞争;运用适当的国际贸易方式和规则,应对配额取消给我国纺织行业发展带来的机遇和挑战。

一、纺织企业的生产管理

产品的生产,需要经过一定的生产过程。产品的生产过程是指从原材料投入到成品的全部工艺过程。例如:棉纺织企业的生产过程,就是从原棉投入,经过清棉、梳棉……织造等工序的加工,到产出坯布的全部过程。生产过程主要是劳动过程,即劳动者运用劳动工具,直接或间接地作用于劳动对象,使之按人们预定的目的变成产品的过程。

(一)纺织企业生产的特点

1. 纺织企业共同的特点

(1)从生产过程来看,纺织企业都具有空间上的比例性和时间上的连续性。在空间上,前后工序密切衔接,具有一定的比例性。但由于工艺技术上的原因,如棉包的吸放潮、毛条的定型置放等,需必要的间断。工序间半成品的流转还没有完全的连续性,多数属于间歇式的。在时间上,早中夜班除法定节日外,一般常年交替运转不间断,且劳动者密集。

(2)从设备来看,纺织企业是多机台、多工序的生产,配置较固定的同一类型设备多,并且安装在同一个车间和工序内,生产同一种类的产品现象占大多数。

(3)从工艺技术上来看,纺、织、染生产过程的工序虽然较固定,但工艺参数的变化大,而且工艺的相关因素多,质量控制随机性大。

(4)从加工对象来看,各纺织行业生产都是对纤维、纱线或织物进行加工(纺织、印染和后整理)。

2. 不同纺织企业的特点 不同的纺织企业,其生产特点也不同,一般可划分为以下三种类型。

(1)棉、毛、麻及绢纺织等短纤维的坯布加工企业,按现代大纺织产业链的划分,属面料的上游企业,生产批量大,品种翻改涉及因素多。

(2)棉、麻、毛、丝等织物染整加工企业,主要对上游企业提供的坯布、坯呢、坯绸进行着色或其他功能性后整理,工艺过程主要应用化学加工手段和其他特殊方法整理生坯织物,该类企业往往是小批量、多品种的生产。另外,由于这类企业的产品是成品面料,故又称为中游企业,其产品使用对象是服装企业(下游企业)。

根据国外先进经验,我国上、中游面料企业(纺织、印染企业)应主动为下游服装企业服务,满足他们的花色品种需要;下游的服装企业也应加强同面料企业的联系,共同牵手,提高国产面料自给水平。

(3)针织企业,包括经编、纬编、织袜等企业。其产品品种多,批量小。

另外,有少部分企业是全能型企业,纺纱、织布、染整和成衣加工俱全,因中间环节少,所以便于组织专业生产,其生产成本较非全能型企业低,获利也较高。但这类企业集团管理中的生产运作、其子系统的关联性、全局的系统性亦难于产品单一的非全能企业。

(二)生产计划的主要指标

企业编制生产计划应充分挖掘和利用企业内部资源,从社会需要和本单位生产条件的可能出发,正确地确定生产计划指标。生产计划是企业生产计划的中心内容,编制生产计划主要就是确定生产指标。生产计划主要有以下指标。

1. 产品品种指标 产品品种指标是品名和品种数,是编制生产计划的首要问题。纺织产品品种按具体产品的用途、规格、花色来划分,其生产是根据市场需求的预测或同有关单位签订的合同决定的。品种指标表明企业在产品品种方面满足社会需要的程度,也反映了企业生产技术水平和经营管理水平的高低。

2. 产品质量指标 产品质量指标规定了产品质量应达到的水平,体现了企业所生产产品的使用价值能够满足市场需要的程度。衡量这个程度的是产品质量的技术标准,包括内在质量标准和外观质量标准。产品的质量标准有国际标准、国家标准、行业标准、企业标准和所签订合同规定的技术标准等。

3. 产品产量指标 产品产量指标是指符合质量标准的产品的实物数量。产品的产量指标以实物单位计量,例如,纱以吨(t)计量,布以米(m)计量,服装以万件计量等。产品产量包括成品和准备出售的半成品数量。成品是指生产完毕后在本企业内不再进行加工制造的产品,如纺织厂的坯布。半成品是指在本企业已经完成某一制造阶段,但尚未完成产品全部制造过程的制品,如纺织厂的筒子纱。由于对外出售的半成品在企业内部已不需要进一步加工,故可视为产成品。

4. 产值指标 产值指标是以货币表示的产量指标,能综合地反映企业生产的总成果。产值指标按其所包含的内容不同,分为商品产值、总产值、净产值三种。商品产值是企业在计划期内生产的可供销售的产品的价值。总产值是以货币形式表示的企业在计划期内完成的工业生产活动总成果数量。净产值是指工业企业在报告期内,工业生产经营活动中新增加的价值。

5. 产品出产期指标 产品出产期指标是指为了保证按期交货确定的产品出产期限。正确确定出产期很重要。若出产期太紧,保证不了按期交货,会给顾客带来损失,也给企业的信誉带来损失,不利于争取顾客,还会造成生产能力的浪费。

（三）生产计划的编制

生产计划的核心是确定产品的品种和数量，只有确定了品种和数量以后，才可以计算商品产值和总产值。

1. 生产计划编制的原则

（1）以销定产的原则。以销定产是根据社会化大生产的要求，在保证国民经济协调发展的条件下，以产品销路的有无和多少来决定企业生产什么样的产品和产品的数量。

（2）合理利用企业的生产能力。一方面要考虑满足社会的需要，另一方面要考虑企业的生产可能性，包括人、财、物等各种资源条件，其中合理利用生产能力是个重要因素。

2. 生产计划的编制步骤

（1）市场调查。了解市场对企业产品品种、数量的需要。

（2）企业内外生产条件的调查。企业生产的外部条件主要是指原料、辅助材料、燃料、动力等的供应情况。需要通过各种渠道了解各种资源供应的保证程度。企业生产的内部条件主要是指生产计划完成可行性情况，职工人数、机器设备情况，各种物资的库存及在制品数量等综合情况。

（3）综合平衡，确立生产计划指标草案。综合平衡主要有以下五个方面。

①根据企业生产线设备，测算生产计划与生产能力是否平衡。

②根据职工各工种技能水平，测算生产计划与劳动力是否平衡。

③根据原材料和动力负荷现状，测算生产计划与物资条件是否平衡。

④根据现有工艺处置水准实况，测算生产计划与技术管理水平是否平衡。

⑤根据现有流动资金情况，测算生产计划与资金占用是否平衡。

（4）讨论、修正、批准正式生产计划。根据综合平衡的结果，经反复讨论、修正后，即可编制正式年（季）度计划。

（四）生产计划的实施

生产计划的实施是企业内部管理的重要环节之一，其任务是把企业的生产计划目标变成现实，加工出市场所需的优质产品。同时，生产计划的实施又是工艺、设备、操作和原材料等一系列基础管理的落脚点，生产运作的成功与否在此一举。因此，生产指挥部门在企业的整个管理中，有其他部门不能替代的特殊职能作用。

生产计划的实施有两个方面的内容：一是组织好日常产品的生产加工运作，二是安排好新产品的试制工作，这两方面工作的贯彻是通过生产调度方式进行的。

生产调度工作的任务，就是检查作业计划安排的执行情况，发现并解决执行中的各种问题，使生产活动协调地进行，从而保证生产任务的完成。生产调度工作内容主要包括安全文明生产，调节生产全过程的综合平衡，确保正常生产条件，使轮班物化作业结果的该项技术经济指标达到计划要求。

（五）运转轮班作业管理

生产计划的实施过程是生产运作管理部门通过指挥各轮班的生产作业而实现的。各工序各轮班的作业管理工作称为运转作业管理，简称运转管理。运转管理是纺织企业生产第一线的管理,工作面广,工作量大,直接影响产品的产量、质量和经济效益。运转管理是纺织企业管理中的一项重要内容,应高度重视。

运转管理的任务是组织好运转生产工人正常作业,使产品的量、质、耗指标符合轮班生产计划要求,并在保证质量的前提下努力超额完成产量并降低原材料消耗,从而保证企业年度生产计划全面实现。

运转管理的内容主要是现场生产管理,该管理工作非常具体、细致,应充分发挥班组长的作用,抓好运转交接班、文明生产、固定供应、工艺和操作纪律等重要环节,做到人人有专责,事事有人管,办事有标准,工作有检查,使轮班生产井井有条,均衡地完成生产任务。

(六)安全生产管理

纺织企业生产的特点是原料为易燃纤维,生产是三班连续运转,绝大多数机台连续运转,因此,由机器磨损发热引发的火警事故较多。又由于手工劳动与机械化加工并存,箱体机台(如棉纺企业的清棉机和梳棉机)人身工伤事故时有发生。所以纺织企业的安全生产管理显得尤为重要。安全生产是指挥生产作业工作的重要组成部分,只要端正思想,明确责任,建立科学合理的安全生产管理制度并严格执行,企业完全可以将生产事故减少到最低限度,甚至杜绝事故的发生。

安全生产的原则是以主动预防为主,加强自我安全意识,防患于未然。

企业的安全生产管理内容主要是安全责任制、安全规程、安全教育和培训及安全事故的分析和处理等。

(七)绩效管理

绩效管理是通过管理者和员工个人经过沟通制订绩效计划、绩效监控、绩效考评、绩效反馈与改进,以促进员工业绩持续提高并最终实现企业目标的一种管理过程。绩效管理的原理很简单:设定清晰的工作目标和合理的考核方法,给予员工公正的报酬和激励,使员工知道其应该做什么、怎么做以及相关回报情况。

绩效管理是企业在目标共识和目标达成的过程中,管理者与员工之间进行沟通、反馈、指导和支持的持续活动。其关键行为是设定目标和衡量标准、总结、评估、沟通、激励和发展等;其核心目的是不断提升个人和组织绩效,实现员工与企业共同发展的长期目标。

绩效管理的过程通常被看作是一个循环,这个循环的周期分为四个步骤:绩效计划、绩效实施、绩效考评、绩效反馈与面谈。

绩效考评既是绩效管理的重要组成部分,又是一个独立的管理系统。绩效考评是在工作一段时间或工作完成之后,对照工作说明书或绩效标准,采用科学的方法,对员工的工作行为与工作结果全面地、系统地、科学地进行考察、分析、评估与传递的过程。绩效考评在本质上是考核组织成员对组织的贡献,或者对组织成员的价值进行评价。它是管理者与员工之间为提高员工能力与绩效、实现组织战略目的的一种管理活动。

二、纺织企业的质量控制

产品的质量是企业的生命,为市场提供符合质量要求的产品,始终是企业生产管理的一项重要内容。人们不仅把质量看成是国际市场竞争的主要手段,而且更重要的是把质量看成是对人类社会安全和生存环境的防御力量。随着全球化制造和网络信息化的发展以及国际经济贸易多元化、多层次和多形式的激励竞争,如何避免纺织品出口中出现贸易摩擦,如何保证并不断地提高纺织产品的质量已成为关系纺织企业能否在激烈的竞争中获得生存并得以发展的关键。纺织企业质量管理问题已成为一个受到普遍关注的突出问题。

(一)产品质量与全面质量管理

1. 质量概念　从广义概念理解,质量是指产品、过程或服务满足规定或潜在要求(或需要)的特征和特性的总和。可见,质量不仅指产品质量,而且也包括过程质量和服务质量。对于过程质量和服务质量,可以统称为工作质量。

(1)产品质量。产品质量是指产品的适用性,也就是指产品的使用价值,产品适合一定用途,能够满足人们的某种需要所具备的特性。不同的产品,由于适用性的要求不同,因而其质量特性也不相同。对于纺织产品的质量特性可以概括为性能和寿命两个方面。产品的性能,是指产品应达到使用功能的要求。产品的寿命,是指产品在规定的条件下,满足规定功能要求的工作期限。与产品质量相联系的还有工程质量和工作质量。

(2)工程质量。工程质量是指产品加工全过程中的综合质量。工程质量是全面质量管理中的一个重要概念。产品在制造过程中,影响产品质量或使产品质量发生波动的因素很多,概括起来主要有五种因素,即人(Man)、原材料(Material)、设备(Machine)、工艺方法(Method)以及环境(Environment)。这五个因素通常被简称为4M1E(图4-1)。

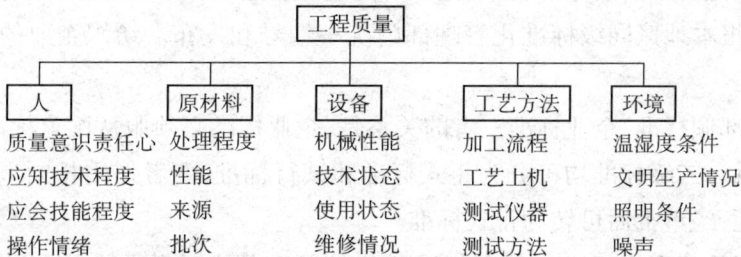

图4-1　影响产品质量的五个因素

从图4-1可以看出,工程质量是由以上五种因素同时作用的结果,所以工程质量就是指这个综合作用过程的质量。在生产过程中,如果这五个因素保持不变,或基本保持不变,那么工程质量就会保持稳定。在五个因素中,人是决定性的因素,其他四个因素是人为的结果,人是动态的,其他四个因素是静态的。

(3)工作质量。工作质量是指企业中与产品质量直接有关的工作对产品质量的保证程度。工作质量不易量化,最终通过工作效率、产品质量和经济效果等来反映工作质量成果。

以上三种质量概念既有区别又有联系。产品质量取决于工程质量,工程质量取决于工作质量。所以,工作质量是产品质量的基础和保证,产品质量是企业各方面工作质量的综合反映。这三者联成一体形成了广义的质量或者是全面质量。这一全过程的控制就是所谓"全面质量管理"。三者之间的关系如图4-2所示。

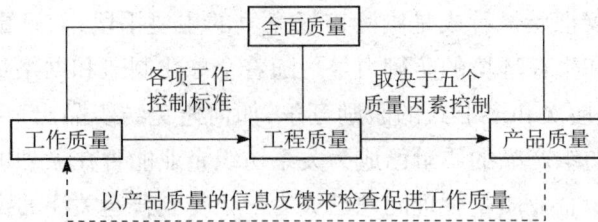

图4-2 产品质量、工程质量及工作质量的关系

2. 产品质量标准 产品质量标准是对产品规格、质量及其检验方法的具体规定。纺织产品的质量评定要按照规定的测试条件、仪器,对质量项目进行测试检验,然后根据测试结果,综合评定产品的等级。纺织产品的等级反映了内在质量(物理指标)和外观质量(外观疵点)两个方面。

我国现行的工业产品标准体制,根据国家颁布的条例规定,分为国家标准、部颁标准和企业标准三级。

国家标准是指对全国经济技术发展有重大意义,而必须在全国范围内统一执行的标准。国家标准的代号为 GB。

部颁标准是指全国性的各专业范围内统一执行的标准,由各工业部门颁布并报送国家标准化主管部门备案。纺织工业部门的部颁标准的代号为 FZ。

企业标准是指没有国家标准、部颁标准而由企业制定的标准,由企业上级主管部门组织制定和审批,并报本地区同级标准化管理部门统一编号和发布。纺织企业的企业标准代号为 Q/FZ。

国家标准、部颁标准、企业标准三者的关系是:企业标准必须服从国家标准和部颁标准,不得与之相抵触。三级标准均可分为正式标准和试行标准,两者作用相同。试行标准经过试行时期的验证,经审批后可转为正式标准。

我国纺织产品的国家标准与国际标准相比较还有很大的差距。随着外向型经济的发展,我国的质量标准正向国际标准靠拢,直至正式采用 ISO 9000 系列国际标准。

3. 质量职能 质量职能就是在实现产品的适用性过程中各部门应发挥的作用或应承担的职责。质量职能的各项活动并不都是在一个企业的范围内进行的,它还涉及企业外的供应厂商和用户等。在企业内部,对产品质量有直接影响的质量职能,主要可概括为:市场研究、开发设计、制订工艺、采购、生产制造、检验、销售、服务八个环节。

4. 全面质量管理 全面质量管理是指企业为了保证和提高产品质量,组织全员及有关部门参加,综合运用一整套质量管理体系、管理技术、科学方法控制影响质量全过程的各种因素,结合改善生产技术,经济地研制和生产用户满意的产品的系统管理活动。全面质量管理主要有以下特点。

(1)满足用户需要是全面质量管理的基本出发点。

(2)全面质量管理所管的对象是全面的,即广义的质量。

（3）全面质量管理所涉及的范围是全面的,即产品质量产生、形成和实现的全过程。

（4）全面质量管理是全员参加的管理。

（5）全面质量管理所采用的方法是多种多样的、综合的。

（二）ISO 9000 系列标准

1. ISO 9000 系列标准的产生 ISO 9000 系列标准也称《质量管理和质量保证标准》。它是由国际标准化组织(International Standard Organization,简称 ISO)于 1987 年 3 月正式发布的。1994 年 7 月又正式颁布了修订后的新标准。这个系列标准的产生是现代化大生产和国际贸易发展的必然结果。

2. ISO 9000 系列标准的结构和内容

（1）ISO 9000 系列有以下五个标准。

①ISO 9000《质量标准和质量保证标准——选择和使用指南》,是这套标准的导则。

②ISO 9004《质量管理和质量体系要素——指南》,是指导企业建立和运行内部质量体系的文件。

以上两个指南对任何企业都是适用的。

③ISO 9001、ISO 9002、ISO 9003 三个标准规定了三种质量保证模式,用于合同环境,也适用于第三方认证的模式。

（2）系列标准的内容简介。ISO 9000 标准阐明了系列标准的一些关键术语的概念及其相互关系,阐述了一个组织应力求达到的质量目标以及质量体系环境的特点和质量体系标准的类型,规定了质量体系标准的应用范围以及三种质量保证模式选择的程序和选择的因素,还规定了证实及其文件应包括的内容以及供需双方在签订合同前应做的准备工作事宜。

ISO 9001《质量体系——设计、开发、生产、安装和服务的质量保证模式》,阐述了从产品设计、开发开始直到售后服务的全过程的质量体系要求。适用于要求供方质量体系提供具有从合同评审、设计直到售后服务都能严格控制的足够证据,以保证在各个阶段符合规定的质量要求。该标准强调对设计质量的控制,提出对整个设计过程制订严格的控制和验证程序,并严格贯彻执行。

ISO 9002《质量体系——生产和安装的质量保证模式》,阐述了从采购开始直到产品交付的生产过程的质量体系要求。适用于要求供方质量体系提供具有对生产过程进行严格控制的能力的足够证据,以保证生产和安装阶段符合规定的要求。该标准强调预防为主,要求把生产过程的控制和对产品质量的最终检验结合在一起。

ISO 9003《质量体系——最终检验和试验的质量保证模式》,阐述了从产品最终检验到成品交付的成品检验和试验的质量体系要求。适用于要求供方质量体系提供具有对产品最终检验和试验进行严格培训的能力的足够证据,以保证在最终检验和试验阶段符合规定要求。该标准强调检验把关,要求供方建立一套完善而有效的检验系统。

ISO 9004《质量管理和质量体系要素——指南》,从企业实际需要出发,阐述了建立质量体系的原则和应包括的基本要素以及各要素的含义、内容和要求等。该标准强调满足顾客的需要和保护企业的利益,企业应建立和实施有效的质量体系。

3.质量体系的认证作用和认证程序 质量体系认证就是质量体系评价与注册。这是指由权威的、公正的、具有独立第三方法人资格的认证机构(由国家管理机构认可并授权的)派出审核员组成的检查组,对申请方质量体系的质量保证能力依据三种质量保证模式标准进行检查和评价,对符合标准要求者授予合格证书并予以注册的全部活动。

(1)质量体系认证作用。

①企业获得质量体系评审合格证书可以增强客户与企业者之间的信任感。采用同一系列的国际标准,有利于各国评审机构相互认证,方便商品进出口。

②开展质量体系评审,对供方来说,可以加强企业质量管理,提高一次成功率,增加产量,降低成本,显著地提高企业的效益。

③对需方来说,可以查阅获得质量体系评审合格证书的生产企业名录,从中选择能连续提供保证产品质量的供方,购到高质量的商品,减少验收费用和库存费用,提高了需方的经济效益。

(2)质量体系认证程序。质量体系认证分为两个阶段。一是认证的申请和评定阶段,主要是受理申请并对被接受申请的供方质量体系进行检查评价,决定能否批准认证及予以注册,并颁发合格证书;二是对获准认证的供方质量体系进行日常监督管理阶段,目的是使获准认证的供方质量体系在认证有效期内持续符合相应质量体系标准的要求。

(三)质量控制的统计方法

全面质量管理根据质量反馈的资料数据综合分析后,对产品质量做出判断,但是从生产现场得到的各项原始记录往往是杂乱无章的,难以直观地反映出质量状态。因此,必须用统计等方法将这些数据加以整理,把定性的质量描述上升为定量的质量概念。这种根据对局部的分析研究来判断总体质量状况的方法,称为统计判断。统计判断的全过程,按其工作程序可分为三个基本步骤。

(1)统计调查和整理。根据掌握和解决某项质量问题的需要,到现场调查、检测,将收集到的数据加以整理归纳,绘制成统计图表,并借助于一些统计特征数(如平均数、标准偏差)来表达这批数据所代表的质量因素的性质。

(2)统计分析。对经过整理归纳的数据进行统计分析,研究它的变化规律和发展趋向。

(3)统计判断。根据抽样统计分析的结果,对总体的质量现状或发展趋势做出有科学根据的统计判断。

常用的统计方法有:分类法、直方图法、统计分析表法及因果图法。

第三节　纺织新产品开发及其市场

一、纺织新产品开发概述

科学技术是第一生产力,企业的科技进步主要体现在新产品的开发上。新产品开发是实现企业技术进步的重要手段,是企业市场运作最主要的具体工作之一。只有让新产品主动占领市场,才能不断推动企业的可持续发展,提高企业的经济效益。

(一)新产品开发的意义

随着科学技术的迅速发展,人民生活水平的日益提高和消费需求的不断变化,商品更新换代的周期日趋缩短。企业要在激烈的市场竞争中求得生存和发展,必须以市场为导向,积极开发新产品,满足市场需求。新产品的开发对于企业的生存和发展有以下三点意义。

(1)新产品开发是社会经济发展,人民物质生活水平和文明程度提高的客观需求。经济的发展使人民购买力日益增强,人们对产品在功能和使用方面不断提出新的要求。消费者需求的变化周期逐渐缩短,频率逐步加快,企业只有不断地推出新产品才能满足消费者的需要,促进社会经济的发展。

(2)新产品开发是企业竞争能力和生存发展的标志。在市场竞争条件下,产品竞争不仅在价格方面,还包括产品的质量、功能、款式等方面。企业要生存和发展,必须密切关注市场消费的发展趋势,做到生产这一代,开发新一代,既立足当前,更谋划长远,不断推陈出新,适应市场新需求,使企业在竞争中立于不败之地。

(3)新产品的开发是提高企业技术水平和经济效益的需要,新产品开发是一个探索、创新的过程。它需要科学的理论指导,先进的技术设备和技术人才。企业在开发新产品的过程中,必然会促进自身技术水平和经营管理水平的提高。一旦新产品被市场接受,可以给企业带来良好的经济效益。

(二)新产品的概念

1. 新产品的定义　国家统计局对新产品的定义是:第一次试制成功的工业产品叫新产品。并规定了新产品应符合下述四种情况。

(1)产品的物理性能或化学性能有较大幅度的提高者。

(2)产品的形状、结构形式显著优越者。

(3)改变原材料或工艺方法,虽然产品性能无大的改变,但明显提高劳动生产率或降低成本者。

(4)扩大产品使用范围或使用性能者。

2. 新产品的类型　上述所定义的新产品既包括实体方面的创新,也包括印象方面的改变。因此,可将新产品划分为以下四种类型。

(1)无可置疑的新产品。如新研制成的化学纤维品种等。

(2)部分新的产品。也就是在原有产品的基础上,通过横向技术移植,部分地革新了其工作原理、工艺原理或性能的产品。例如非织造织物中的喷胶棉、静电植绒、静电纺纱、喷气纺纱等。

(3)大部分改变的产品。如把毛巾产品改成毛巾被和睡衣产品等。

(4)小部分改变的产品,主要是指仅对现有产品进行局部非实质性的改变,如一些纺织品规格、混纺比例的改变等。

(三)新产品形成的方法

目前,纺织新产品开发的方式主要有利用新纤维原料、改变纱线的形态结构、运用计算机辅助设计新的织物结构及采用新工艺等。

1. 利用新纤维原料，设计开发新产品

（1）注重原料多元化和仿天然化的开发。天然纤维虽具有吸水性、抗静电性、穿着舒服、富有自然美感，但却缺少化学纤维不缩不皱、尺寸稳定、染色鲜艳的性能；化学纤维虽赋予织物高性能、高科技、新功能等，但却缺乏天然纤维自然、质朴、纯净的感觉。因此，应该打破棉、毛、丝、麻、化学纤维的界限，以多种原料加以混纺、交织或并纱。一个品种一般用 2～3 种原料，多到用 5～6 种，以提高织物的服用性能。

（2）加强弹性纤维的利用。弹性纤维赋予织物良好的伸缩回复性，使服装贴体、合身、舒展自如，并具有良好的免烫抗皱、不变形性能。氨纶弹性织物是目前国际流行的面料之一，美国杜邦公司的莱卡纤维和棉、丝、毛等纤维混合，既可制作内衣，也可用于生产运动服装，织物的弹性得到大大改善。

（3）注重环保型纤维的开发。随着社会环境的净化和全球环保意识增强，"绿色服装"已成为人们消费的主趋势。像 Lyocell、甲壳素纤维、Tencel 等，在国内外市场均有应用，并取得了良好的效果。

（4）引进高科技纤维。高科技纤维是提高面料档次的关键，高科技的发展使纺织新原料不断涌现，新一代环保型纤维正以强劲的势头风靡欧美市场，具有抗菌、防尘、防紫外线、阻燃等功能的功能性纤维，也正以其自身的科技含量提高面料的档次和市场竞争能力。

2. 利用纱线的形态和织物的结构设计新产品

（1）改变纱线结构形态。

①花式纱线（如粗节线、大肚纱、竹节纱、圈圈线等）广泛应用于各种服用纺织品和装饰品中，风格各异，可以增加织物的花色和立体感。

②强捻纱的应用主要为符合人们对服装悬垂性、穿着透气性、舒适的要求，特别是结构疏松织物，要达到质地优良，手感疏而不烂、松而不软的效果，捻度的设计至关重要。

③多种原料混合、多股纱、长短丝并合，去组分纱线，空气变形纱，各种原料的包芯纱、包覆纱、包缠纱等新型复合纱线的应用，可以开发出立体感强的新产品以及具有特殊风格的织物。

（2）织物组织与结构。流行面料要求表面有立体感和肌理变化效果。因此，织物组织结构要打破简单的平纹、斜纹设计局限，而采用变化斜纹、变化重平、缎纹和一些复合组织，如网眼、纱罗、蜂巢、小提花、灯芯条、起绉等组织，多数以几何图案形式，或者同一面料多种组织交叉融合来提高产品的档次和市场竞争能力。而双重组织、异面二重组织也是设计的重点，这不但可以增加织物的厚度，也可以形成两面互异的特点。

（3）色彩和配色。色彩是面料中最引人注意、最富有感染力的主要因素，人们对面料的鉴赏往往从色彩开始，因此，色彩对面料起着决定性的作用。在色彩的应用上，要注意使用回归大自然的色调，给人以返璞归真的感觉。色彩和配色要兼顾国际流行和民族流行，使其在变化中求和谐，在和谐中求变化，产生富有韵律的雅致美感。

3. 运用织物 CAD 设计开发新产品 在计算机上运用织物组织的组合、复合技术，充分利用组织结构本身的丰富内涵和经纬纱的配色变化来完成产品的设计和改进,大大提高产品的研制速度,减少原料的耗费,不但能减轻设计人员的劳动,而且能够给设计人员以极大的启示,提高设计工作的科学性和创造性。在运用织物 CAD 进行产品设计时,除了应熟练掌握计算机的操作方法,掌握色彩搭配技能,充分借助计算机编辑工具中的各项功能,将自己的艺术构思具体地体现为产品设计的结果以外,还要能运用最新织物 CAD 软件,建立自己的图形库(穿综图、纹板图、组织图、经纬纱配色、织物配色模纹图),利用现有图形进行各种重组,设计新图形,并很快模拟试织成布样,同时还可以在此基础上根据自己的创新,借助系统对组织图和色纱图进行任意变换,织造出品种繁多、适销对路的面料,使产品设计更具活力,以提高产品的市场竞争力。

(四)新产品的类型

1. 全新产品 主要是指运用现代科学技术的新原理、新材料、新工艺制成的前所未有的新产品。例如,既防水又透气的特殊织物等全新产品,这类新产品的开发往往需要花费较大的人力、物力和具有先进的技术力量。

2. 换代新产品 换代新产品是指在原有产品的基础上采用新技术、新材料制成的在性质或品质上有显著提高的新产品。如防蛀面料、免烫织物等。

3. 改进新产品 改进新产品是指对原有产品在功能、结构、款式等方面做出改进的新产品。

4. 企业新产品 企业新产品是指企业对市场上已有的产品进行仿制,换上本企业的厂牌和商标。这类产品对总体市场来说并非是新产品,但对某一个地区、某一个企业来说,却是以前并未生产过的新产品。这类新产品虽然开发时间短、成本低,但若不能在质量、性能、价格等方面具有优势,就很难在市场上打开销路。

(五)新产品开发的要求

1. 优越性 新产品与名产品相比,在质量、功能、款式等方面具有更大的优越性,能给消费者带来更大的使用价值。由此才能吸引消费者,使产品有市场。

2. 强适应性 新产品必须与消费者的价值观念和消费习惯相适应。不同的消费群体有不同的价值观念与消费需求。企业在开发新产品时,要充分按照市场这一特点研制出适应不同消费层次多方面需求的新产品,才能有广阔的市场空间并有效地占领市场。

3. 方便性 新产品倘若结构复杂,使用不方便,即使质量再好,功能再多,也不一定会受消费者的欢迎。例如,冬季儿童防寒服,虽然有的新产品款型新、功能多,但扣、带、拉链太多,儿童穿脱不便,这样的新产品市场占有率就不会很大。另外,方便性还应包括保养方便。

4. 潮流性 新产品要符合时代流行潮流。例如面料的细薄、服装的绿色环保功能等,都是在新产品设计时应考虑周全的。

5. 效益性 企业推出新产品,一方面要满足消费者的需要,另一方面是企业自身的经济利益需要。因此,企业开发新产品时,应周密权衡新产品的投入和产出为市场接受的效果和企业得利的效果,否则,就企业而言,则失去了开发的必要性。

（六）新产品开发的方式

1. 技术引进方式 利用外部的成熟技术，直接进行企业新产品的开发，这是一条开发新产品的重要途径。该方式特别适合市场上急需的或供不应求的产品，企业可以引进先进技术作为其发展新产品的起点。这种方式时间短、速度快、费用省、见效快。中小型企业缺乏科技力量，采取这一方式，能加速新产品开发，更具有现实意义。

2. 自行研制方式 针对市场需求，或现有产品存在的问题，集中力量，自行研究、制造具有本企业特色的新产品。自行研制新产品的好处是，企业能"独树一帜"，提高知名度。但是开发成本大、时间长、技术要求高，技术和经济实力较强的企业可采用这一方式。

3. 技术联合方式 技术联合方式是把引进技术和自行研制相结合，综合开发新产品的一种方式。这种开发方式花钱少、见效快，产品的新颖程度和技术含量比一般仿制品高，容易占领市场。

二、纺织新产品开发的程序及其市场化过程

（一）新产品开发的程序

1. 调查研究阶段 产品开发前必须深入调查研究，调查的内容包括市场调查和技术调查。市场调查是指搜集国内外市场对该产品的品种、质量、规格、价格、服务以及用户的意见和需求。技术调查是指了解有关产品的技术现状和发展趋势，预测未来可能出现的新技术。通过调查研究，企业可以为制订新产品开发方案提供准确可靠的依据。

2. 构思创意阶段 新产品的构思创意，一是要以市场需求为目标，二是要有创新意识，大胆设想。构思创意的依据主要来自以下三方面。

（1）用户对产品的要求。

（2）销售和技术服务人员的意见。他们不但了解用户和市场需求，也熟悉生产技术条件，他们提出产品的开发方案尤其要加以重视。

（3）科技人员的见解。除了本企业的科技人员外，还可以聘请外单位专家担任顾问。他们具有扎实的专业知识，掌握本专业技术的信息和发展方向，对开发新产品有一定的见解和创意。

3. 筛选评估阶段 新产品开发的评估筛选，就是从多个创意中优选出一个理想的、具备开发条件的产品。这需要对各种创意进行周密精细的论证评价，包括产品的结构、主要参数、目标成本、销售预测、投资费用、期望利润等因素的论证评价；要对外部环境（如市场需求量、质量要求、竞争情况、技术趋向、价格、用户意见等）逐项进行技术经济分析，然后决定取舍。

4. 产品设计和工艺准备阶段 产品设计就是要为新产品的制造和使用提供全套生产工艺设计技术文件。工艺准备阶段就是为新产品开发实际运作过程做出详尽部署准备。

5. 产品试制和鉴定阶段 试制和鉴定是新产品正式投入批量生产之前必不可少的步骤。新产品试制可分以下两步进行。

（1）样品试制（纺织厂常称为"先锋实验"）。先按设计生产出产品样品，检查它的结构、

质量、性能,找出其中的问题,再改进设计,使新产品设计基本定型。

(2)小批试制。目的是考核产品的工艺性,检验全部工艺效果是否达到预期的质量标准和规范,为正式投产积累经验。

样品试制和小批试制都要进行严格的鉴定,对产品从技术、品级、经济上做出全面评价,以确定该产品是否可以投产,投产后是否能达到预定的技术经济目标。

(二)影响营销策略的因素

企业生产出好的产品,要依靠好的营销策略才能取得好的销售效益。营销策略就是销售的技巧和策略,即产品的定价、销售渠道选择和促销等动态运作中所有的策略。影响营销策略的主要因素有以下几个方面。

1. 价值因素　价值在货币形态上转化为价格时,主要表现为三部分:生产成本、流通费用、利润(包括工业利润和商业利润)。这三个部分相互联系、相互制约,任何一个部分发生变化,都会引起价格的变动。而其中生产成本是决定价格的主要制约因素。在考虑成本这一因素时,不仅要依据本企业的生产成本,还要参考其他企业同类产品的生产成本,即依据社会平均成本为基础来定价。

2. 供求因素　这是商品经济供求规律和竞争规律的要求。市场上的供求关系有三种状况,即供不应求、供求平衡、供大于求。当供求平衡时,价格稳定,但这种情况较少。另外两种市场状况则较为常见:供不应求时,会促进价格上扬;供大于求时,会迫使价格下跌。

3. 需求价格弹性因素　需求价格弹性,是指顾客的需求对商品价格变动的敏感程度,它反映了商品价格与需求之间的客观规律性。一般来说,价格水平对需求的升降有影响:价格低则需求上升,价格高则需求下降。但各种商品的需求对价格变动的敏感程度不同,这种敏感程度则称为需求价格弹性。

4. 需求收入弹性因素　需求收入弹性,是指因收入的变动而引起的需求量的变动程度,反映了需求与收入之间的客观规律性。这一规律表明,在居民收入水平低时,不要随意提价。在企业产品的结构中,中低档产品的比重应大一些,实行薄利多销。而在人们收入水平提高的情况下,应增加中高档产品的比重,适当提高产品价格。

5. 产品寿命周期因素　产品处于不同寿命周期阶段,定价应不同。这是因为不同寿命周期阶段,产品生产所耗费的劳动不同。投入期的批量小、耗费高、产品新,价格可考虑定得高些;成长期也属于新产品阶段,可保持投入期的价格,不要轻易变动;成熟期的生产批量大,且竞争对手多,竞争激烈,应考虑降价;衰退期表明产品已落后,应大幅度降价,以尽早收回占用资金。

6. 相关产品因素　相关产品是指在使用价值上相互关联的商品。相关商品有两种情况:一个是互替相关,另一个是互补相关。互替相关的产品,如棉纺织品与化学纤维纺织品等。互补相关的产品,如羽绒服与羽绒,羽绒服降价,会使羽绒服的需求增长,相应的会引起羽绒(鸭绒等)需求的增长。

(三)产品定价应遵循的原则

1. 科学、合理、恰当、适度的原则　科学,就是定价要有可靠的根据,符合客观经济规律的要求。合理,就是价格的各个组成部分之间的比例、不同产品之间的比价以及市场差价应定得合适。适度,"度"的上限,就是为顾客所能承受,又使企业能超过盈亏平衡点的价格;"度"的下限,就是商品单价高于单位产品的变动成本,能带来收益,这是企业所能承受的价格。

2. 遵纪守法的原则 企业定价方案应遵守国家的有关价格政策和价格管理条例。

3. 文明竞争的原则 产品定价是企业竞争的重要手段之一。价格竞争,一方面是为了提高产品竞争能力,占有较多的市场份额;另一方面是各行业企业之间应当相互促进、生产更多的物美价廉的产品,满足社会和顾客的需要。

（四）定价策略

为了实现企业的定价目标,有以下定价策略可供选择。

1. 厚利定价策略 厚利定价策略是指为获得较高的赢利,在成本的基础上,增加一个较多的附加额,而使产品的价格较高。这种策略适用于在短期内不会出现竞争对手而独家生产的新产品,或名牌产品。

2. 薄利定价策略 薄利定价策略是指在成本的基础上增加一个较少的附加额,因而使价格较低,实行薄利多销。这种策略适用于投放市场后很容易招来很多竞争者相继推出的新产品,或进入成熟期后竞争激烈的老产品。

3. 保本定价策略 保本定价策略就是以不亏本为最低界限,运用盈亏平衡原理而确定的价格。这种策略适用于竞争非常激烈、供过于求的平销或滞销产品,也适用于尚不为消费者所了解的新产品。

4. 赔本定价策略 企业处境十分困难,产品严重滞销,即使保本的价格也无法销售,为减少亏损,则被迫采用这种赔本定价的策略,以渡难关。

5. 提价策略 在产品供不应求时可采取适当提价的策略。

6. 降价策略 在产品供过于求时可采取适当降价的策略。

7. 质量差价策略 根据企业产品质量的等级不同,实行按质论价的策略。即优质高价,中质中价,低质低价的策略。

8. 时间差价策略 根据季节不同或时间不同,产品实行不同价格。例如销售旺季实行平价或略微提价,销售按季实行降价。

9. 批量差价策略 根据用户购买商品的数量不同,实行不同的价格。购买批量大可给予优惠价,即适当降价;购买批量小则执行平价,即正常价格。

10. 地区差价策略 同一产品在不同地区销售,实行不同的定价。对于经济发达地区实行正常价格;而对经济落后地区及"老、少、边、穷"地区给予优惠价,即低价或降价。

11. 心理定价策略 根据不同顾客的不同购买心理,实行不同的定价。对于收入水平低的顾客,适宜采用尾数定价法。例如单价为10元的商品可以定价为9.9元。对于收入水平高的消费者,适宜采用值数定价法。例如单价为985元的商品,可以定价为1 000元,使高收入者感到这种商品"高档""贵重",购买它能显示出身份的"高贵",得到一种心理上的满足。但是,不论如何定价,都要适度,不能以次充优,欺骗顾客。

（五）销售渠道的选择

销售渠道是指产品从生产企业向用户或消费者转移所需要经过的路线。其起点是生产厂家，终点是用户或消费者。从起点到终点所经历的路线又叫流通渠道，完成整条流通路线需要经过一些中间环节，或称作中间商。流通体制改革要求多渠道、少环节，但不论怎样改革，流通领域中的中间环节是不可缺少的。它是联系生产和消费之间的桥梁，在销售渠道中占有重要的地位。销售渠道策略有以下几种。

1. 主渠道策略　主渠道策略是指企业的产品主要销售给国有商业、外贸等专门从事商品流通的中间环节。利用主渠道强大的营销网络，把商品投放到国内外广阔的市场。

2. 辅渠道策略　辅渠道策略即企业选择集体的供销企业或个体商贩，迅速地将其产品分销到各个分散的、细分的市场。

3. 宽渠道策略　宽渠道策略即生产厂家尽可能通过许多批发商、零售商推销其商品，扩大市场覆盖面和快速进入新市场，使众多的顾客或用户能随时随地买到该企业生产的产品。

4. 窄渠道策略　窄渠道策略即生产厂家在某一地区只通过一家中间商，独家经营和推销该企业的产品，以利于控制目标市场，减少多渠道各批发商、零售商相互争夺市场的矛盾。这种策略适用于生产高档名牌、精品的企业新销售渠道的选择，它既可以提高企业的知名度，又可以维护该企业的形象。

5. 长渠道策略　生产厂家生产的商品面对千家万户的消费者，且市场面广、地域宽阔，不可能直接销售给各个消费者，只能通过多而长的中间环节，最终到达消费者手里。

6. 短渠道策略　短渠道策略是由生产厂家生产的商品本身的特点所决定的，如服装怕挤压，需尽可能减少中间环节，直接销售给最终顾客，或只经过一个环节就能到达最终顾客手里。又如直接用集装箱将西服运到服装店，让顾客直接购买。

7. 加盟店渠道策略　加盟店渠道策略即按企业要求经营该企业品牌商品的商店，可以加盟到企业销售渠道中来。

（六）促销工作

促销，即促进销售，是指卖方向顾客传递商品信息，引起他们的注意和兴趣，激发其购买动机，并转化为购买行为，从而实现和扩大企业销售目标。促销方式一般分为两大类，一是人员推销；二是非人员推销，即依靠广告宣传、开展公共关系和营业推广工作等。

人员推销是指企业派出推销人员或设立专职推销机构，向目标市场的顾客推销商品的经营活动。即由销售人员直接与顾客或潜在顾客接触，以谈话的方式或通过产品使用示范和表演，达到推销商品的目的。人员推销与其他促销方式相比，具有不可替代的作用，是一种重要的促销方式。它具有推销的直接性和感情的交融性。推销人员与顾客直接接触，方式灵活、直观，可以使双方纯粹的买卖关系发展成为相互理解和信任的关系。

广告推销是企业为了某种需要，通过一定形式的媒体，公开广泛地向顾客或用户传递商品信息的一种手段。通过传递商品信息以引起顾客的注意和兴趣，使顾客认识某一商品的性能，从而根据需要做出是否购买的决定。

案例

宏达高科控股股份有限公司发展历程

宏达高科控股股份有限公司始创于1985年,是中国经编行业首家上市公司。该公司是全国最大的汽车内装饰材料和高端运动服饰材料生产厂家之一,目前已形成织造、染色、定型、复合为一体的现代化生产流程,技术设备和生产规模在全国处于领先地位。公司的主营业务汽车内装饰材料和高端运动服饰材料市场占有率居同行前列,已为宝马、奔驰、捷豹、路虎、大众、通用、吉利、长城、阿迪达斯等国内外大型汽车和服饰生产厂商进行配套生产。公司通过ISO 9001质量管理体系、ISO 14001环境管理体系、TS 16949汽车工业技术规范体系国际认证和"清洁生产"审核。

宏达高科控股股份有限公司坚持以产品创新、技术创新为主导。公司被认定为国家重点高新技术企业、国家火炬计划高新技术企业、浙江省创新示范(试点)企业、浙江省科技型中小型企业,拥有浙江省级企业研究院、省级企业技术中心、省级高新技术研发中心,其中宏达高科的汽车用纺织品检测中心获中国合格评定国家认可委员会(CNAS)认证。企业研究院拥有独立科研用房3000多平方米,同时配置了特定的恒温恒湿系统、气候模拟循环系统、电子配色测色系统、自动称料配料系统、染色智能中控系统。从德国、美国引进大量先进的研发检测设备,能够对纺织材料的各种色牢度、耐光照性能、耐磨起球性、机械性能、气味性、透气性、UPF值、燃烧性、pH及甲醛等进行实验和检测,从德国、韩国引进大量先进的整经、织造、印染、定型、复合生产线。

公司以强大的新产品开发能力,始终在全国保持领先水平,并步入国际先进行列。公司以特有的环保性新材料技术、花型设计技术、功能性材料生产技术形成了汽车顶棚、立柱、天窗、遮阳板、衣帽架、门板和运动塑身材料、运动里衬材料等定位高端、客户高端、技术含量高端的一系列产品。公司承担了国家级项目10余个,省级重点创新项目10余个,省级新产品70余个,获得国家专利53项,作为主导单位制定了国内汽车内饰行业第一个国家标准GB/T 33276—2016《汽车装饰用织物及针织复合物》,参与制定汽车内饰面料和服饰面料国家标准2项,参与制定服饰面料行业标准1项。

1992年,宏达高科控股股份有限公司获得上海大众汽车内饰国产化项目,成为国内首家汽车内装饰材料生产厂家。

2007年,宏达高科控股股份有限公司作为中国经编行业第一股在深圳挂牌上市。

2010年,宏达高科控股股份有限公司并购深圳威尔德医疗器械有限公司,向医疗器械(医学检测)领域扩张发展。

2014年,宏达高科控股股份有限公司并购宏达小额贷款有限公司,向金融信贷领域扩张发展。

2015年,宏达高科控股股份有限公司并购海宁宏达股权投资管理有限公司,向金融投资领域扩张发展。

30 多年来,宏达高科控股股份有限公司始终坚持"以做精做强为总体战略,不断拓展产品线和进入新的高端市场,并寻求上下游整合和转型发展的机会"。公司业务战略始终坚持"以产业用纺织品为主导,重点发展交通运输用纺织产品、医用军品纺织产品,定位中高端。在衣着用纺织品领域,重点发展科技含量高的运动功能性面料,在运动服、户外服装上实现突破,以突显中国智造"。公司在这两大战略目标指引下不断发展前行。

案例分析题

如何看待浙江宏达公司的发展历程和总体战略,对此你获得了什么启示?

思 考 题

1. 如何提高纺织企业的核心竞争力?
2. 纺织企业的战略定位类型有哪些?有哪些具体的战略措施?
3. 纺织企业主要有哪些生产指标?各自的内容是什么?
4. 纺织企业绩效管理的内容和方法是什么?
5. 纺织新产品的概念及形成方法是什么?
6. 新产品开发的具体程序是什么?

参考文献

[1]林子务.纺织企业现代管理[M].北京:中国纺织出版社,2001.

[2]王毅,潘绍来,张建华.纺织企业管理基础[M].3 版.北京:中国纺织出版社,2008.

[3]张震.人力资源管理[M].南京:东南大学出版社,2004.

[4]赵有生.现代企业管理[M].2 版.北京:清华大学出版社,2006.

[5]陆君伟.纺织企业现场管理[M].北京:中国纺织出版社,2005.

[6]陆君伟.纺织企业班组管理[M].北京:中国纺织出版社,2006.

[7]赵浩兴.市场营销理论与实践[M].北京:中国商业出版社,2005.

[8]祝海波,邓德胜,聂绍芳.市场营销战略与管理[M].北京:中国经济出版社,2005.

[9]江辛.企业营销战略管理[M].北京:中国物资出版社,2002.

[10]催平.现代生产管理[M].北京:机械工业出版社,2001.

[11]赵山.生产主管绩效管理方法[M].北京:中国经济出版社,2003.

[12]李晓春,曾瑶.质量管理学[M].2 版.北京:北京邮电大学出版社,2006.

[13]《纺织企业管理手册》编审委员会.纺织企业管理手册[M].北京:纺织工业出版社,1989.

第五章 纺织品市场需求

● 本章知识点 ●

1. 需求的概念和需求定理,影响需求的主要因素。
2. 纺织产品的分类和纺织品市场需求的主要特点。
3. 纺织服装产业发展过程的"托因(Toyne)模式"。
4. 拓展我国纺织品市场发展的对策。

第一节 市场需求理论介绍

一、需求与需求定理

(一)需求的概念

需求指消费者在一定时期在各种可能的价格下愿意而且能够购买的数量。需求与欲望不同,欲望是人们对物品与劳务无限的要求与希望,如果消费者对某种商品只有购买的欲望而没有购买的能力,就不能算作需求。需求必须同时满足"购买欲望"和"购买能力"两个条件。一种商品与劳务的需求量是消费者在某一既定时期在某种价格时计划购买的数量。

(二)需求表、需求曲线与需求定理

需求表列出了当其他因素保持不变时,每一种不同价格水平的需求量。表5-1是某商品的需求表,从表5-1可以清楚地看到商品价格与需求量之间的函数关系。例如,当价格为1元时,商品的需求量为9单位,当价格上升为2元时,需求量下降为6单位。

表5-1 某商品的需求表

组 合	A	B	C	D	E
价格(元)	1	2	3	4	5
数量(单位数)	9	6	4	3	2

假设影响需求的其他因素不变,那么反映价格和需求量的关系的曲线就是市场需求曲线。图5-1是根据表5-1绘制的一条需求曲线。横轴表示需求量,纵轴表示价格。把每一个价格下的需求量反映到坐标空间,表现为多个点,用曲线把这些点联结起来,就形成一条需求曲线。市场需求理论一般假定商品的价格和相应的需求量的变化可以无限分割,即具有连续性。在这种假定下,图5-1中才可以将商品的各个价格—需求量的组合点A、B、

C、D、E连接起来,构成一条光滑的连续的需求曲线。需求曲线向右下方倾斜,其原因可以通过需求定理来解释。

需求定理指在其他条件不变的情况下,一种商品的价格越高,这种商品的需求量越小。商品的需求量与价格反相关关系的原因是由于替代效应和收入效应。替代效应指随着该商品价格的上升,人们转而购买较便宜的替代品,进而减少这种商品的购买的现象。收入效应指随着商品价格的提高,相当于消费者的实际收入降低,消费者只好少买一些。替代效应和收入效应均表明,在其他条件不变的情况下,一种商品的价格越高,需求量越小。

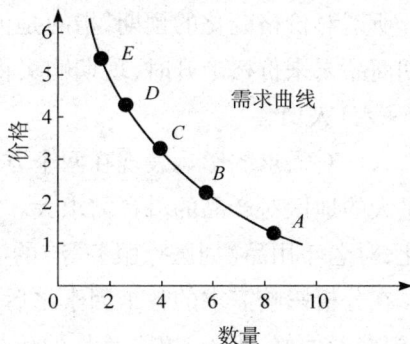

图 5－1　某商品的需求

需求曲线可以分为行业需求曲线、企业需求曲线和个人需求曲线。行业需求曲线反映所有的消费者对某一商品的需求量在价格波动时产生的变化的规律。个人需求曲线与行业需求曲线一样,也是反映价格对需求量的影响。不同之处在于,前者的表现主体是个别消费者,后者则是所有的消费者。因此,行业需求曲线实际上是对所有消费者在一定价格条件下的需求量的横向相加。企业需求曲线又与两者不同,它反映的是企业提供的产品被消费者需求的数量受价格变动的影响。

二、影响需求的因素

(一)商品的价格 P_x

需求曲线所表现的就是商品价格对需求的影响:当价格较高时,需求量很小;随着价格降低,需求量逐渐增大。

(二)消费者的偏好 T

假设消费者同时对多种商品有消费需求,对于不同的商品,会产生不同的喜好,而喜好程度的差异就会表现出一定的次序性。一般来说,如果消费者对一种商品偏好强烈,则需求会增加,需求曲线右移;反之,偏好减弱则需求减少,会使需求曲线左移。

(三)消费者的收入 I

正常物品是指随着收入增加而需求增加的物品,如耐用消费品或奢侈品。低档物品指随着收入增加,需求减少的物品,如公共汽车。收入对消费者需求的影响分为两种情况,当消费者收入增加时,对正常品的需求将增加,对低档品的需求将减少。

(四)相关商品的价格 P_s

一种物品的需求也受其他商品的价格的影响。相关商品包括替代品和互补品。替代品是可以用来代替另一种物品的物品,如随身听和 CD 唱机。当一种商品的替代品的价格下降,消费者多会购买替代品代替这种商品,这种商品的需求将减少;反之,当一种商品的替代品价格上升,这种商品的需求就会增大。

互补品是必须与另一种物品共同使用的物品。如汽车和汽油是互补商品。当互补商品中某一种商品价格上升时,该商品的需求量减少,相应的,其互补商品的需求量也会减小。

(五)对价格变化的预期 E

所谓对价格变化的预期,指的是消费者对一段时期内产品的价格变化趋势的预测。当预期商品未来价格上升时,现期购买将增加,未来购买将减少。

(六)人口

人口对需求的影响表现在两个方面:人口规模和人口结构。人口规模指人口数量,人口数量大的地区对产品的潜在需求大。人口结构影响需求结构,如人口年龄结构,随着人口老龄化,对老年用品(如医疗服务等)的需求将增加。

在分析影响需求的各个因素之后,可以用这些因素来表示需求,也就是需求函数。用价格、消费者偏好、收入、相关商品的价格、消费者对价格变化的预期等因素表现需求量的函数,就是需求函数 Q_d。需求函数的公式为:

$$Q_d = F(P_x, T, I, P_s, E)$$

三、需求量的变动与需求变动

需求量的变动指由于产品自身价格的变动而引起的购买量的变动,表现为沿着需求曲线点的移动。需求的变动指除了产品价格之外任何一种影响购买计划的因素变动时,就存在需求的变动。需求的变动表现为需求曲线的移动,需求增加,需求曲线向右方移动;需求减少,需求曲线向左方移动。

四、需求弹性

(一)弹性的含义

弹性在经济学上是因变量对自变量变动的反应程度。弹性的计算有两种:弧弹性和点弹性。

弧弹性公式为: $$E_d = \frac{\Delta Q}{\Delta P} \cdot \frac{P_1 + P_2}{Q_1 + Q_2}$$

点弹性公式为: $$E_d = \frac{dQ}{dP} \cdot \frac{P}{Q}$$

(二)需求的价格弹性

由供求定理可知,当需求不变,供给增加时,均衡价格下降而均衡数量增加,那么,是价格下降幅度大而数量增加少呢,还是价格下降少而数量增加多呢?需求的价格弹性是当所有其他影响买者与卖者计划的因素都不变时,一种商品的需求量对其价格变动反应程度的无单位衡量指标。其计算公式为:

需求的价格弹性 = 需求量变动的百分比/价格变动的百分比

1. 需求的价格弹性的种类

(1)完全无弹性的需求。当价格变动时,需求量保持不变,则需求的价格弹性等于0。

(2)单位弹性需求。当需求量变动的百分比等于价格变动的百分比时,需求的价格弹性等于1。

（3）完全有弹性的需求。当价格做微小的变动，需求量变动的百分比无限大时，需求的价格弹性为无穷。

（4）缺乏弹性的需求。当需求量变动的百分比小于价格变动的百分比时，需求的价格弹性大于0，并且小于1。

（5）富有弹性的需求。当需求量变动的百分比大于价格变动的百分比时，需求的价格弹性大于1。

2. 沿着一条直线式需求曲线的弹性 沿着一条直线式需求曲线，弹性是变动的。当商品的价格提高、需求数量减少时，弹性大；而在商品的价格降低、数量增大时，弹性小。

3. 弹性与总收益 当价格变动时，生产者收益的变化取决于需求价格弹性。富有弹性的商品，价格下降1%所增加的销售量大于1%，因此，降价后总收益增加；单位弹性的商品，价格下降1%所增加的销售量为1%，因此降价后总收益不变；缺乏弹性的商品，价格下降1%所增加的销售量小于1%，因此降价后总收益减少。反之，也可以利用此关系进行总收益检验。总收益检验指通过观察价格变动所引起的总收益变动来估算需求价格弹性的方法（所有其他影响销售量的因素保持不变）。如果价格下降增加了总收益，需求是富有弹性的；如果价格下降减少了总收益，需求是缺乏弹性的；如果价格下降而总收益不变，需求是单位弹性的。由此可知，要想提高生产者的总收益，不同的商品价格的决策是不同的，富有弹性的商品降价有利于提高总收益，缺乏弹性的商品提价有利于提高总收益。表5-2是现实生活中常见商品和服务的需求的价格弹性。

表5-2 现实生活中常见商品和服务的需求的价格弹性

商品和服务	需求的价格弹性	商品和服务	需求的价格弹性
金属	1.52	煤气、电力和水	0.92
电器工程产品	1.30	石油	0.91
机械工作产品	1.30	化工产品	0.89
家具	1.26	饮料（各种类型）	0.78
汽车	1.14	衣服	0.64
工具工程产品	1.10	烟草	0.61
专业服务	1.09	银行和保险服务	0.56
运输服务	1.03	食品	0.12

资料来源 帕金，微观经济学（第五版），人民邮电出版社，2004年版

4. 影响需求价格弹性的因素

（1）替代品的数量与替代程度。替代品数量越多，替代程度越高，需求越富有弹性。例如生活必需品（如食品和盐）替代品少，则需求缺乏弹性。奢侈品（如化妆品）替代品较多，则需求较富有弹性。

（2）在物品中的支出占收入比例。支出与物品的收入比例越大，该物品需求越富有弹性。

（3）自从价格变动以来的时间流逝。时间流逝越长,需求越富有弹性。

(三)需求交叉弹性

需求的交叉弹性衡量一种物品的需求对其他物品价格变动的反应程度。其他物品分为三种:第一种是无关品,即这种无关品的价格对商品的需求没有影响;第二种是替代品,替代品指可以在一定程度上相互替代的物品,如不同品牌的服装;第三种是互补品,指必须一起使用的物品,如牙刷和牙膏。需求交叉弹性的计算公式为:

需求的交叉弹性(E_c) = 需求量变动的百分比/其他商品价格变动的百分比

三种商品的交叉弹性大小是不同的,替代品:$E_c > 0$;互补品:$E_c < 0$;无关品:$E_c = 0$。替代与互补的接近程度越大,交叉弹性越大。

(四)需求的收入弹性

需求的收入弹性衡量需求对收入的反应程度,其计算公式为:

需求的收入弹性 = 需求量变动的百分比/收入变动的百分比

收入弹性的大小情况有三种:大于1(正常物品,富有收入弹性);在0与1之间(正常物品,缺乏收入弹性);小于0(低档物品)。表5-3所列为现实生活中的收入弹性。

表5-3 现实生活中的收入弹性

商品或服务	需求的收入弹性	商品或服务	需求的收入弹性
航空旅行	5.82	烟草	0.86
电影	3.41	含酒精饮料	0.62
国外旅游	3.08	家具	0.53
电子产品	1.94	衣服	0.51
餐馆吃饭	1.61	报纸和杂志	0.38
本地公共汽车与火车	1.38	电话	0.32
理发	1.36	食物	0.14
汽车	1.07		

资料来源 帕金,微观经济学(第五版),人民邮电出版社,2004年版

第二节 纺织品市场需求及其影响要素分析

一、纺织品的市场需求

纺织品的市场需求是指消费者在一定时期在各种可能的价格下愿意而且能够购买的纺织品的数量。纺织品包括棉、化学纤维、毛纺织品、丝绸、针织纺织品、麻纺织品、非织造布、产业用纺织品等。纺织产品按其应用领域可分为衣着用纺织品、家用纺织品和产业用纺织品三大类。我国目前是世界纺织品消费大国和贸易大国。

超过14亿的人口基数,构成了纺织服装行业的巨大市场潜力。我国国民经济仍保持一定速度增长,城乡居民的人均收入水平和消费能力提升,为纺织品服装的内需消费提供巨大

动力。预计"十三五"期间全球纤维消费量年均增速 2.5% 以上,预计国内居民服装与家纺消费支出年均增长 8% 左右。未来人均纤维消费量需求的提升给锦纶纺织品提供了广阔的市场空间。外需方面,根据 2016 年 9 月工业和信息化部《纺织工业"十三五"发展规划》,我国纺织品出口总额占世界总量的比重也已从 2000 年的 10.42% 上升到 2015 年的 38.60% ,仍位居世界第一位。

纺织品市场需求的特点如下。

(1)纺织品是非耐用消费品,一般需求弹性较小,价格较低,但高档面料和高档服装属奢侈品,需求弹性较大。

(2)纺织品需求变化快,生命周期较短,智能纺织品需求增加。例如从服装方面来看,清代推行长袍马褂,辛亥革命后流行的"中山装",20 世纪 50 年代后出现过一阵"列宁装热",20 世纪 60~70 年代又出现过"军装热",80 年代开始"西装热""套装热",90 年代中期出现"休闲装热"。这几种服装潮流之间的间隔分别是 30 年、12 年、10 年,随着人民生活水平的提高,消费需求呈现出每年一种流行式样的变化,工业发达国家的变化则更为神速,公认说法是"巴黎无时装"。智能纺织品在制造过程中嵌入了特殊的技术,可以为佩戴者提供更多功能。由于智能纺织品在终端用户行业应用不断扩大,其全球范围内的需求不断增加。市场调研公司 Allied Market Research 的一份报告预测,到 2022 年,全球智能纺织品市场规模将从 2015 年的 9.43 亿美元,增长到 53.69 亿美元,2016~2022 年的复合年增长率为 28.4% 。

(3)季节性因素对纺织品需求影响较大。服装是纺织产业链条的终端,由于服装是一种季节性很强的商品,因而对纺织品的需求也呈现季节性变化。顾客对纺织品服装的需求受到天气与季节的极大影响。近几年来,反常的气候,如夏季太热、冬季太冷或季节太长等严重影响纺织服装企业的计划,使得一方面不合气候的存货增加;另一方面又没有合适的货品可卖。纺织品服装销售有明显的淡旺季之分。一般来说,同许多日用商品一样,每年的双节(国庆节到春节)期间是服装销售的黄金季节,在这一一季度的时间内完成的销售额往往占到全年指标的 2/3 以上。

(4)纺织品服装需求与各地文化相关联。有调查研究表明,北方人(特别是东北三省人)的衣着消费占个人消费比重较高,一般在 20% 以上,这与气候寒冷和当地文化有关系;南方人的服装消费偏低,一般占个人消费的 10% 以上,这与南方湿润的气候有关,也与当地的经济文化和生活习惯有关系。

二、影响纺织品需求的要素分析
(一)纺织品的价格
价格是影响纺织品需求的最重要因素之一,在其他条件没有差别的情况下,纺织品的价格越低,需求量越大。例如人民币升值会增加纺织品的出口价格,进而使纺织品的国外需求减少。但是纺织品是一种竞争程度比较高的产品,替代品较多,替代程度较大,中国纺织品服装销售增加必然会引起其他国家同类型产品需求的下降,因此源于劳动力的低成本和产品的低价格比较优势的价格竞争使我国纺织品出口遭遇了频繁的贸易摩擦,美国、欧盟等国家先后对我国纺织品服装提起反倾销诉讼,限制中国产品进口,使我国纺织品需求量受到很大影响。

(二)消费者的偏好

消费者偏好的变化影响纺织品的需求。消费者消费理念更注重个性化、时尚化、舒适化、环保化、功能化、智能化及高档化。例如崇尚自由、追求个性的文化理念以及都市生活快节奏的紧张工作压力下,人们渴望放松心态,因此休闲服装逐渐成为服装消费主流。又如消费者对健康和环保的重视使绿色服装的需求增加,如彩棉日益受到消费者的青睐。消费的多样化、个性化的潮流促进了纺织品小批量、多品种趋势的形成。市场的需求加上科技的高速发展,使纺织服装业逐步从过去的粗放型、劳动力密集型产业转化为集约型、资本和技术密集型产业。

(三)品牌

随着消费者消费结构的升级,品牌意识也不断增强。纺织品服装消费随着人们消费心理日趋成熟以及品牌意识的日益增强,纺织品消费(特别是服装消费)正从产品消费走向品牌消费。纺织品服装的需求从"饱暖和御寒"的需求到"装饰和美观"的需求,最后到"品味和文化"的需求,消费者不仅仅关心商品的物理属性,更关心具有感情寄托的品牌文化。纺织品服装消费的品牌意识不断增强。

(四)人口

人口数量的增长会增加社会的需求,促进技术革新,并为产业发展创造良好的市场条件。人口的高度膨胀使人类最先面临粮食和衣着的问题,同时,产业用也需要大量的纺织品,因此纺织服装业肩负着重大任务。需求增长促进纺织服装技术的变革,化学纤维增长、天然纤维的下降成为必然趋势,环保健康型和特种化学纤维的研制、开发和生产将受到重视。纺织机械更注重采用先进技术,在高产、自动和连续的基础上生产管理逐步网络化,并建立快速反应系统。

(五)消费者的收入

纺织品是一种正常品,随着人均收入水平的提高,需求将增加。由需求收入弹性理论可知,对高档纺织品服装的需求将随着收入的提高而增加。

随着人均收入水平的增长,社会的需求结构和消费结构都将发生变化。这不仅是纺织产业结构发生变化的原因,而且也是纺织产业结构发生变化的一种动因。在人均收入低水平阶段,恩格尔系数较大,人们的生活处于温饱水平,对吃穿等生活必需产品的需求占主导地位,对纺织品的需求基本处于一种较低的水平,在这种消费结构下,纺织产业中起主导作用的必然是低附加值的制造业。在人均收入中等水平阶段,温饱问题基本解决,对纺织品服装的需求日趋时尚化、个性化和高档化,这种变化拉动了纺织产业结构的变化,对纺织产业中的设计、面料、服务及品牌等都提出了新的要求,促进了这些部门的发展。在人均收入高水平阶段,物质产品已相当丰富,人们的消费选择余地大为扩展,人们对精神生活、生活质量和生活环境的要求大大提高,人们的需求趋向多样化和个性化。为了适应多变的市场需求,少品种、大批量的生产方式日渐被多品种、少批量的生产方式取代,同时售后服务空前发展,这些都促进了纺织服装产业的发展。

除了这些因素外,纺织品的国外需求还受到世界经济环境和汇率、政治、贸易摩擦等因素的影响。世界经济形势好转,本国货币的贬值,将使国外需求增加;纺织品贸易摩擦增多,将使纺织品国外需求减少。

第三节 纺织品市场需求变化及纺织品的生命周期

一、纺织品市场需求的变化
(一)纺织品市场需求总量的变化

世界与国家宏观经济的发展直接影响居民的收入,而居民收入的多少,又影响纺织品服装的消费。随着市场经济的不断深入,经济的快速发展,消费者可支配收入提高,市场潜力增加,纺织品市场面临更大的发展空间。研究表明,国内生产总值增长1%,消费增长0.8%,服装消费增长0.4%。

人口增长和经济复苏将支撑全球纤维消费需求继续增长,预计"十三五"期间全球纤维消费量年均增速为2.5%以上。2015年全球GDP增长率是3.1%,2015年世界人均纤维消费量已达到12.4kg,与2004年相比,增长了37.8%(表5-4)。

表5-4 世界纤维消费量

项 目	2001年	2002年	2003年	2004年	2015年
人口数(亿人)	61.6	62.3	63.0	63.8	72.8
全球GDP(亿美元)	321126	326925	335543	349235	731709
人均GDP(美元)	5213.1	5274.6	5326.1	5473.9	10050.9
纺织纤维消费量(万吨)	4960.3	5202.1	5429.0	5749.0	9059.0
人均年纤维消费量(kg)	8.1	8.4	8.6	9.0	12.4

资料来源 2006/2007中国纺织工业技术进步研究报告总报告,纺织导报2006增刊,http://www.unima.cn/show/1075.html2017-7-24

内需扩大和消费升级将是我国纺织工业发展的最大动力,城乡居民收入增长、新型城镇化建设以及二孩政策全面实施等发展红利和改革红利叠加,将推动升级型纺织品消费增长,预计国内居民服装与家纺消费支出年均增长8%左右。随着国内基础设施建设、环境治理、医疗健康等方面投入稳步增长,产业用纺织品纤维消费将继续保持快速增长。从我国纤维产量上看,增长迅速,化学纤维产量从2000年的694.2万吨增长到2014年的4352.5万吨,其在世界化学纤维加工总量的占比在2014年已经达65%以上,见表5-5。

表5-5　世界主要国家(地区)化学纤维产量(含 PP 纤维)　　　　单位:万吨

年份(年)	全球	中国	美国	西欧	韩国	日本	印度
2000	3389.4	694.2	475.1	430.9	278.1	161.2	180
2005	4246	1817.7	410	*461.9	182.9	120.2	225.2
2006	4389.2	2024.4	379.2	*452.8	162.6	117.5	257.9
2007	4788.5	2397.2	365.9	*445.3	162.6	116.6	291.7
2008	4556.2	2430.5	309.9	*322.5	148.4	101.6	308.2
2009	4792.2	2733.5	267.6	289.1	152.9	81.2	343.4
2010	5166.8	2983.3	248.6	224.2	168.6	87	378.3
2011	5570.2	3361	240.9	215.2	174.7	88	399.5
2012	6021.8	3796.5	247.5	210.2	174.8	84.7	411.7
2013	6380	4107.5	256	202.1	169.3	84.9	428
2014	6653.1	4352.5	254.5	196.9	165.5	83.4	456.7

资料来源　《2015/2016 中国纺织工业发展报告》

我国纺织品服装国外需求情况。我国的纺织品服装等的出口金额占世界总出口额的比例呈快速提高态势,相比 2000 年,2008 年占比翻了一番,2014 年又再次上涨至 37.4%,1992~2010 年,除了 1998 年和 2009 年金融危机外,增长率均为正(图 5-2)。

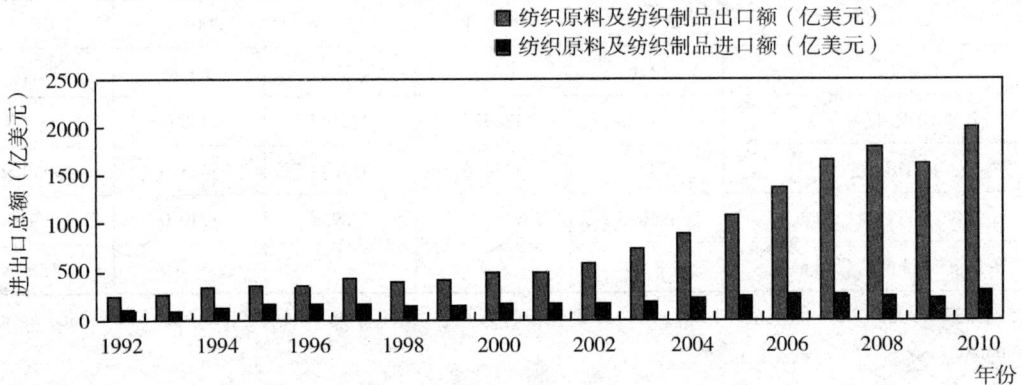

图5-2　1992~2010 年纺织品进出口变化

资料来源　根据中经网统计数据库编制

(二)纺织品需求结构的变化

1. 纺织品需求档次提高　根据人的需求的多样性,可将人划分为不同的层次。按照恩格斯的划分,人的需求有三个层次,即生存需求、享受需求和发展需求。第一,在人们处于收入水平较低的阶段,消费结构中的主要部分是解决温饱问题:一是吃饱,二是穿暖。从消费欲望和结构的发展阶段来说,这时是处于"生理性的需求占统治地位的阶段"。第二,随着人均收入的进一步提高,人们的消费结构将进入"追求便利和机能的阶段"。这种消费欲望结构的变化意味着人们的消费处于"享受需要"占统治地位的阶段。第三,人们的消费结构演就的第三个阶段是追求"时尚与个性"的阶段,人们的消费需要呈现无限的多样性和多变性。当收入有限而不能满足所在层次需要时,人们自然倾向于首先把有限的收入用于购买满足生存需要的商品。随着收入的增长,人们也自然倾向于满足最基本需要后把增加的收入用于购买满足更高层次需要的商品。

纺织品市场需求档次将随着生活水平和收入水平的提高而不断提高。纺织品市场需求变化必然会引起纺织产业内结构的变化,同时,纺织品产品寿命周期越来越短。

2. 纺织品需求结构的变化趋势 随着经济的发展和科技的进步,纺织品需求结构呈现出以下趋势。

(1)化学纤维的消费(尤其是涤纶、丙纶、腈纶)将在总纤维消费中加大所占份额。而棉、毛、纤维素纤维等所占比例将减少(图5-3)。

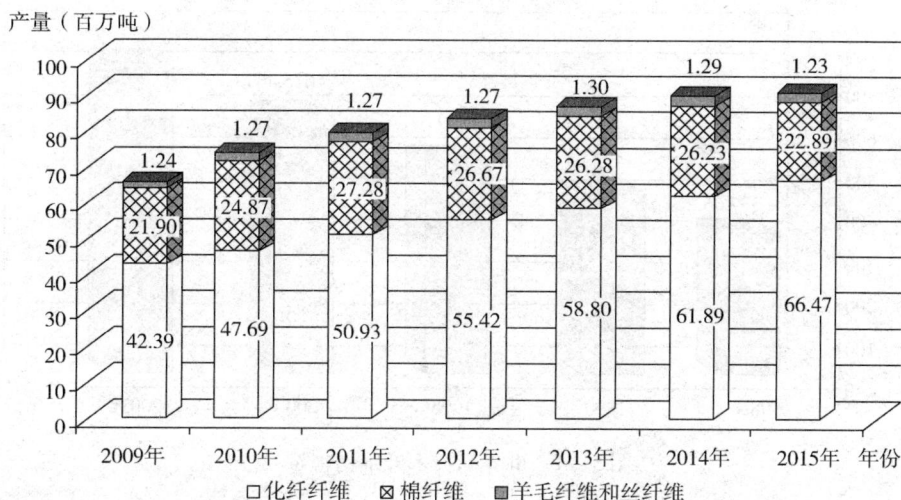

图5-3 全球化学纤维产量分类统计

资料来源 http://www.unima.cn/show/1075.html2017-7-24

(2)纤维细特化趋势继续走强。0.056~0.089tex短纤,0.022~0.056tex长丝将更为普遍。变形丝(假捻、空气变形、网络丝等)会更多地被应用,花式线将应用得更广泛。

(3)通过高新技术开发的技术纺织品(如高性能纤维和功能性纤维)应用更为广泛。例如保健性纤维(远红外纤维、抗紫外线纤维等),仿生性纤维(蛋白质纤维、甲壳质纤维等),高功能纤维(碳纤维、高收缩纤维、香味纤维等),异形纤维、智能纤维等具有很大的发展潜力。

(4)非织造成布由于其高生产效率和广泛应用而显得更为乐观。近年来非织造布在产业用布以外的时尚领域的应用引人注目。

(5)复合材料(包括纤维的复合、纱线的复合和面料的复合)由于风格、外观、功能等的改善而大行其道。

(6)功能性、技术性纺织品将迅速发展。主要表现在:运动休闲功能(柔软、弹性、吸湿散热、抗撕破拉伸等），气候适应功能（温度保持、防水透湿、防风拒水等），卫生保洁功能（保健、除尘、防污、抗菌、芳香等），防护功能（抗静电、阻燃、隔热、介质防护、辐射防护等），易护理功能（可机洗、快干、免烫等）。这些改造丰富了产品性能，用高性能碳纤维、玻璃纤维、陶瓷纤维、金属纤维开发的高性能技术用纺织品在运输、航空、运动、医疗保健等领域得到广泛应用，目前技术纺织品已经占纺织纤维消耗量的38%，而且增长迅速（图5-4、图5-5）。当前高技术纤维是世界纺织产品开发的热点之一，该类产品主要被日本、美国等少数发达国家垄断，如日本的高技术纤维产业化处于国际领先地位，其高技术纤维产量占世界一半以上，其中碳纤维占世界2/3。

（7）对纺织品的技术要求和环保要求越来越高。新工艺为纺织品生产带来增值空间，如紧密纺技术、复合纺纱技术、蒸纱技术、转移印花、数码印花、超临界二氧化碳流体染色技术、等离子处理技术等。

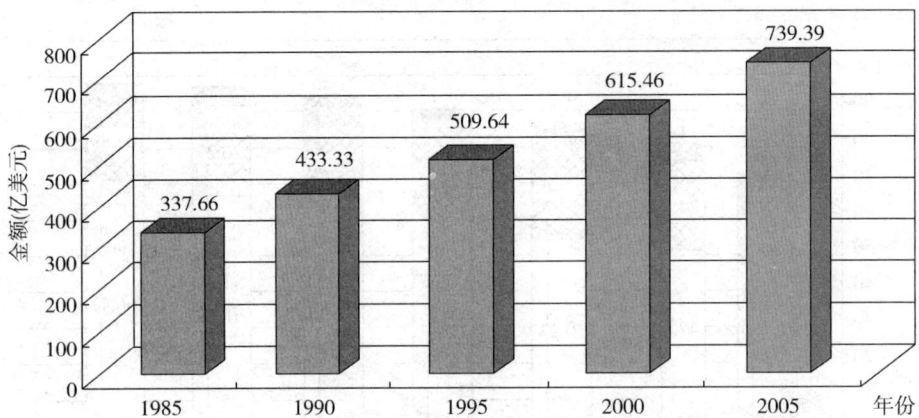

图5-4 世界高技术纤维销售量

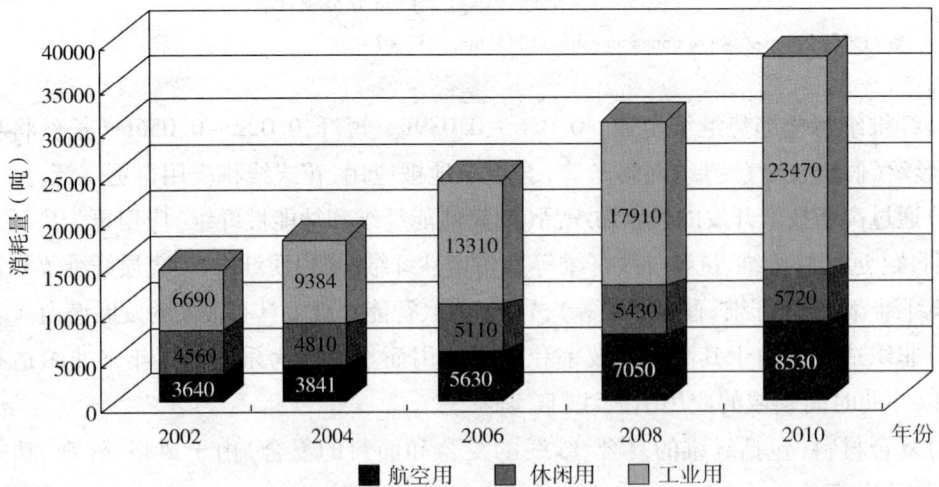

图5-5 世界碳纤维主要消费领域

二、纺织品的生命周期

（一）纺织服装产业的生命周期

美国的经济学家 Brain Toyne 把一个国家（地区）的纺织服装工业的发展过程划分为六个阶段，这六个阶段即纺织服装产业生命周期，亦即所谓的"托因（Toyne）模式"。这六个阶段分别为：萌芽期、初级服装出口期、高级面料和服装生产期、黄金时期、全盛时期和衰退期，详见表 5－6。

表 5－6　纺织服装产业生命周期

阶　段	主　要　特　征	代表性国家和地区
萌芽期	作坊式工业，生产简单面料和服装。主要产品在国内消费，纯纺织品进口，少量生产天然纤维供出口	多数非洲国家
初级服装出口期	以劳动密集型生产服装为特征，以向发达国家出口为目的，产品质量偏低，技术要求相对较少	尼泊尔、孟加拉、斯里兰卡以及一些拉美及东南亚
高级面料和服装生产期	扩大改善面料和服装生产。生产的面料用于本地和出口，纤维生产发展规模扩大，产品多样化、集中化，在国际市场中更活跃	一些较发达的东南亚国家和地区
黄金时期	面料和服装生产更加巩固和多样，大额贸易顺差，纤维质量提高，产量扩大，开始在海外投资	中国大陆和台湾地区
全盛时期	职工人数开始减少，生产工艺水平提高，产品复杂高档，生产转向资金密集型	中国香港地区、意大利、日本等
衰退期	所建工厂和职工人数明显减少，很多方面出现贸易逆差，劳动密集型企业倒闭而技术高端及资金和技术密集型企业健康地发展，加强海外投资	英国、法国、美国、德国、荷兰、比利时等

资料来源　宁俊，服装产业经济学，中国纺织出版社，2003，P15－16

美国北卡大学的 Peter Kilduff 教授提出的纺织服装业发展阶段理论将纺织服装制造业的发展分为五个阶段：维生阶段，起飞快速增长阶段，多样化与整合阶段，大规模生产向高附加值转化阶段和创意整合阶段。

虽然各国及各地区经济发展内部环境不同，纺织服装业发展历程也不相同，但从纺织服装业漫长的发展历程来看，各国（地区）的发展过程基本上是一致的。从我国纺织服装发展的现状看，也与其基本吻合。我国已完成高级面料和服装的生产制造期，正逐步由黄金时期向全盛时期过渡，由大规模生产向高附加值转化阶段和创意整合阶段过渡。

（二）纺织品生命周期

从市场销售角度来看，对于一种产品来说，从其产生投放市场直到过时淘汰，一般都要经历几个典型的生命阶段，即产品开发、导入、成长、成熟、衰退五个阶段，如图 5－6 所示。产品开发阶段企业投入人力、物力和财力研制新产品，由于此阶段产品还没有投放市场，所以企业利润为负数。市场导入阶段也称为市场培育阶段,指该产品销入市场的初期阶段。在此阶段由于顾客的认同度和产品的知名度较低等问题,销售量往往比较小,企业利润也较少。在市场成熟阶段,产品已为多数购买者所接受,销售成长缓和且呈现稳定状态的时期,产品的销售量达到顶峰,维持在一定的数量范围内波动,企业的销售利润也达到最大化。由于技术进步和社会消费观念的变化,越来越少的顾客购买该产品,直至最后没有顾客购买该产品,产品销售急速下降,最终被其他替代性产品所取代,该阶段为市场衰退阶段。

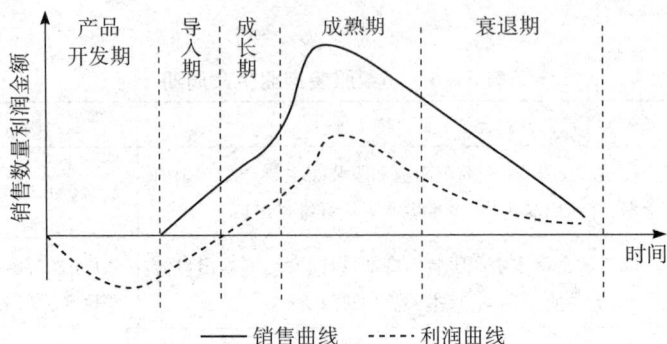

图 5-6　产品生命周期

纺织品的生命周期现象表现得更为突出。在产品生命周期的各个阶段,产品有其明显区别于其他阶段的特征。由于服装时尚性特点,纺织品需求变化快,纺织品与其他耐用消费品相比生命周期较短,因此,延长纺织品的生命周期,将促进纺织品销售和纺织产业发展。不同档次的纺织品在不同生活水平区域的生命周期所处的阶段存在着不同的差别,见表5-7所示。因此,应针对不同区域采取不同的市场销售策略。纺织企业可以进入新的细分市场,如针对现在的化学纤维纺织品服装在城市处于衰退现状,可考虑进入欠发达城市和农村市场,还可通过广告手段引导消费者增加产品的购买。

表5-7　不同市场不同纺织品的生命周期

产品档次　　市场类别	发达城市	欠发达城市	城　镇	农　村
中高档纺织品和服装	成熟期	成长期	成长期	导入期
中低档纺织品和服装	衰退期	成熟期	成熟期	成长期

资料来源　何龙斌,蓝潮服装公司营销战略研究,西北大学硕士论文及作者自己的整理

第四节　拓展我国纺织品市场发展的对策

中国目前是世界上纺织品生产大国和出口国,也是世界上纺织品消费大国,纺织服装产业是中国市场开放较早、对外开放程度较大的产业,但中国的纺织服装业仍处于较低的层次上,主要表现为国际产业转移加速与中国纺织服装产业"干中学"、科技创新和产品开发滞后

的矛盾,尚处于全球价值观链的低端,产品价格低,行业利润率较低,差异较大,2016年1~12月,产业用纺织品行业、服装行业、家纺行业的利润率分别是6.2%、5.8%和6.2%,均高于全行业平均水平。我国纺织品生产能力超过国内需求,多余的纺织品必须出口,当前我国纺织产业集群地普遍出现生产能力过剩情况,因此,进一步拓展中国纺织品市场需求对纺织服装产业的发展十分重要。

一、加大研发投入,促进产业升级

随着人们收入水平的提高,对个性化、舒适和健康、时尚化要求不断提高,时尚创意与设计能力,新材料的开发等要求也不断增加。要增加市场需求,提高产品需求档次,从企业角度来说,就要通过提高产品的设计和开发能力两方面提升产品附加值,逐步提高产品档次。具体做法是:以市场为导向,增加技术研发投入,高度重视技术人才的培养,大力提高人才的创新能力,从根本上解决自身开发能力不足的问题;加强与国外知名企业的合作,利用国外较先进的技术,学习和借鉴其在产品研发设计、质量管理及品牌推广等方面的经验,推动产业向高端升级。

二、实施品牌战略,拓展营销渠道

国内高档纺织品服装市场大多被国际知名品牌和二线品牌所占据。纺织品服装出口以贴牌加工为主,自主品牌产品的比重很低,尤其是还没有知名国际品牌,缺乏对出口营销渠道的控制力。贴牌加工出口企业获得的利润大约只占产品全部市场利润的10%。纺织行业已有175项产品获得中国名牌称号,但没有高知名度的世界名牌。培育自主品牌除了提升产品自身的物质品质和文化品位外,尚需付出更大努力,企业传统管理经营方式严重影响了企业出口营销渠道的开拓能力和控制力。培育自主品牌和掌控营销渠道成为纺织行业迈进高端供应链和提高纺织品附加值的关键。为了实现这个目标,我国企业要注意实施品牌战略,培育自有品牌,实现定牌、贴牌到品牌的转变。其中,打造品牌就要注重对品牌内涵的提升。因为品牌的背后是产品的质量和企业的创新能力。企业只有拥有强大的技术能力和实力,才能使品牌在市场上具有竞争力。

三、开拓多元化市场,扩大出口空间

中国纺织服装产业的发展在很大程度上受到国际市场不确定性和贸易规则变化的影响。中国作为纺织品服装出口大国,在国际市场上占有很大份额。随着国际市场竞争的加剧,中国纺织服装企业极易遭遇纺织品进口国的特保措施、反倾销、技术、环保等各种壁垒。中国纺织品近几年在国际市场上遭遇的各种贸易和非贸易壁垒就充分说明了这一点。例如自2005年1月1日全球取消纺织品配额后,美、欧和一些发展中国家(如土耳其)屡屡对中国纺织品出口设置障碍,贸易摩擦不断。目前,中国纺织品出口市场主要集中在几个国家,面对贸易摩擦时,不利于分散风险,所以开辟多元化的出口市场是减少出口市场过于集中的市场风险的措施,因此,应积极开发拉美和非洲等发展中国家市场,分散贸易风险。

四、尝试"走出去",提高企业竞争力

走出去有三种形式:第一,是把企业转移到发达国家和地区,充分利用那里的高素质人力资源和技术水平,掌握当地市场信息。第二,把企业转移到与欧美国家有优惠安排的国家,充分利用欧美国家对这些国家出口的纺织品无设限要求的优势,为我国纺织品对欧美国家出口开辟新的途径,从而能够更加有效地规避国际贸易风险。第三,把企业转移或业务外包到政局稳定、政策优惠、低工资的国家或地区,充分利用当地劳动力低成本,而把自己的主要精力用于市场扩张方面,市场扩张能力涉及市场定位、营销网络的构建、广告策划、品牌的运作和维护、销售和售后服务等能力。企业一般先在国内创立品牌,整合营销战略,扩大产品和品牌的知名度,创建出在全球市场有一定影响和声誉的品牌;或者通过参与跨国兼并、重组和收购,甚至直接在国外注册公司和品牌,获得企业升级所需的资源。

案例

红豆集团"走出去"战略——倾力打造海外工业园

随着国家"走出去"战略的深入实施,东盟市场的商机引起了越来越多的中国企业的关注。红豆集团借此机会,借助海外工业园,开始打入国际市场,参与更高层次的国际合作与竞争。

一、进军海外工业园

早在1993年,红豆集团就在日本大阪设立了海外第一个分公司。2001年红豆集团又分别在美国洛杉矶和纽约设立了两个分公司。经过几年的发展,这两个公司的年销售额超过3 000万美元,这使得红豆集团在进军海外市场方面积累了丰富的经验与信心。此外,红豆集团在国内兴建的工业园也发展得如火如荼。整合国内外优势资源,红豆集团启动了海外创办工业园的规划。

红豆集团本来是柬埔寨合作区的招商对象,在以入园企业的身份接触这个园区后,在无锡市政府的建议下,红豆集团收购了江苏太湖柬埔寨国际经济合作区投资有限公司,以绝对控股方式与柬埔寨国际投资开发集团有限公司共同开发工业园的过程中,红豆集团主要遇到了两个问题:一是外汇额度审批。按现在的外汇审批制度,超过1 000万美元须经过国家外汇管理总局批准,并提供发改委的批件,该过程时间周期长,且结果无法预估,这无疑会使千百万园区建设进度滞后。就这个问题,红豆集团向政府部门提出了对园区建设用汇专门制定相关配套政策并给予便利方面的要求。二是在中国对柬埔寨的援助贷款的使用问题上。红豆集团希望政府相关部门能与柬埔寨政府达成相关协议,使该援助贷款专门用于园区的水、电、路等基础配套设施。

二、打造海外工业园的意义

柬埔寨合作区以轻纺服装、机械电子和高新技术为主,其中轻纺服装为重中之重。柬埔寨的纺织服装产业在国际上享受较为优惠的贸易政策,在国际上具备一定的竞争力,已成为

柬埔寨最主要的支柱产业和外汇来源之一。该合作区主要面向国内招商。在深度开发柬埔寨及东盟市场的同时,也可以在很大程度上促进柬埔寨经济的发展。

柬埔寨是中国的友好近邻,具有地理和外交优势;柬埔寨劳动力成本比较低;土地租金较为低廉,具有投资成本优势;柬埔寨享受欧美发达国家给予的普惠制待遇等贸易优惠条件,有利于我国企业规避贸易壁垒;柬埔寨是 WTO 成员,实行开放的自由市场经济政策,经济高度自由化,无外汇管理,与西方国家的贸易增长很快;柬埔寨近年来政局稳定,经济发展迅速,而轻纺服装是其支柱工业,为政府所重视,有一定的基础。

对于中国众多纺织和轻工业企业而言,进驻海外合作区有利于实现我国轻纺等产业的战略转移。同时,通过引入面料、轻纺、制衣企业,能形成园区内服装生产一条龙,打造完善的产业链,从而有效解决产业配套问题,使园内企业彼此互惠互利。企业在合作区按规定可享受免税待遇,且设有"一战式服务"窗口,为投资者办理进出口许可证等文件,为企业运营提供便利条件,在合作区内,公司从开始运作起可享受一定期限内免缴所得税,进出口货物增值税等优惠政策,并可拥有土地和不动产产权。

通过海外工业园,中国的企业可以有效地规避欧美发达国家设置的技术、倾销、关税等贸易壁垒,实现由单兵作战向抱团共赢的战略升级,"集体出海"可以通过工业园这一平台,形成相关产业链,进而大大降低产品的综合制造成本。但这种方式也存在一定的问题:在海外生产很难利用本国的优势,且需要对当地市场比较了解。

(资料来源:Sunkie,《海外建厂:行行重行行》,《中国服饰》2007 年第 9 期 P24－25。)

案例分析题
1. 红豆集团"走出去"战略的优势是什么?
2. 红豆集团"走出去"模式对中国纺织服装企业"走出去"有哪些借鉴意义?

思 考 题

1. 什么是需求?影响需求的因素有哪些?
2. 纺织品的市场需求特点是什么?纺织品市场需求的变化趋势是什么?
3. 根据"托因(Toyne)模式",纺织服装产业的生命周期分为哪几个阶段?我国现在处于哪个阶段?
4. 如何进一步拓展我国纺织品市场需求?

参考文献

[1]保罗·萨缪尔森,威廉·诺德豪斯. 经济学[M]. 17 版. 北京:人民邮电出版社,2003.
[2]帕金. 微观经济学[M]. 5 版. 北京:人民邮电出版社,2004.
[3]高鸿业. 西方经济学(微观部分)[M]. 4 版. 北京:中国人民大学出版社,2007.

［4］郭先登．现代纺织经济学大纲［M］．北京：中国纺织出版社，1994．

［5］宁俊．服装产业经济学［M］．北京：中国纺织出版社，2003．

［6］邓汝春．服装业供应链管理［M］．北京：中国纺织出版社，2005．

［7］常亚平．中国纺织产业分析和发展战略［M］．北京：中国纺织出版社，2004．

［8］王成恩，郝永平，舒启林．产品生命周期建模与管理［M］．北京：科学出版社，2004．

［9］欧新黔，刘江．中国产业发展与产业政策 2006 版［M］．北京：新华出版社，2007．

［10］中国纺织工业协会．中国行业发展报告，纺织工业［M］．北京：中国经济出版社，2005．

［11］黄永明，何伟，聂鸣．全球价值链视角下中国纺织服装企业升级的路径选择［J］．中国工业经济，2006(5)：56 - 63．

［12］何龙斌，蓝潮服装公司营销战略研究［D］．西安：西北大学硕士论文，2004．

［13］裴愉发．纺织新产品开发［J］．上海纺织科技，2006(9)：22 - 24．

［14］ZHAO Junli．"Trade Friction，Upgrading path and the Development of Chinese Textile and Apparel Industry"［J］．*Journal of Donghua University*，2008. 1．

第六章　纺织产业国际竞争力比较

> **● 本章知识点 ●**
>
> 1. 竞争和产业国际竞争力的概念及相关理论。
> 2. 纺织产业国际竞争的现状。
> 3. 产业国际竞争力的评价体系和相关指标。
> 4. 世界主要发达国家和地区纺织产业国际竞争力状况。
> 5. 世界一些主要发展中国家和地区纺织产业国际竞争力状况。
> 6. 中国纺织产业国际竞争力的优势及劣势。

　　本章主要探讨主要国家的纺织产业国际竞争力,首先在介绍产业国际竞争力的概念和相关指标体系后,分别探讨美国、欧盟和日本等发达国家和地区的纺织产业概况和纺织产业国际竞争力,以及印度、越南、墨西哥和土耳其等发展中国家的纺织产业概况和纺织产业国际竞争力。最后从优势和劣势两个方面分析中国纺织产业国际竞争力现状。

第一节　产业国际竞争力理论

一、竞争的基础知识

(一)竞争的性质

　　竞争是商品经济的范畴,只有在商品经济条件下,交换双方为了实现自身的物质利益和要求,才会产生竞争;竞争是市场经济的天然属性,只要有市场,就必然存在不同程度的竞争;竞争又是一种"生存选择",优胜劣汰。另外,竞争是一个动态的过程。

(二)竞争的功能

　　竞争具有实现功能和优胜劣汰功能。只有通过商品生产者之间的竞争,才能形成商品的价值,才能使商品的价值转换为市场价格,从而实现商品等价交换的原则;另外,由于各部门有机构成不同而产生的利润率不同,也只有通过不同部门商品生产者之间的竞争,才能转化为平均利润率。优胜劣汰则是竞争充分展开的标志和直接结果,这种功能迫使每个竞争主体不断改进技术,改善管理,增加企业的活力,使企业处于奋发向上的状态。

(三)竞争在市场经济中的地位

　　竞争在市场经济中处于核心地位。竞争可以引导资源从赢利低的部门流向赢利高的部门,从供给过剩的部门流向供给不足的部门,从而使市场经济成为一种能够节约资源、有效利用资源的资源配置方式,促进产业结构的优化。

竞争迫使企业不得不提高劳动生产率,努力增加积累,加强组织结构的调整,提高企业的竞争能力。而各种代用品之间的竞争,则有利于拓展生产领域,使社会摆脱原有某些部门的供给限制。

市场经济的活力也来自企业之间的竞争。竞争对企业产生的巨大压力可以极大地调动企业的积极性,激发企业的活力,从而使市场经济充满了生机。

当然,市场经济的缺陷和弱点也与竞争密切相关。诸如,各竞争主体在竞争中做出微观决策,与国家宏观经济要求难以完全适应,这就会给市场经济带来盲目性;竞争的直接结果是优胜劣汰,扩大劳动者收入差距,这就会给市场经济带来分化性;竞争主体在竞争中具有排斥竞争对手的本能,竞争主体都想击败对手,独占市场,为此,它们往往采取不正当的竞争手段,给市场经济运行带来混乱。因此,要更好地发扬市场经济的优点,克服市场经济的缺陷,就要鼓励竞争,保护竞争,规范竞争,使竞争公正、公平、公开,充分发挥竞争的积极作用。

二、产业国际竞争力理论

产业国际竞争力所描述的实际上是不同国家在同一个产业领域的国际竞争中所表现出的竞争能力。根据我国著名学者金碚对产业国际竞争力所下的定义,产业国际竞争力是指在国际自由贸易条件下(或在排除了贸易壁垒因素的假设条件下),一国特定产业的产品所具有的开拓市场、占据市场并以此获得利润的能力。

目前,国际上关于国际竞争力的理论主要有三种观点:一是马克思主义的劳动价值论,二是国际贸易比较优势理论,三是迈克尔·波特的竞争优势理论。

迈克尔·波特是第一位从产业层次研究国际竞争力的学者,他把产业国际竞争力定义为:一国在某一产业的国际竞争力,即一个国家能否创造一个良好的商业环境使该国企业获得竞争优势的能力。

迈克尔·波特认为,一个国家的竞争优势,就是企业、行业的竞争优势,而一国的特定产业是否具有国际竞争力,取决于四个基本决定因素和两个辅助因素,如图6-1所示。四个基本决定因素如下。

一是要素条件。即一国的生产要素状况,包括自然资源、人力资源、基础设施、资本资源和知识资源。

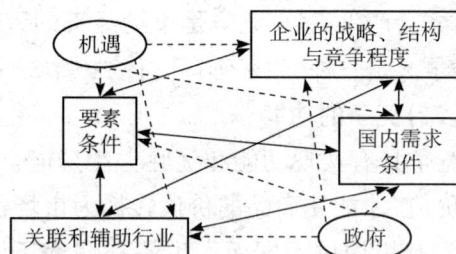

图6-1 迈克尔·波特的产业国际竞争力模型

二是国内需求条件。

三是关联和辅助行业,即国内是否存在具有国际竞争力的供应商、完善的相关产业和支持产业。

四是企业的战略、结构与竞争程度。

这四方面的因素相互影响、相互促进，创造了企业竞争的一个基本环境，每一个决定因素都会决定产业国际竞争优势的形成。两个辅助因素是机遇和政府行为。

目前，我国国内关于产业竞争力的研究主要是围绕以下两个方面进行的。

（一）关于产业国际竞争力与经济发展关系问题的研究

多数学者认为我国工业经济已从"数量扩张"进入"国际竞争"的新阶段，并把我国产业参与国际竞争的发展过程分为四个阶段，即资源竞争、产销竞争、资本实力竞争和技术创新竞争。同时认为我国多数产业目前处于从第一阶段向第二阶段过渡的时期，极少数产业（如卫星发射）已开始进入国际竞争的第四阶段。

（二）对我国产业国际竞争力现状的评价

在对我国产业竞争力现状的评价方面，大多数人基本上达成了如下共识：我国具有国际竞争力的产业主要是一些技术含量少、附加值较低的产业，这些产业的上游产业尚未完成进口替代。而在大量资本技术密集型产业中，我国的国际竞争力还较低，如何提高我国产业国际竞争力是当前我国经济发展中面临的重大挑战。

三、纺织产业国际竞争力

伴随着世界纺织产业生产中心的国际转移，纺织产业国际竞争的方式也在发生着转变。从竞争对象来看，纺织产业的国际竞争由原来的水平竞争（同等发展程度国家之间的竞争）为主转变为水平和垂直（不同发展程度国家之间的竞争）的混合竞争，发展中国家在国际竞争中的作用越来越明显；从竞争关系来看，世界纺织产业的国际竞争已经由绝对竞争转变为竞争与合作并重的关系；从竞争范围来看，纺织产业的国际竞争逐渐超越了单纯的纺织产业范围内的竞争，特别是产业用纺织品的迅速发展逐渐将纺织产业国际竞争转向了一国整体产业的国际竞争；从竞争动力来看，纺织产业竞争的助推器已经不是传统的原料和劳动力，而是科学技术；从竞争性质来看，纺织产业国际竞争已经由数量竞争向质量竞争转变，由纺织品基本功能竞争向复合型功能竞争转变；从竞争形式来看，纺织产业的国际竞争逐渐由显性竞争向隐性竞争转变，各种隐蔽性的贸易壁垒将继续阻挠着纺织产业的公平竞争。

关于纺织产业的国际竞争力，国内外也进行了一系列研究。美国北卡大学的杨舒认为，在过去的 40 年里，美国纺织业经历了显著的变化，国内生产规模持续下降，员工减少，进口产品竞争增多，主要原因是进口产品对纺织和服装生产的投入品是强有力的替代，在外国生产商的竞争压力下，美国纺织业引入了节省用工的技术和资本密集型运作；美国马里兰大学的扬格用 1973～1982 年 30 个国家的数据对纺织业的生产率和替代投入品做了一项国际化的比较研究，认为纺织业的特征是回归于规模，因此，技术是主要的贡献因子，劳动力成本和原材料成本对技术进步产生不同影响。美国密歇根大学的李洋研究了密歇根州的服装和纺织业的特征，评估了决定企业竞争力的六方面因素，认为竞争中最重要的因素是原料的来源地、公司在产业链中的定位、跟上技术和通信的新产品潮流、发现新的国内市场、吸引和培训合格员工、改善安全生产环境。国际纺织服装委员会执行董事 Munir Ahmad 认为，弱小发展中国家纺织服装产业发展的真正绊脚石并非仅仅是取消配额,还有美国和欧洲强加给他们的严格的限制性原产地规则。

根据2015年美国波士顿企业咨询公司的调查,美国工业,包括纺织服装业在过去10年中,其市场占有率提高了7%。这不仅是由于能源价格的下降,而且也由于中国劳动力价格的攀升。对美国消费者而言,中国进口的商品越来越贵,因此中国制造商在未来的美国市场将面临考验。

四、产业国际竞争力评价指标

(一)产业贸易竞争力指数(TC)

产业贸易竞争力指数直接反映产业的国际竞争力大小,可以用一国某产业的净出口与某产业进出口总额的比值来衡量,表明这个国家某产业产品是净出口国,还是净进口国以及净出口或净进口的相对规模。其计算公式如下:

$$C_i = \frac{X_i - M_i}{X_i + M_i}$$

式中:C_i——某产业的贸易竞争力指数;

X_i——某产业的出口值;

M_i——某产业的进口值。

竞争指数的取值通常落在 −1 与 +1 之间。$C_i < 0$,表明该产业缺乏竞争力或处于比较劣势;其中 $C_i > -1$,说明该产业属进口主导型产业,进口额很大,而出口额很小,产业的国际市场竞争力很弱;$C_i = -1$,则说明该产业为完全进口产业化,该产业的出口为零。$C_i = 0$,则表明该产业处于中性竞争力或中性比较优势,是贸易平衡型产业,国与国之间是纯粹的产品交换,各有竞争优势。$C_i > 0$,则表明该产业具有竞争力或处于比较优势,且指数值越接近1,表明该产业属于出口主导型产业,国际竞争力越强。

(二)显示性比较优势指数(RCA)

显示性比较优势指数等于一国某产业出口额占其出口总值的份额与世界该产业出口占世界出口份额的比例。其计算公式如下:

$$\text{RCA}_{ij} = \frac{X_{ij}/X_{it}}{X_{wj}/X_{wt}}$$

式中:RCA_{ij}——i 国第 j 种商品的显示比较优势指数;

X_{ij}——i 国第 j 种商品的出口额;

X_{it}——i 国所有商品的出口总额;

X_{wj}——世界第 j 种商品的出口总额;

X_{wt}——世界所有商品的出口总额。

一般而言,如果某一产业显示性比较优势指数 RCA > 2.5,则该产业具有极强竞争力;1.25 < RCA < 2.5,表明该产业具有比较强的竞争力;0.8 < RCA < 1.25,表明该产业具有中等竞争力;RCA < 0.8,表明该产业不具有竞争力。

(三)国际市场占有率

某产业的国际市场占有率越大,表明该产业在国际市场上的竞争力越强。如果国际市场占有率按照时间序列逐渐增大,表明该产业在国际市场上的竞争力正在不断增强。

产业国际市场占有率可以用一国某产业的出口与世界该产业出口总额之比来衡量。其计算公式如下:

$$S_{it} = \frac{X_{it}}{X_{iw}} \times 100\%$$

式中:S_{it}——t 国 i 种产品的国际市场占有率;

X_{it}——t 国 i 种产品的出口额;

X_{iw}——世界 i 种产品的出口总额。

(四)相对出口优势指数

相对出口优势指数描述的是一国(地区)内部各类产品出口相对多少的关系,是一国(地区)内部产品的比较。其计算公式如下:

$$A_i = \frac{E_i / E_o}{W_i / W_o}$$

式中:A_i——i 类产品的相对出口优势指数;

E_i——某国(地区)i 类产品的出口总额;

E_o——某国(地区)出口商品总额;

W_i——世界 i 类产品的出口总额;

W_o——世界出口商品总额。

$A_i > 1$,表示该国(地区)i 类产品具有相对的出口优势;$A_i < 1$,表示该国(地区)i 类产品具有相对劣势;A_i 等于 1,表示该国(地区)i 类产品只有世界平均水平。

(五)产业研发费用

研发(R&D)支出和强度是衡量企业自主创新能力的两个重要指标。其中,R&D 强度,通常以企业研发支出与销售收入之比来衡量。根据国际通用的标准,R&D 强度在 1% 以下的企业是很难长期生存的,2% 左右的企业仅能勉强维持,只有强度达到 5% 以上的企业才具有竞争力。

第二节 世界主要发达国家纺织产业国际竞争力

一、美国纺织产业国际竞争力

(一)美国纺织产业概况

美国纺织工业起始于 1790 年,是伴随着第一次工业革命而发展起来的具有悠久历史的美国传统产业。美国纺织工业中心集中在南部诸州,南、北卡罗来纳州和佐治亚州是美国最大的纺织工业基地,服装加工则集中于加利福尼亚和纽约等地。

从 20 世纪 90 年代开始,美国纺织生产开始向中国、印度和墨西哥这样的低工资国家转移,美国纺织工业慢慢消亡。目前90%的美国服装企业已移至海外生产,服装业从业人数从1990年的94万人大幅降至2015年的13.6万人。

进入21世纪后,美国纺织业开始经历一个引人注目的转变,各方投资开始显著增加,据称投资总额超过40亿美元,创造的职位总数超过6000个。纤维、纺纱、非织造布、地毯和化学品等都有投资,尤其是非织造工业和技术性纺织品。2012年以来,许多中国纺织企业选择了在美国传统纺织业大州如南卡罗莱纳州和北卡罗莱纳州等地进行投资。过去的几年间美国纺织生产得到大幅反弹,2009~2012年,美国纺织品和服装出口增长了37%,出口总额近230亿美元。这种转变主要是由高效的自动化技术所带来的,这种技术使得美国纺织业即使与最低工资的境外工人相比也具有竞争性。

美国现存纺织服装企业拥有很强的创新能力。从纤维到纺织品,再到服装,美国企业一直关注消费者市场需求。这不仅能增加销售,而且能刺激消费。他们对增加纺织服装的附加值产品十分关注,如服装的安全性、功能性、舒适度和生态环保具有很强的意识,与消费观念紧密合拍。无论是内衣、衬衣或袜类,或是汽车或包装用纺织品,均离不开创新与功能化的趋势。另据对美国消费者的调查发现,美国人无一例外地要求运动型服装在人体运动期间能确保干爽和舒适,再加上数字化,美国技术纺织品呈现全面发展的态势。

另外,企业品牌的塑造也是赢取投资者长期支持、在经济潮起潮落中屹立不倒的最重要因素之一。在纺织相关领域中,杜邦公司正是由于其长期成功的品牌塑造,从而开创了"尼龙""莱卡"等品牌长达半个多世纪的辉煌。由于其成功的品牌策略,杜邦公司长期占据美国化学类品牌的第一名,受到投资者的极大青睐。美国老字号服装、户外品牌,如Schott、Filson以及Danner等早已在美国本土设厂生产,American Trench等创新品牌则利用美国现有工厂的技艺与员工不断开发和生产新产品。

(二)美国纺织产业国际竞争力概述

美国纺织工业的竞争优势是:一流的资本市场,丰富的棉花资源和发达的综合工业环境,创新技术和新型纤维遥遥领先、设备自动化水平高以及纺织服装业的生产科技水平和科技含量大大高于其他国家,产品附加值也大大高于普通纺织品。

美国是世界上重要的纺织品服装市场,其纺织品服装的年进口额约占全球纺织品服装进口总额的20%。与其巨大的进口数量相比,美国纺织品服装的出口量则要小得多。美国纺织品服装进口以服装为主,而出口则以纺织品为主,2015年美国从全球进口纺织服装1221亿美元,其中进口纺织品283.2亿美元,进口服装937.8亿美元;出口纺织品达到176亿美元,仅次于中国和印度,比2009年增加了39%。

近年来,美国纺织品服装进口主要来自中国、越南、印度、墨西哥和孟加拉国。尽管目前中国是其第一大纺织品服装进口来源国,2015年美国从中国进口纺织品服装463.68亿美元,占美国纺织品服装进口份额的38%,但是最近几年中国占美国纺织品服装进口市场份额总体呈缓慢下降趋势,从2011年的38.9%降至2015年的38%。虽然所有的采购商会从中国采购,从长期来看"中国加多(China Plus Many)"仍然是美国各企业的主要采购服装策略,但是约61.5%的企业有计划在未来两年逐步减少从中国进行采购。

2016 年美国服装进出口额分别是 1170 亿美元与 220 亿美元,美国总统特朗普的"买美国货,雇美国人(Buy American and Hire American)"的竞选口号开始让业界关注美国的本土制造。但在纺织服装领域,美国缺乏大型的纺织品服装的生产能力和劳动力,以美国耐克公司为例,目前耐克(Nike)与中国 151 家工厂签约,雇佣 19.1 万名工人,平均每家工厂 1000 多名工人,但在美国,耐克的 51 家合约制造商雇佣的工人只有 6500 人,平均每家工厂才 100 多人。随着技术提高效率以及分销方式的改变,价格低廉的国家越来越少,虽然产业回流不会主导未来的美国服装产业,但随着消费者的关注从价格转移到质量,制造回流仍然有一定的合理性。

制造工厂"回流"不仅可以降低运输成本,而且将工厂设在离消费市场和产品设计中心更近的位置,公司可以缩短生产周期,更能顺应客户的多样化需求。随着自动化变得更加灵活和复杂,生产厂家很可能倾向于提供更加个性化的产品。例如,可以让客户进行独特的设计或是通过简单易用的在线服装尺码指定商家制作市场上少见的衣服尺寸。然后,国内的自动化生产可以在几天之内就把成品送到客户手中。

二、欧盟纺织产业国际竞争力
(一)欧盟纺织产业概况
欧盟是全球纺织品服装最大的进口和消费市场,同时也是第二大出口供应地。2016 年,英国"脱欧"给欧盟带来一些负面效应,但经济运行整体未出现较大波动。

欧盟国家的纺织服装工业也曾有过一段非常辉煌的历史。英国曾是世界上最大的纺织品服装生产国和出口国,而在 1973～1980 年的八年间及 1981～1983 年、1985～1986 年的五年间德国和意大利的纺织品服装出口也曾居全球第一。目前法国、德国、意大利等国还是纺织服装工业的发达国家,这些国家不仅能生产高质量的纺织品和服装,还拥有最多的世界著名服装品牌。纺织服装业在欧盟国内生产总值、工业增加值、就业等方面都占据着十分重要的地位。

但近年来,欧盟国家的纺织服装业也开始走向衰退。随着生产成本的不断上升,一部分企业倒闭,另有一部分企业则向国外转移,失业增加,生产下滑,出口减少。

为了应对挑战,一些国家逐步放弃了纺织服装业,而另一些国家则采取了技术革新、加大研发力度、提高劳动生产率、提高产品附加值以及外包劳动力密集型生产等方法去应对来自发展中国家的冲击,很多发达国家企业加大了对周边,甚至距离较远的发展中国家和地区的投资,把自身的设计和技术优势与发展中国家低廉的劳动力相结合,力争赢得新的发展机遇。

虽然欧盟国家纺织服装业进入了艰难的调整时期,但是,欧盟仍然是世界上纺织服装生产和消费的主要地区,欧盟在高档服装面料和服装、服饰的生产和出口方面的地位仍然是其他国家和地区不可取代的。全球约 2/3 的纺织品服装知名品牌和商标被欧盟所拥有,而且在技术类纺织品方面,欧盟也具有很强的竞争力,技术类纺织品生产产值已占欧盟全部纺织品生产产值的 27%,在技术类纺织品进出口贸易中,欧盟一直呈现贸易顺差。此外,欧盟纺织服装业越来越重视扩大投资,研发新技术。在纺织品领域,坚持开发和生产新面料、高档纺织品;在服装领域,特别强调设计和流行性;在市场营销方面,特别注意保持在内部市场的竞争力。

(二)欧盟纺织产业国际竞争力概述

欧盟纺织品服装贸易主要是成员国之间的内部贸易,与非成员国贸易量所占的比例较小,其中中国是欧盟最大的纺织品服装进口国。欧盟纺织品服装的出口市场则主要是美、日等一些发达国家。中国是欧盟纺织品服装进口第一大来源国,但近年来中国所占的市场份额呈现逐年下降的趋势,从2013年的38.1%降至2015年的36.8%。

欧盟纺织品服装贸易进口以服装为主,出口则以纺织品为主。纺织品贸易为顺差,服装贸易为逆差。服装在欧盟纺织品服装贸易中占有重要地位,其进口占到欧盟纺织品服装进口总额的70%左右,出口所占的比例也最高,高级男装、女装、著名品牌服装及时尚服饰类产品仍然是欧盟纺织品服装出口的最重要部分。另外,在高档面料的生产和出口方面,欧盟也享有明显的优势,其面料的出口占纺织品服装出口的20%左右,这也是欧盟国家,特别是欧盟15国的纺织品贸易收支可以基本平衡的主要原因。

欧洲作为纺织服装制造业的发源地,很多地区还保留了传统制造业的发展空间。以德国为例,目前纺织服装业是德国第二大消费品行业,包括皮革企业在内,共有约1400家企业,每年创造销售额约300亿欧元,本土的从业人员超过11万人。德国是世界上继中国、印度和意大利之后的第四大纺织服装产品出口国,2015年德国49.1%的纺织品和37.3%的服装产品用于出口。因为其强大的创新能力,德国的品牌和设计在国际上颇具影响力,深受消费者的欢迎。德国75%的纺织服装产品出口欧盟国家,2015年德国出口欧盟的纺织服装产品总价值达190亿欧元,其中纺织品74亿欧元,服装产品116亿欧元。其中,奥地利、法国和荷兰是德国的主要贸易伙伴。

意大利政府在2015年向时尚产业投资4000万欧元资金,让米兰的时装品牌和其他时尚公司变得更有竞争力,而在过去5年,意大利政府平均每年只为时尚工业投入520万欧元,2015年的投资额是过去的8倍。从外部条件看,欧元的持续疲软有利于出口,而油价的走低也在帮助欧洲企业降低生产成本。德国纺织服装产业近年来在中国、印度等亚洲国家纺织品的竞争下,仍然坚持高质量、高档次的增长势头。

产业用高科技纺织品是经过专门设计,具有工程结构特点的纺织品,广泛应用于医疗卫生、建筑、交通运输、航空航天、新能源等领域。在产业用纺织品领域,欧盟作为世界市场的领导者之一,占据了世界20%~30%的产业用纺织品市场,由于技术的领先优势和新兴市场潜在需求的增长,获得较大的发展空间和收益。德国纺织业的繁荣很大程度上要归功于产业用高科技纺织品的成功。2015年产业用高科技纺织品的销售额强劲增长14.4%,销售额占了纺织业整体销售额近50%。德国的产业用纺织品制造水平一直处于世界领先水平,两年一度的德国法兰克福Techtextil展览为全球最大的产业用纺织品展览。

在家用纺织品领域,欧盟将继续保持其时尚优势,在传统市场保持主导地位的同时,在新兴市场中逐步增加影响力。

在服装领域,伴随着网络消费和移动终端消费的兴起,欧盟将继续引领时尚与设计,致力于满足消费者在质量和外观上的需求,并积极拓展如中国和俄罗斯等具有发展潜力的市场。

三、日本纺织产业国际竞争力

(一)日本纺织产业概况

日本纺织产业的情况可以概括为:历史悠久,资金雄厚,技术先进,管理水平高,外贸经验丰富。从19世纪后半叶到第二次世界大战之前,纺织服装工业一直是日本的支柱产业,纺织品出口占日本出口总额的50%以上。

20世纪70年代以后,日本的纺织工业遇到了许多麻烦。随着工业中心向重化学工业转移,劳动力成本的提高和劳动力的缺乏,使纺织工业的生产大受影响;日元的升值、日美纺织品贸易协定的限制以及欧盟的关税限制,又使其国际纺织品贸易受到了很大的打击。

伴随着日本纺织产业结构的调整,日本企业纷纷在东南亚、中国等周边地区投资设厂,将生产基地转移到了其他国家,这导致了日本纺织品服装的大量进口,日本已经由纺织品服装的净出口国转为纺织品服装的净进口国。但日本纺织业长期积累下来的技术开发和产品策划能力使得日本纺织业在高端纺织品领域仍占据着重要的位置,在化学纤维技术、纺织品染色后整理、新产品开发、纺织机械设备、时装品牌设计以及经营和市场营销等诸多方面仍处于世界领先地位。

为了应对发展中国家纺织产业的竞争,日本纺织产业采取了一系列发展策略。例如加强企业横向和纵向的联合,并积极采用新技术、新设备和新工艺来提高劳动效率,以对应劳动力成本上升造成的困难;在纺织产品上,则以发展小批量、多品种、精加工、高质量的成品为主,与中国等发展中国家生产"错位",以避开亚洲其他国家的直接竞争;而在纺织品贸易方面,对内设立严格的贸易壁垒,使国外的纺织品难以进入日本市场;对外则积极开拓国际市场,以确保其纺织品的出口量;同时纺织企业积极采用"国际化策略",即通过直接对外投资,享受对方的纺织品配额、原材料及其他优惠条件。

为了促进日本纺织服装行业的发展,近年来日本政府也制定了一系列的发展政策,着重促进中游纺织业,如成衣编织、针织、染色和制成品等产业的发展。这些措施包括:拨出预算供中小型纺织厂进行技术升级,以创新纱类和染色技术;增加经济产业省的预算,加强商品的促销和直销力度;增加日本贸易振兴会的预算,以促进中小型厂商的出口;筹措资金支持纺织企业进一步研发多种高科技纤维,提高纺织行业的国际竞争力;鼓励纺织服装高等院校培养高级服装设计师,加强服装品牌的国际经营,提高日本服装品牌在国际上的地位与影响,从而带动其高质量纺织服装产品的出口。

(二)日本纺织产业国际竞争力概述

虽然20世纪50~70年代日本的纺织品服装进出口贸易一直维持较大的贸易顺差,但从1986年开始,日本的纺织品服装进口迅速增加,纺织品服装进出口贸易出现了逆差。目前,日本纺织品所需天然原材料的80%、服装等成品的50%依赖于国外进口。在进口纺织品服装结构方面,日本以进口服装为主;出口以纺织品为主。

日本纺织品服装进出口市场均以亚洲国家为主,中国是其最大的进出口市场。近年来,日本纺织品服装进出口主要呈现以下几个特点。

1. 日本纺织品服装进口连续负增长 由于日本市场进入成熟期,人均消费趋于平稳,短期内不会有较大增幅;从中长期来看,随着日本人口的不断减少,市场规模会进一步缩小。纺织品服装进口额从2014年的401.36亿美元降至2016年的362.74亿美元。

2. 日本纺织品服装进出口市场均以亚洲国家为主 中国是其最大的进出口市场之一。虽然中国纺织品服装占日本进口市场份额近年来在持续下降,从2013年的71.12%下降到2014年的67.39%,又从2015年的64.5%进一步下降到2016年的61.79%,但份额也远远高于日本纺织品服装进口来源第二大国家的越南,2016年越南纺织品服装占日本进口市场份额为10.49%。

3. 日本纺织服装订单向东南亚地区持续转移 尤其是服装产品,主要转向越南、印度尼西亚、孟加拉国、柬埔寨、缅甸和泰国等国家,六个国家合计占2016年日本服装进口市场份额为25.41%,比2015年提升了约3%。

第三节　世界主要发展中国家和地区纺织产业国际竞争力

一、印度纺织产业国际竞争力

(一)印度纺织产业概况

印度纺织业历史悠久,具有原料资源丰富、劳动力供给充足、成本较低、产业链完整等综合竞争优势。印度是全球第一大棉花和黄麻生产国,其棉花产量占全球大约27%,印度是全球第二大聚酯生产国和全球黏胶第三大生产国。这些为印度纺织服装行业的发展提供了有力的原料支持。其次,印度是文明古国,有着几百年的服装工业和地毯工业的生产历史,在传统与现代的结合过程中有着设计方面的优势。同时印度拥有大量廉价的劳动力,可以支撑纺织服装这种劳动密集型产业的发展。

印度目前环锭纺接近5000万锭,规模仅次于中国,位居全球第二。近年来,印度纺织工业最显著的变化,是人造纤维(MMF)的出现,印度已向全球成功销售创新的人造纤维纺织品,2013年印度人造纤维和棉纱的年产量均增加了6%,非棉纱年产量增长5%,整个服饰产业的年产量增加了2%。印度纺织业的标志是整条价值链(即从纱线到成品)上都存在大规模生产商。这些多元化的纺织企业集团拥有巨大产能和符合高品质货物生产规定的合规组织,而且得到全球买家的广泛认可。

印度正值经济快速成长和快速都市化时期,纺织及成衣服饰市场因而产生了一大批具有高消费能力,并重视流行趋势的消费者。因此,不管是印度本土业者或是国际业者,都对这个高度成长和快速转变的成衣服饰市场抱有极大厚望。此外,在全球军队、铁路和医院等产业用纺织品的主要机构买家成长的趋势下,印度纺织业将纺织技术运用于包装材料工业、农业、过热保护以及血液吸收材料、安全带、胶带和消费品等产品，也被看好。

（二）印度纺织产业国际竞争力概述

印度纺织品和服装出口在 2014～2016 年中的平均复合增长率为 3.2%，从 2014～2015 财年的 24754.6 亿卢布增加到 2016～2017 财年的 26349.4 亿卢布。纺织服装行业的外国直接投资（FDI）从 2015 年的 2.3 亿美元增长到 2016 年的 6.19 亿美元，增长了 169%。

2015 年从全球排名来看，印度在纺织品出口方面排名第二，占 6% 的份额，在服装出口方面排名第五，占 5% 的份额。总体而言，印度位居第二，占 5.2% 的全球出口份额。服装是印度最大的出口类别，占纺织品和服装出口总量的 42%。2016 年，印度纺织品服装的出口金额高达 355 亿美元，占其所有商品出口总额的 13.4%。

目前，欧盟是印度纺织品和服装产品的最大市场，其次是美国。2015～2016 年，出口至欧盟的份额为 25%，而出口至美国的份额为 21%。根据印度在过去五年里对关键市场的出口情况的详细分析，对阿联酋的出口增长最快，复合年增长率为 19%，而对中国内地和中国香港的出口暴跌了 17%。2015 年印度成为中国进口棉纱线第一大来源国。2015 年我国从印度进口棉纱线 18.7 亿美元，同比增长 13.9%。

印度纺织品服装可以凭借一些优惠条件进入国际市场。根据 15 项贸易协定，印度目前能够以优惠条件进入 43 个国家。其中一些关键协定如下：南亚自由贸易区（SAFTA）、亚太贸易协定（APTA）、与日本和韩国签订的全面经济伙伴关系协议（CEPA）、与东盟国家（新加坡、越南、马来西亚、泰国等）签订的综合经济合作协定（CECA）、欧盟已经向印度授予服装普惠制（GSP）地位，印度对欧盟的服装出口将享受比最惠国（MFN）税率低 20% 的待遇。印度目前正与欧盟、澳大利亚和加拿大谈判自由贸易协定；同时，16 个亚太国家（包括中国）正在讨论区域全面经济伙伴关系协定（RCEP）。

由于印度纺织服装产业具有很大的就业和出口潜力，印度政府把纺织服装业作为继软件业后又一个重要的突破点来培育，大力支持该产业的发展。早在 1999 年，印度政府就启动了对纺织服装产业的扶持政策，对所有需要更新旧设备的纺织服装企业，银行提供低于普通商业贷款 7 个点的贷款。2009～2014 年，政府又制定预算推动多项促进纺织出口的政策，并允许外商直接投资在印度的纺织品上。2016 年 6 月印度政府推出了对纺织服装企业投入近 10 亿美元的一系统计划。一揽子计划包括提高关税退税覆盖率，国家对纺织服装产品出口的奖励，补贴技术升级基金计划（ATUFS）及制造和就业支持制造单位附加奖励计划，所得税法的激励措施等。

由于这些政策措施，印度纺织业进入 60 年来成长最快的阶段，每年有 8%～9% 的年增率。过去五年来，印度纺织业经历了一个投资小高峰，包括染色和印花等产业吸引外国直接投资额达近 10.3 亿美元。目前，印度政府正积极前往日本、德国、意大利和法国宣传，以吸引其在纺织业的外国投资。印度第 12 个五年计划（2012～2017 年）中，联邦政府在纺织业编列的预算高达 91 亿美元，是上一个五年计划的两倍以上（第 11 个五年计划在纺织业编列 40 亿美元）。

同时，印度还面临着发展纺织产业的制约因素。首先，最主要劣势是工人效率低下，几乎只相当于中国工人的1/3,甚至低于越南和孟加拉国。日本经济研究中心(Japan Center for Economic Research)一年出版两期的《亚洲经济政策评论》(*Asian Economic Policy Review*)将于2017年发表的一篇研究显示,这在一定程度上是因为印度的服装生产商往往没有登记注册,比其他国家的制衣商规模小,所以限制了现代生产技术的使用和接受大订单的能力。

世界银行2016年发布的一份报告显示,孟加拉国正规的服装工人数量是非正规工人的15倍,而印度的非正规服装工人数量是正规工人的七倍。孟加拉国服装业占了海外出口商品的80%,月最低工资大约比印度的105美元低30%,而且,孟加拉国的出口商还不需要向欧盟国家支付关税。

总体上,印度纺织服装业的发展机遇很多,国内也有很多政策支持,但同时还有越南、孟加拉国的竞争,印度170亿美元的服装出口在规模上仅相当于孟加拉2015年的一半,其3.7%的全球市场份额也落后于越南的5.1%。印度是否可以突出重围"成为下一个中国"还有待进一步关注。

二、越南纺织产业国际竞争力

(一)越南纺织产业概况

纺织服装行业是越南最大的劳动力密集产业,有250万纺织产业工人,是越南重要的经济支柱,也是越南主要的外汇来源之一。目前越南纺织产业有纺纱620万锭,织物产量17亿平方米,服装出口额240亿美元。预计到2025年,纺织产业工人将增至500万人,纺纱将增至1790万纱锭,织物产量将增至120亿平方米,服装出口将增至400亿美元。

丰富的劳动力资源、政府的支持和开放的政策是越南发展纺织服装产业的主要优势,但是越南纺织服装行业的产业链不完整,配套工业相对发展落后,仅能满足10%~15%的原辅料需求,大部分原辅料仍需从中国大陆、韩国、台湾地区进口。织布、针织和染整是行业的"瓶颈",制约着行业发展。

越南政府致力于帮助纺织业应对新挑战,更新税务、海关、标准等相关规定,颁布促进配套工业、亚麻纤维纺织、印染等领域发展的政策。

(二)越南纺织产业国际竞争力概述

越南纺织品服装出口自1995年以来稳步增长。2007年,越南纺织品服装出口额为77亿美元,同比增长32%,在全球纺织品服装出口排名中由2006年的第16位跃升至第10位,纺织品服装出口额已经超过原油,成为越南最大的出口产品。

2013年,越南纺织行业出口额约为204亿美元,同比增长18%,这是越南纺织业出口额首次突破200亿美元。其中服装出口量约占90%;2014年越南纺织服装出口猛增,达245亿美元,同比增长19%,创三年来最大增幅,并成为全球纺织服装出口国中,出口增长最快的国家之一。

2015年,越南纺织业出口额为272亿美元,强势增长10%,居全球服装出口第四位,排名比2010年的第七位提高了三个位次,目前稳居全球五大纺织品出口国之列。

2016年受美国经济放缓影响,越南对美国的服装出口态势有所疲软,但是随着欧盟经济的复苏,2016年,越南纺织服装业出口额为283亿美元,同比增长5.7%,低于预期。据统计,2016年越南服装出口总额以美元计算同比上涨3.6%,远低于上年的10%。对美国的服装出口额同比增长3.2%,低于2015年13%的增长幅度。越南至美国的服装出口额占越南服装出口总额的50%。预计越南的纺织服装业2017年将增长7%,总出口额将达到300亿美元。

2000年越南与美国签署双边投资协定,2007年越南加入世界贸易组织(WTO),2015年又签署了欧盟—越南自由贸易协定和韩国—越南自由贸易协定。在一系列自由贸易协定相关因素的影响下,越南的纺织服装投资大增,成为亚洲发展纺织服装产业链的新热点。如越南与欧盟和欧亚经济联盟签署了自贸协定,使越南纺织服装产品得以免税进入欧盟和欧亚经济联盟市场。目前,越南纺织服装产品占据了约3%的欧盟市场份额。越南在美国纺织服装进口市场的份额仅次于中国,位列第二位,其市场份额平均每年以一个百分点的速度递增。

三、墨西哥纺织产业国际竞争力

(一)墨西哥纺织服装产业概况

纺织服装产业一直都是墨西哥的经济支柱产业之一,墨西哥纺织工业产品在国内市场只占20%的份额,其余主要出口国外市场,特别是美国市场,然而在金融危机过后,2012年以来,墨西哥纺织业的发展并不顺利,尤其是在对美国的纺织服装出口中受到了来自亚洲国家的激烈竞争。

美国始终是墨西哥一大贸易伙伴国和投资来源国、第一大出口目的地和进口来源国。双边贸易占墨外贸总额的70%,对美出口占墨出口总额的83%,美国资本占墨吸收外资总额的65%以上。墨主要经济部门(出口加工业、纺织服装业等)均面向美国市场。2014年墨西哥对美国出口3190.1亿美元,增长6.5%,占墨西哥出口总额的80.2%。2013年,中国超过加拿大成为墨西哥第二大贸易伙伴国,并成为墨西哥第四大出口目的地和第二大进口来源国。

随着亚洲,尤其是中国原材料价格和劳动力成本的上升,美洲国家的采购成本优势逐渐凸显,越来越多的美国公司把墨西哥作为采购地。同时,这一地区还具有地域优势,便于成品市场投放;沟通无障碍;自由贸易协定等众多优惠政策以及质量可靠性强等特点。

(二)墨西哥纺织产业国际竞争力概述

墨西哥是目前世界上签署自由贸易协定较多的国家之一。在过去的十多年中,自由贸易政策对墨西哥的出口增长起到了很大的促进作用。墨西哥已经和世界上44个国家签署了12个自由贸易协定,建立了一个庞大的战略性贸易网络,使自己的出口市场多元化。墨西哥商品可以零关税方式向美国、加拿大、欧盟、日本、拉美等40多个国家和地区出口。

因此,北美自由贸易协定的签署,对墨西哥纺织经济的增长产生了积极的影响。由于长期受益于北美自由贸易区协议,墨西哥纺织服装贸易出口在国际市场中所占的份额迅速增加。

根据墨西哥经济部的统计,2001～2011 年墨西哥制造业出口下降幅度最大的是纺织和服装产业,降幅达 28%。2000 年墨西哥占美国纺织和服装进口的 14.7%,2011 年墨西哥在美国市场的占有率则下降至 4.9%。墨西哥国立自治大学 DUSSEL 教授分析,墨西哥纺织和服装缺乏竞争力的主要原因是亚洲国家不断完善的产业一体化、技术的更新、人才的培训以及劳动生产能力的提高。

墨西哥 2012～2016 年纺织服装业的出口额分别为 67.4 亿美元、69.1 亿美元、69.6 亿美元、67.8 亿美元和 64.4 亿美元,基本稳定在占所有出口商品总额的 1.8% 左右。

墨西哥主要的出口市场是美国、加拿大、南美等有关国家以及欧盟和亚洲的韩国等地。其中美国是墨西哥纺织服装业的主要外销市场,对美国出口占其纺织品服装出口总额的 90% 左右。尽管近年来墨西哥的纺织服装业面临着来自中国和中南美洲国家纺织品服装的激烈竞争,但是得益于墨西哥邻近美国的优势地理位置,能够迅速掌握美国市场流行趋势,以及墨西哥业者皆能提供消费者完整包装服务,有利于美国业者的及时进货,因此,墨西哥的纺织服装业一直维持着核心竞争力。

2015 年上半年墨西哥超过孟加拉国,成为美国服装第五大进口来源国,排在前四位的分别是:中国、越南、韩国、马来西亚。美国是墨西哥服装产品最重要的市场,墨西哥企业生产的裤子、衬衫、床上用品、窗帘等产品 94% 销往美国市场。墨西哥劳动力资源充足,拉美第二人口大国的基础和年轻化、高素质的人口结构为其充足而且低成本的劳动力供应提供保证。

近年来,墨西哥服装产业已经走出了依靠低廉的劳动力进行加工出口的阶段,采用国际标准,注重增值和服装产品时尚性。根据美国消费者和服装销售行业的要求,服装供应周期仅为三周。

四、土耳其纺织产业国际竞争力

(一)土耳其纺织服装产业概况

纺织服装产业是土耳其支柱性产业之一,服装出口额占土耳其各类产品出口总额的 1/3 左右。土耳其的棉花产量、羊毛产量和人造纤维产量均居世界前列,加上联通欧亚的独特地理位置,这里成为了仅次于中国、欧盟、美国和韩国的世界第五大纺织品服装出口国。

以牛仔裤为例,土耳其具有世界最大的牛仔裤产量,很多品牌的牛仔裤都在土耳其完成后续的工序。土耳其地毯也是该国纺织业的特色之一,不仅在欧洲享有名气,还出口至全球各地。

为了促进纺织服装业的发展,土耳其政府也采取了一系列投资激励政策,特别鼓励中小企业在不发达地区投资纺织服装行业以保证就业,稳定社会。同时土耳其政府加大了对纺织服装业的投资,保障全行业能够不断进行设备更新和技术改造。

为了促进纺织服装业产品的出口,土耳其政府还采取了积极的鼓励出口政策,对进口原料加工后出口到第三国,企业可在申领进口许可证后免征关税和增值税,从而为企业的出口创造了有利的环境。

经过多年的设备更新和技术改造,以及加工贸易规模的扩大,土耳其纺织服装业得到了长足的发展,目前土耳其纺织服装业已从以贴牌生产为主进入了以品牌发展为主要特征的新时期。

(二)土耳其纺织产业国际竞争力概述

土耳其在纺织服装工业和贸易中具有许多竞争优势。

(1)在国内环境方面,土耳其拥有比较完整的工业体系和发达的基础设施,电力、通信、交通设施都相当发达和便捷。土耳其拥有充足的年轻的知识型劳动大军,文化教育程度已经达到相当高的水准。另外,在欧盟的协助下,土耳其已建立起完整的劳工保护机制和信息反馈体系。

(2)在产业内部环境方面,土耳其在纺织品生产中都坚持欧盟有关的技术标准,相关法律均与欧盟一致,这使得土耳其生产的纺织品服装能在欧盟市场上迅速流转和销售,比较容易被消费者接受。土耳其企业十分重视纺织服装产品的质量及其对环境和健康可能的影响,绝大多数纺织服装企业都拥有 ISO 9001 或 ISO 9002 质量认证证书。

(3)土耳其棉花、羊毛和人造纤维的产量均居世界前列,土耳其还拥有完整的纺织产业链,从原料生产到纱线、面料和服装加工以及服装工业的配套工业都相当发达。2015 年以来,由于欧元兑人民币汇率大幅下跌,中国对欧出口纺织品服装竞争力明显削弱,为了降低采购成本,欧洲卖家开始在周边国家寻找生产商,凭借地缘优势和纺织业的扎实根基,土耳其成为其首选采购地。

(4)在国际市场上,土耳其纺织品服装以质量上乘、交货期限短、运输快捷、服务规范为特征。独特的地理位置也成为土耳其的优势。在土耳其采购纺织品服装产品,一方面能节省物流费用,另一方面还能缩短采购周期。例如对于常规化的服装订单而言,中国从接单到交货需要 6 周时间,而土耳其只需要 1 周时间。早在 1996 年,欧盟和土耳其就签订了《关税同盟协定》,互相取消了彼此进口纺织服装产品的配额和关税。

由于邻近欧洲,欧盟是土耳其服装出口的最大市场,也是土耳其出口业绩最好的主要目的地,其中,德国、英国、西班牙、意大利是土耳其最主要的纺织品服装供应国,近几年来每年的出口量都分列前四位。

当然,土耳其纺织服装工业也有相对劣势。由于生产要素成本与中国、印度等其他纺织服装工业大国相比存在一定差距,因此无论在国内还是在国际市场上,在中低档产品领域,土耳其的竞争劣势,尤其是价格竞争劣势十分明显。此外,土耳其对欧盟市场的依赖程度相当高,这导致在欧美市场上与各贸易竞争对手的争夺相当激烈,成本和风险都很大。

如果剔除欧盟区域内贸易,土耳其是欧盟市场除中国以外最大的服装供应国。另外,俄罗斯、罗马尼亚、西班牙、保加利亚和其他东欧国家也从土耳其购买面料,以发展自己的服装制造业。

但是,土耳其纺织品服装出口的增长速度也在明显放缓,特别是在美国市场,由于其对产品价格特别敏感,而中国在劳动力成本方面要明显优于土耳其,因此,土耳其纺织品服装向美国市场出口已遇到困难。为了保住在美国的市场,土耳其不得不降低出口价格。

第四节　中国纺织产业国际竞争力

一、我国纺织产业的国际竞争力优势

1. 具有规模庞大的国内市场,且极具发展潜力　相关研究表明,一个国家的人均纤维消费量与该国的 GDP 有较高的关联性。近年来,随着我国 GDP 的不断增长,我国人均纤维消费量也在持续增加。"十一五"期间,中国人均纤维消费量为 18kg/人,而到"十二五"期间,人均纤维消费量增长到 22kg/人。随着我国经济增长,人民生活水平的提高,我国衣着类、家用纺织品和产业用纺织品都有很大的发展空间和潜力。

2. 具有完整的产业链和良好的配套基础设施　我国纺织产业已拥有棉、毛、麻纺织、丝绸、印染、服装、化学纤维原料、纺机等完整的产业链,在主要加工产业区内半径 50km 的范围内可以解决包括机械设备零部件、服饰配件等在内的原料供应。此外,近几年来,我国运输业、信息业、通信业和金融业等基础行业发展迅速。

3. 拥有丰富的自然资源和劳动力资源　我国棉花约占世界总产量的 1/4 左右,蚕茧和蚕丝占到世界产量的 70% 以上,苎麻占世界总产量的 90% 以上,我国还有安哥拉兔毛、亚麻和山羊绒等被称为纺织品"瑰宝"的创造高附加值的珍贵天然纤维资源。此外,中国化学纤维产量约占全球产量的 75%。

近年来,虽然随着我国劳动力成本的不断攀升,尤其是东部沿海地区的劳动力成本与发达国家之间的劳动力成本的差距逐渐缩小,单纯依靠劳动力成本优势已经很难生存,产品附加值高、有自主品牌和产业链较长的企业有较强的竞争力。

4. 已形成了一批具有一定规模的纺织产业集群　纺织产业集群是中国纺织产业发展的重要支撑,是中国纺织工业社会化生产方式的重要组织形式,目前已成为产业结构调整、转型升级的重要基础。如江苏常熟的服装集群、浙江嵊州的领带集群、浙江慈溪的毛绒制品集群、福建长乐的经编制造、浙江萧山的化学纤维集群和福建石狮的服装集群,有些集群的生产规模超过万亿元。全国 200 多家纺织产业集群的生产约占全国纺织产业总产值的 40%。

除此之外,我国纺织服装企业还具有高效运转、快速反应、优良服务的能力,可以在最短的时间内完成几乎任何数量、品种、品质的订单;社会稳定,市场经济体制基本建立,劳动力市场正在趋向成熟;培训体系不断完善,为提高劳动力资源的效率提供了有利的条件。

二、我国纺织产业国际竞争力的劣势和面临的挑战

1. 内外部需求不旺、增长乏力　国内方面,中国经济增速明显放缓,2016 年 1~10 月,社会消费品零售总额 26.96 万亿元,同比名义增长 10.3%。目前在社会商品零售总额中,纺织服装行业消费还能够呈两位数增长,但伴随着基数总量在不断增长,2017 年是否仍能保持 10% 的水平有较大难度。国际方面,美国经济略好,欧洲和日本增长缓慢,金砖五国等新兴国家增长也是参差不齐,且整体占比太小,拉动率并不高。

2. 国内产能叠加越来越大　随着产业的转移和中西部各相对欠发达地区经济发展的需要,产能增加明显。以新疆为例,目前全疆纺织产能为 1360 万锭,计划到 2020 年增加到 2000 万锭。并且新疆地区纺织产能实际扩建速度快于规划,预计 2017 年底全疆能实现 1700 万～1800 万锭纺织产能,2018 年上半年实现 2000 万锭产能。届时,新疆内棉花消耗量会达到 150 万吨/年。

但目前,中国 75% 的产能还是在广东、福建、浙江、江苏和山东东部沿海五省。产业很难说转就转,现实情况是增量上去了,减量退不出,产能叠加,中低档产品竞争更加激烈。

3. 生产要素上涨挤压企业利润空间　近几年来,我国纺织服装行业面临的综合成本提升压力不减,各类面辅料价格整体呈上升趋势,以柯桥纺织价格指数为例,柯桥纺织服装面料和服饰辅料价格指数分别由 2016 年年初的 117.03 和 127.1 上升至 2016 年年末的 117.55 和 132.79,面辅料价格的持续上升加大了企业的经营压力。另外,劳动力成本也在不断攀升。中国各地月最低工资标准平均增幅超过 15%。中国的劳动力成本在过去 10 年增长了 3 倍多,目前沿海地区纺织业用工成本已超过每月 4000 元,是越南、孟加拉国、缅甸等国家的 3～6 倍。

4. 新环保法实施增加了企业的经营成本　新的环保法实施后,各地政府对纺织行业尤其是印染行业的监管趋向严格,企业成本有一定程度的增加。浙江省特别是绍兴和萧山地区是上海乃至全国化学纤维印染面料的重要采购地区,浙江印染面料的产量占全国的比重高达 63%。据了解,2016 年以来,浙江已经有百余家印染企业进行停产整顿,受此影响,印染面料供应得不到保障、出厂价格暴涨,严重影响服装加工企业的采购和外商下单决心。

5. 产业和订单向外转移加快　目前越来越多的企业将量大、简单款式、交货期长的订单转移至东盟和南亚国家,并积极在越南等国布局纱线、面料和印染基地,逐步实现全产业链的转移。

另外,非洲也成为国际品牌商战略布局的热点。美国知名服装品牌 PVH 公司积极推动埃塞俄比亚政府建立了埃塞俄比亚目前规模最大的阿瓦萨工业园,并要求其中国内地、香港地区和印度尼西亚等地的供应商在园区设厂。全球第二大服装零售商 H&M 经过两年的考察,2016 年也开始要求其主要供应商赴埃塞俄比亚考察设厂。

案例

美国纺纱企业的竞争力

在 2013 年 9 月的一篇文章中,《纽约时报》的 Stephanie Clifford 讲述了南卡罗来纳州加夫尼一家叫帕克代尔的纺织厂(Parkdale Mills)的故事。帕克代尔工厂雇佣员工约 140 人,而在 1980 年,相同的生产水平需要 2000 多名工人。在该工厂里,"只是偶尔才需要有人打断自动化工程,这还主要是因为有些任务人工来做的话仍然比较便宜,比如用叉车在机器之间搬运半成品纱线"。纺好的纱线会自动沿着连接到天花板上的通道被送往包装和运输机器上。这个面积近 2 万 m² 的工厂每周七天、每天 24h 连轴转。仅有 71 名工人三班倒,但每

周能生产 $6.8 \times 10^5 kg$ 棉纱。到了晚班，这个足有四个足球场大小的工厂只有 11 名员工值班。

公司保持高盈利的秘诀在于持续不断地投资于自动化设备，让人数较少的技术熟练工人能生产出更多的棉纱，这样生产出来的棉纱价格就足够低，可以出口至洪都拉斯和多米尼加共和国，在那里用于制作加拿大 Gildan Activewear 等大牌服装公司的 T 恤衫。公司高速的自动化技术使得美国纺织业即使与最低工资的境外工人相比也有竞争力，制造出的面料质量和特点也无法被竞争者以较低成本轻易复制。

案例分析题

1. 帕克代尔纺织厂提升国际竞争力的主要措施是什么？
2. 简述帕克代尔纺织厂的核心竞争力。

思 考 题

1. 请分析我国与墨西哥纺织产业各自的竞争优势与劣势。
2. 请分析我国纺织企业到越南投资的有利条件和不利条件。
3. 请分析全球纺织经济一体化的发展趋势对我国纺织产业国际竞争力的影响。
4. 请分析我国与印度在欧美市场上的竞争力。

参考文献

[1]吴敬琏. 社会主义市场经济全书[M]. 北京:新华出版社,1993.

[2]李孟刚,蒋志敏. 中国纺织产业的国际竞争力评价[J]. 管理现代化,2006(2):48-51.

[3]王昌林,史清琪,费洪平. 我国主要产业国际竞争力的评价方法[J]. 北京统计,2001,137(7):36-37.

[4]郑显理."后配额时代"浙江省纺织服装产业的竞争力研究[D]. 杭州:浙江大学,2006.

[5]赵京霞. 后配额时代的国际纺织品贸易[M]. 北京:中国纺织出版社,2006.

[6]刘平洋. 中国产业国际竞争力分析[M]. 北京:经济管理出版社,2003.

[7]吴晓玲. 纺织服装企业绿色竞争力[M]. 北京:中国纺织出版社,2005.

[8]马丁·福特. 机器人时代:技术、工作与经济的未来[M]. 北京:中信出版社,2015.

第七章　互联网经济与纺织品创新

● **本章知识点** ●

1. 互联网经济的特征与主要作用。
2. "互联网＋"与创新。
3. 主要创新理论。
4. 纺织品创新现状与展望。

第一节　互联网经济的现状与主要作用

互联网让新的连接范式成为可能,让物理和数字空间的界限变得模糊,为全球人类和商业创造了一种全新的跨国界连接层。这种新的网络化催生了新的商业模式并蕴含着巨大的机遇,有助于促进经济增长和改善人类生活。中国拥有全球最多的网民,是全球第一的电子商务大国,也是全球第一的互联网就业大国,正在快速创造互联网经济的奇迹。以数据化、网络化、智能化为主要特征,以互联网经济为核心的新经济领域正在快速成长。

根据中国互联网络信息中心(CNNIC)2017年8月发布的第40次《中国互联网络发展状况统计报告》显示,截至2017年6月,中国网民规模达7.51亿,互联网普及率达到54.3%。其中,手机网民规模7.24亿,增长率连续三年超过10%。台式电脑、笔记本电脑的使用率均出现下降,手机不断挤占其他个人上网设备的使用。移动互联网与线下经济联系日益紧密,2017年上半年,我国手机网上支付用户规模增长迅速,达到5.11亿,半年增长率为7.7%,网民手机网上支付的使用比例由67.5%提升至69.4%。

互联网经济具有以下主要特征:低成本要素,扁平式结构、开放式连接、快捷化传输、人本化社会和体验式消费。相比于工业经济时代有限的各种资源和生产要素,互联网时代所依赖的数据是取之不尽、用之不竭的;相比于传统社会的层级结构,互联网社会是网状结构社会,是扁平式结构,也决定了它的精神本质是去中心化和分布式;在互联网社会,一个企业的价值是由所在连接点的广度和厚度决定的,开放是一种生存手段;互联网使世界发生的最根本性变化就是消除时空距离,整个世界被网络连为一体,成为"地球村";互联网商业模式是建立在平等、开放的基础上,也体现了更多的人性化;由于在互联网上用户选择成本很低,在传统社会,如果产品不好,服务不好,用户可以用脚投票;而在互联网条件下,用户用鼠标投票,用户的选择可以很随意。

发挥互联网的比较优势,发展数字经济,促进供需对接、汇聚创新要素、优化资源配置,有助于解决制约发展的深层次问题。首先,互联网显著提升有效供给能力,可以减少无效和低端供给。互联网与制造、物流等传统产业深度融合,促进产业组织、商业模式、供应链管理创新,大幅提高生产运营和组织效率,推动传统产业升级。同时,基于互联网的新技术、新产品、新模式、新业态蓬勃发展。作为大众创业、万众创新的基础平台,互联网正在释放出蕴藏在人民群众中无穷的智慧和创造力。

其次,互联网适度扩大总需求。我国已进入中等收入阶段,居民消费正在升级,定制化生产和销售更能满足消费者多样化的需求。互联网进一步扩大各融合领域的长尾市场和消费空间,提供更优质的产品、更便利的服务、更丰富的业态,增强用户体验,优化消费环境,积极培育新型消费、挖掘传统消费,发展新的消费模式,释放有效消费需求。

再次,互联网推动水平供需平衡向高水平供需平衡的飞跃。可以提高供给质量满足需求,使供给能力更好地满足广大人民日益增长、不断升级和个性化的物质文化和生态环境的需要。需求结构由生存型需求向品质型需求转变,通过解放和发展生产力,以适应需求的变化,提高全要素生产率。

对经济整体而言,互联网对个人最深刻的影响在于提高劳动者的生产率。把常规性、重复性工作交给技术完成后,劳动者能够专注于价值更高的活动。劳动者可以利用技术更迅速地了解价格、投入和新技术信息,不但成本低廉,而且减少了摩擦和不确定性。

从就业方式来看,就业者可以摆脱时间、空间的束缚,获得更大自由。就业场所可能不再是工厂企业,而是虚拟网络组织;就业组织形式也可能不再是项目制团队、合伙人制,而是自由职业的形式,人的个体价值被更自由地激发、流动和共享。

第二节 "互联网+"与创新

互联网已逐渐发展为一种基础性技术,并将使颠覆许多行业成为可能。"互联网+"的核心是资源匹配,强调的是连接,是互联网对其他行业提升激活、创新赋能的价值迸发。传统产业与互联网行业通过"互联网+"实现跨界融合,通过移动互联网、云计算、大数据、物联网与现代制造业结合。人类社会经历了PC互联网时代、移动互联网时代,自2007年1月苹果公司推出新一代iPhone手机,移动互联网已有10年发展历程。10年来,移动互联网飞速发展,极大颠覆了传统互联网的商业模式,催生了共享经济、O2O等诸多新业态。

互联网对传统产业的改变大约经历了四个阶段:一是营销的互联网化,比如广告主要从报纸上做广告到网络上做广告;二是渠道的互联网化,如京东的出现开始逼着国美和苏宁转型互联网;三是产品的互联网化,主要的推手是智能手机的爆发;四是运营的互联网化,企业将实现完全的数字化和网络化。

制造业是国民经济的主体,是实施"互联网+"行动、发展数字经济的主要场所。新一代信息技术正加速与传统制造业的全方位深度融合,成为引领传统制造业数字化转型的动力源泉。

在全球范围内制造业领域正在发生工业4.0的核心是智能制造,即"互联网+"制造,即通过通信技术、虚拟网络和实体物理网络相结合,实现制造业的智能化转变。智能制造将带来资产的更有效利用,特别是在供需匹配和质量控制等方面。

近年,以美国、德国为首的发达国家先后制定国家战略,加快推进制造业与互联网的深度融合。美国发布了多个先进制造伙伴计划,德国的工业 4.0 战略、英国的高价值制造、日本的机器人新战略、韩国的 IT 融合发展战略等,均将制造业与互联网发展作为重要着力点。中国也在 2015 年 3 月推出了"中国制造 2025"。

第三节　主要创新理论

创新,首先是一种意识,就是通过新颖独创的方法来解决问题的思维过程。通过这种突破常规界限的思维方式,以超常规甚至反常规的方法、视角思考问题,提出与众不同的解决方案,从而产生新颖、独到、有社会意义,并且能推动社会进步的思维成果。

一、约瑟夫·阿洛伊斯·熊彼特——创新理论的奠基人

约瑟夫·阿洛伊斯·熊彼特(Joseph Alois Schumpeter,1883~1950 年)开创了创新研究,是创新研究的奠基者。

约瑟夫·阿洛伊斯·熊彼特一生著作颇丰,共出版过 15 本书,发表过 200 多篇文章,举世公认的约瑟夫·阿洛伊斯·熊彼特经济发展理论、经济周期理论及对经济社会学的探索是经济学、管理学乃至政治学的重要遗产,居于其思想及理论体系的核心地位的"创新"学说,不但使其成为知识经济的先驱者,更是 21 世纪的主流思潮。

约瑟夫·阿洛伊斯·熊彼特提出和构建的"创新理论"是一个由创新的内在经济质变性、创新的社会历史性、创新的系统有机性多方面阐释构成的巨大理论体系,它依次经历了三部巨著才得以最终完整形成:1921 年他在《经济发展理论》一书中提出了"创新理论"之后,又于 20 世纪 30 年代和 40 年代之交,相继在《经济周期》和《资本主义、社会主义与民主》(提出了制度创新理论)两书中加以运用和发挥,形成了以"创新理论"为基础的独特的理论体系,总结了资本主义历史演进中的创新过程。实际上,这三部著作乃是约瑟夫·阿洛伊斯·熊彼特提出和阐述其"创新理论"学说的三部曲,最突出的共同特征就是它们均以创新为核心和立论基础。《经济发展理论》一书以"企业家"概念的建构为基础首次提出和阐述了"创新理论",用以解释资本主义的产生、发展及特征,是约瑟夫·阿洛伊斯·熊彼特理论体系的第一次系统而重要的阐述。

根据约瑟夫·阿洛伊斯·熊彼特的定义,创新是指把一种从来没有过的生产要素的"新组合"引入生产体系,以建立新的"生产函数"。这种新的组合包括以下几个方面:引进新产品;引进新技术;开辟新市场;控制原材料的供应来源;实现工业的新组织。

二、詹姆斯·厄特巴克的创新动力学

无论是对哪一类公司,詹姆斯·厄特巴克(James Utterback)教授都会这样建议:"只有

总体把握创新,企业才能长盛不衰。"他选择"产品生命周期"为方法论工具,对创新行为进行动态的分析。他把研究限定在某一产业的一次根本创新的全过程,探讨了这一过程的三个不同阶段中产品创新和工艺创新的发展变化以及产品和工艺创新之间的重要关系,他和埃伯纳西(Albernathy)共同提出了主导设计理论,并使用著名的 U—A 曲线来表达产品创新和过程创新的动态过程。

詹姆斯·厄特巴克的主要思想是,在某类产品的创新周期中,一开始总会出现大量的产品创新,导致不同企业产品之间产生巨大差异,但是最终在竞争中需要一个占据主导地位的产品技术标准,这就是主导设计。在主导设计确立之后,产品创新的数量会减少,而过程创新则会增多。在任何一类产品中,都会产生主导设计。而在主导设计形成的前后,企业的创新重点是不同的。在主导设计产生之前,企业创新的重点是产品创新,希望通过产品在技术上的先进性来赢得消费者;而在主导设计形成之后,企业创新的重点则变成了过程创新,也就是努力在产品制造工艺等方面进行创新,以此来降低产品成本或者增加产品的附加值。在主导设计形成前后,参与市场竞争的企业数量也会有很大变化。在主导设计产生之前,由于市场的不确定性,会有越来越多企业参与竞争;而一旦主导设计形成,就会产生占据市场主导地位的企业,从而使参与竞争的企业数量下降。

1994 年,詹姆斯·厄特巴克出版了《把握创新》一书,对创新动力学进行了系统的诠释。詹姆斯·厄特巴克晚年将视角转向产品设计创新,并于 2006 年出版《设计激发创新》(Design - inspired Innovation)一书。该书的主要思想为:设计是一个整合的过程,其整合的对象为技术、市场需求和产品语言。在这三个对象中,技术和市场需求都是传统上所谓的创新动力,产品语言则指的是产品向顾客所传递的特定文化背景下的信息。

三、戴维·蒂斯的"动态创新能力"理论

20 世纪 70~80 年代,美国虽然继续保持着高水平的技术创新和发展。但创新所实现的经济效益不增反跌,在很多方面被日本超过。美国经济发展的微观基础—企业自身的竞争力—似乎遇到了前所未有的挑战。美国经济学家戴维·蒂斯(David Teece)教授通过对 EMI、IBM、通用电气等多家公司的深入而系统的分析思考后发现,企业利润的持续来源,既不是通过提高行业壁垒和打击竞争者而获得的垄断利润,也不是资源基础理论认为的因企业专有资源的特定租金性质所实现的超出平均水平的收益,而是创新,特别是能力创新所产生的企业利润。这就是戴维·蒂斯提出的动态能力理论。

1997 年,戴维·蒂斯为弥补资源基础理论的不足,提出了核心能力理论,即动态能力理论。动态能力(Dynamic Capabilities)是指"企业保持或改变其作为竞争优势基础能力的能力",为适应不断变化的外部环境,企业必须不断取得、整合、再确认内外部的行政组织技术、资源和功能性能力。动态能力可以使企业在给定的路径依赖和市场位势条件下,不断获得新竞争优势;可以通过学习获取和使用外部能力,更好地保持企业竞争优势对市场环境的敏感性。戴维·蒂斯认为,让企业的生产要素与专有资源有机结合起来的组织与管理能力,是企业在长期生产经营过程中积累形成的一种无形资源。正是企业的这种能力大幅度地降低

了交易费用,而且该能力是企业竞争优势的主要来源。

蒂斯的动态能力把企业的资源划分为四个层次:一是公共资源,即企业购买的生产要素和获得的知识;二是专有资源,即商业秘密、专利技术这些无形资产,这些属于战略性资源;三是组织与管理能力,即让企业的生产要素与专有资源有机地结合起来的组织与管理能力,这是企业在长期竞争过程中积累形成的一种无形资源,是企业竞争优势的主要来源;四是创新能力,以应对当今高新技术产业的飞速发展和瞬息万变的市场环境,这是企业发展最为关键的能力。

四、埃里克·冯·希普尔——开启民主化创新时代

埃里克·冯·希普尔(Eric von Hippel)教授慧眼独具地审视了信息通信技术融合背景下科技创新的复杂性,他前瞻性地思考和看到了一种适应知识社会的,以用户为中心,以社会实践为舞台,以大众创新、共同创新、开放创新为特点的用户参与的创新形态,气势恢宏地构建了一幅知识社会下的创新民主化图景。

埃里克·冯·希普尔教授凭借他对创新源研究和民主化创新的开拓性研究将创新源理论引入一个更深入的层次,从信息对环境的依赖性、信息转移成本的角度对创新源和创新过程提出了独到的见解。他最大的贡献之一是发现并证实了创新功能源具有多样性,之二则是为创新功能源的预测创建了一个有效的方法:领先用户方法。总之,他试图展开这样一种场景:随着知识经济时代的到来以及先进技术的大量涌现,用户创新将进一步得到发展;企业不应努力寻求它们的用户到底需要什么样的产品,而应该给予用户一定的工具,让他们设计和开发属于自己的产品,从细微的修改到重大的创新,都可以由用户自己完成;厂商通常将这些工具集成到一个工具包中(用户创新工具箱),其中有的工具箱还设置了计算机模拟和快速构造原型的功能,可以使产品的开发更加迅速,成本更加低廉。

以"需求推动"为视角,埃里克·冯·希普尔教授的创新研究还涉及包括"创新源理论""领先用户理论""黏着信息理论"和"创新工具箱理论"等问题的建构和提出。他令人谨记:每个在已有的或新兴的产业中进行产品开发管理的人,都不可以忽视创新过程中用户的力量和价值。

五、克莱顿·克里斯坦森的颠覆性创新理论

公司在寻求新的增长业务时,往往有两种选择。一种选择是,通过持续创新(Sustaining Innovation),从市场领导者手中抢夺现有市场;另一种选择是,通过破坏性创新(Disruptive Innovation)或者开辟新的市场,或者竞争现有产品市场上的低端消费者。

克莱顿·克里斯坦森(Clayton Christensen)的破坏性创新理论旨在描述新技术(革命性变革)对公司存在的影响。1997年克里斯坦森在《创新者的困境:当新技术使大公司破产》(*The Innovator's Dilemma:When New Technologies Cause Great Firms to Fail*)一书中首次提出了"破坏性技术(Disruptive Technologies)"一词。

克里斯坦森认为大公司的领导者如果只专注于他们认为该做的事情,如服务于最有利

可图的顾客,聚焦边际利润最诱人的产品项目,认为自己一直是在走一条持续创新的道路,而恰是这一经营路线,为破坏性新技术埋葬他们敞开了大门。这一悲剧之所以发生,是因为现有公司资源配置流程的设计总是以可持续创新、实现利润最大化为导向的,这一设计思想最为关注的是现有顾客以及被证明了的市场面。然而,一旦破坏性创新出现(它是市场上现有产品更为便宜、更为方便的替代品,它直接锁定低端消费者或者产生焕然一新的消费群体),现有企业便立马瘫痪。为此,他们采取的应对措施往往是转向高端市场,而不是积极防御这些新技术、固守低端市场,然而,破坏性创新不断发展进步,逐渐蚕食传统企业的市场份额,最终取代传统产品的统治地位。

人们通常认为,是消费者引导了他们的供应商的延续性创新进程,但在破坏性技术变革中消费者并没有发挥引领作用,或者甚至是明显误导了供应商。

第四节　纺织品创新现状及展望

麦肯锡全球研究院 2015 年 10 月发布的《全球创新的中国效应》(*The China Effect on Global Innovation*)报告中指出,通过大量采用传统意义上的西方理念——精益和模块化设计、机器学习、敏捷制造和智能自动化,许多中国企业正以低成本的方式积极创新。中国已经不再是"世界工厂",正成为主要的效率导向的创新者;也不再是简单的低成本劳动力的来源国,中国制造企业正在转型为知识密集型生产商。这个过程还主要得益于中国制造业的生态规模,如中国供应商数量是日本的 5 倍,有 1.5 亿产业工人和便利的现代交通系统。

曾出版过《失控》一书的"世界互联网之父"凯文·凯利在 2016 年预言了互联网纺织的未来,他指出,"当机器人取代了人工出现在纺织服装行业,时尚不仅是生产服装这么简单。"其实美国纺织服装企业本身也拥有很强的创新能力。从纤维到纺织品,再到服装,美国纺织服装公司也无一例外地对产品的升级换代感兴趣,特别是对增加纺织服装的附加值产品。比如,对提升服装的安全性、功能性、舒适度、生态环保具有很强的意识,与消费观念紧密合拍。无论是内衣,还是衬衣或袜类,或是汽车或包装业用纺织品,均离不开创新与功能化的趋势。

据美国消费者的调查发现,美国人无一例外地要求运动型服装在人体运动期间能确保干爽和舒适,再加上数字化,美国的技术纺织物呈遍地开花的走势。美国越来越多的消费者青睐于在线 3D 量体裁衣的模式,究其原因,它促使在线成交的可能性大大增加。而外国进口商却对此望尘莫及。美国一些时尚公司为了留住客户,甚至引入跟踪技术。当与客户成交第一笔买卖后,他们将客户信息全部收录,然后依据其爱好和体型推陈出新地提供相关产品信息,使其回头。

互联网行业的发展也在一定程度上促进了美国本土服装制造的增长。专业网站如 Maker's Row 等拉近了设计者、生产者、品牌与零售商的距离;众筹网站 Kickstarter 等拉近了"美国制造"与消费者之间的距离。许多本土服装生产找到了一定的发展新助力。

目前,美国的人均在线购买时间超过 100 分钟,这已远远超过在实体店内的买卖时间。

美国纺织服装公司在销售上可谓绞尽脑汁,想方设法刺激消费。最新的一份调查发现,每10位美国人中就有7位注重环保与生态,每10位消费者中就有4位在发现产品生态问题时敢于直接投诉。约有1/3的客户青睐"环境亲密型"或"可持续性"产品。

美国耐克公司甚至专为消费者开发出环保测试软件。该公司请消费者给其产品打分和对比。另一有趣的现象是,美国市场上销售的服装出现越来越细的数据、代表特定含义的大写字母越来越多,而代表产品的编号却越来越少。事实上,美国服装制造商在研发上正在重新引领世界时尚的趋势,在传导正确理念和功能化方面引导消费。

美国的消费巨头,如沃尔玛对进口的依赖程度也越来越低。所有迹象都表明,美国纺织服装业正以新的面貌出现在消费者面前,他们将迎来较好的发展前景。大企业将获得较大市场份额,本地生产的小众本土品牌也获得较大市场份额,更多国家参与生产,更多区域贸易,更多本土生产,看到即买的消费者行为将进一步得到发展,这将打乱当下的时尚周期。不稳定是新常态,不确定性仍将延续。

近年来,国内也涌现出一大批"互联网＋"B2B平台,如全球纺织网、链尚网、布联网和搜布等平台。电子商务带给纺织行业的除了交易流程更加便捷,更多的是突破了原有的地域限制,将中国各地面料和服装厂商的供需联合在一起,从而解决了传统的卖布难和找布烦的问题。数字化成为提高供应链效率、降低采购成本和采购多元化的关键。

案例

群体智慧的结晶——Threadless T恤

2000年,美国两名高中生在芝加哥创办了无线(Threadless)T恤公司,利用大众智慧来设计新T恤。该公司网站(http://www.threadless.com)每星期都会收到上百件来自业余或专业艺术家的设计。他们把这些设计放在网站上让用户打分。每星期有4～6件得分最高的T恤设计会被投入制造,如果收到足够多的预订单,T恤则会被安排进入量产。这样一来,企业不用担心销售的问题。

无线T恤每星期会颁给得分最高的设计者奖牌和2000美元奖金。但物质奖励并不重要,对设计者而言,最大的激励就是他的设计有机会被社会大众认可并穿在身上——无线T恤会把设计者的名字印在每件T恤的商标上。这是一个三赢的局面:设计者的创意得到发挥,消费者有更多的选择,无线T恤也省下了雇佣设计师的费用,而且它只生产获得足够分数和预订单的产品,几乎不可能亏损。

这是一种比较独特的商业模式:Threadless网站让它的顾客来进行设计工作,选择生产线,确定产量,并负责市场推广、促销以及销售工作;生产选择外包;而Threadless自己需要做的仅仅是维护网站而已。根据麻省理工学院的Frank Piller估计,Threadless每月可卖出6万件T恤,平均每件的价格为20美元。在35%的毛利率下,该公司每年在扣除各种销售与管理费用之前可赚取500万美元的利润。而Threadless仅有50名员工,平摊到每人身上的毛利润可达10万美元。

两人还开创了 Threadless 的母公司 SkinnyCorp,该公司旗下不仅包括 Threadless,还包括另一个分公司,这个公司的商业模式与 Threadless 相似,生产上也是采用购买者做主的方式,产品有线衫、大手提袋、床单及枕套等。下一步,他们还考虑进入日用品市场。

案例来源:《山东纺织经济》2010 年 3 月。

案例分析题

1. 请分析 Threadless T 恤公司商业模式的创新之处。

2. 请分析这种商业模式对于其他产品的应用可行性。

思 考 题

1. 互联网经济有哪些特征和作用?

2. 熊彼特的创新定义是什么?

3. 主导设计理论是什么?

4. 用户创新如何提升公司的创新效率?

5. 持续性创新与破坏性创新的区别是什么?

参考文献

[1]陈劲,王焕祥等. 创新思想者:当代十二位创新理论大师[M]. 北京:科学出版社,2011.

[2]维克多·迈尔·舍恩伯格. 大数据时代:生活、工作与思维的大变革[M]. 杭州:浙江人民出版社,2013.

[3]乔希·林克纳. 破坏式创新[M]. 北京:电子工业出版社,2015.

[4]埃德蒙·费尔普斯. 大繁荣:大众创新如何带来国家繁荣[M]. 北京:中信出版社,2014.

[5]马丁·福特. 机器人时代:技术、工作与经济的未来[M]. 北京:中信出版社,2015.

[6]克莱顿·克里斯坦森. 创新者的窘境[M]. 北京:中信出版社,2010.

第八章　国际贸易相关理论及其在纺织品贸易中的应用

● 本章知识点 ●

1. 了解和掌握主要传统国际贸易理论，如重商主义贸易学说；亚当·斯密的绝对利益学说；李嘉图的比较利益学说；穆勒的相互需求理论和赫克歇尔—俄林的要素禀赋学说。
2. 在理解里昂惕夫之谜的基础上，了解新贸易理论对此进行的不同解释。

第一节　传统国际贸易理论介绍

现代国际贸易学说的最初起源，可以追溯到 17 世纪的重商主义学说。该学说主张政府严格控制对外经济活动，推崇贸易保护主义。由亚当·斯密开创的古典贸易理论正是在对重商主义贸易思想批判的基础上形成和发展起来的。斯密从绝对优势的角度出发，证明了国际贸易是一种双赢博弈（即贸易双方均能通过国际贸易获利）。但是斯密理论的前提假定过于苛刻，限制了其对现实的解释力。大卫·李嘉图突破了斯密理论的局限，提出了比较利益说，从而解释了贸易产生的基础和贸易模式的形成，奠定了现代国际贸易理论发展的基石。19 世纪中叶，英国经济学家约翰·斯图亚·穆勒又从需求的角度对李嘉图的比较利益说作了补充，提出了决定贸易条件的相互需求说。20 世纪 30 年代，以赫克歇尔—俄林的要素禀赋理论为代表的新古典贸易理论，从国家之间要素禀赋差别的角度解释了比较优势产生的原因，该学说拓展了古典贸易理论。

一、重商主义的贸易学说

重商主义（Mercantilism）起源于 15～17 世纪欧洲资本主义原始积累时期，分为早期和晚期。无论是早期的重商主义，还是晚期的重商主义，都把货币看作是财富的唯一形态，都把货币多寡看作衡量国家富裕程度的标准。但是，早、晚期重商主义无论在思想程度上，还是在政策主张上，都有着很大的区别。早期以"货币差额论"为中心，其代表人物是斯塔福（William Stafford）；晚期以"贸易差额论"为中心，其代表人物是托马斯·孟（Thomas Mun）。早期重商主义将货币与商品绝对对立起来，要求在外贸中绝对地多卖少买或不买，使金银流入国内。因此，在实践上为了增加货币流入和限制货币输出，当时许多国家（如英国、西班牙和葡萄牙）就根据早期重商主义者的主张采取了一系列措施，颁布了各种法令，甚至规定严厉的刑法，禁止货币输出国外。因此早期重商主义被称为"货币差额论"。

与早期重商主义不同,晚期重商主义只是要求对外贸易的结果必须是:购买外国商品的货币总额必须少于出售本国内商品所取得的货币总额,因此,晚期重商主义的最终目的也是要保证有更多的货币流回本国。为此,晚期重商主义提出,对外贸易要做到输出商品超过输入商品,即保持出超。为了做到这一点,晚期重商主义主张国家实行保护主义的关税政策,通过这一政策鼓励本国商品输出国外,而限制外国商品输入国内。基本原则是发展对外贸易,扩大商品输出,限制商品的输入,其特征是通过调节商品的运动达到积累货币财富的目的,因此被称为"贸易差额论"。

重商主义加速了资本的原始积累过程,促进了资本主义生产方式的建立,故在一定的历史时期中,有其一定的进步意义。但是,重商主义对社会财富的理解是肤浅和片面的,货币只是充当一般等价物的特殊商品,而金银只是由于其适宜做货币材料的属性才被选为货币的代表,不能把财富和金银画等号。其次,流通领域是不创造财富的,创造财富的真正源泉来自于生产领域,因此,重商主义理论在国际贸易对本国财富或福利的增进上的解释是不科学的。再者,重商主义认为一国的贸易得益是建立在他国损失的基础上的,即对外贸易是一种零和博弈。这一观点被后来的古典贸易理论和贸易实践本身所否定。另外,重商主义所主张的政府严格控制经济活动的政策,限制了国际贸易的广泛开展,也与古典理论所倡导的自由贸易思想相悖。

二、斯密的绝对利益说

1776年,亚当·斯密在其划时代的巨著《国富论》中提出了以绝对利益(Absolute advantage)原则为基础的古典国际分工和贸易学说。该理论的基本思想是:国际贸易是基于各国之间生产技术的绝对差别而产生的。一国之所以要进口别国的商品,是因为该国的生产技术处于劣势,自己生产的成本太高,不如从别国购买来的便宜。而一国之所以能向别国出口产品,则是因为该国在这种产品的生产技术上比别国先进,从而拥有绝对优势,可以使本国利用同样的资源生产出比别国更多的产品,以致本国生产的产品成本和价格更低。因而各国在生产技术上的绝对差异,以及由此所导致的劳动生产率和生产成本的差异,是国际贸易和国际分工的基础,并且贸易的结果将使双方均获益。这就是古典的"绝对利益说"。

正是基于这一理论,斯密反对为了求得顺差而垄断对外贸易的做法,主张自由贸易。各国应该集中生产并出口其具有"绝对优势"的产品,然后进口其处于"绝对劣势"的产品,其结果将比各种产品都自己生产更有利。同时,专业化的分工所形成的合理的国际分工体系可以提高世界总产出水平,增进整个世界的福利。

从斯密的绝对利益说,可以得出的结论是,国际贸易是一种双赢的交易,即参与贸易的双方均可从中获益,而非如重商主义所称是一种零和博弈,由此可以看出,斯密是倡导实行自由贸易的。但是,按照斯密理论的推理,只有那些在生产某种商品方面具有绝对优势的国家,才能参与国际分工和贸易。但事实上,不是所有的国家都拥有一项生产上的绝对优势,一个国家可能在每一项生产上都不具有优势,按绝对利益说,这些国家就没有理由加入到国际分工和贸易中来,但实践证明,这些国家还是可能从国际贸易中获得自己的利益。如何从理论上对这个现象进行解释呢? 李嘉图的"比较利益说"发展了这个理论。

三、李嘉图的比较利益说

在国际贸易理论方面,大卫·李嘉图(David Ricardo)是一位开创性的人物。虽然从古希腊的思想家一直到亚当·斯密,人们已经觉察到分工专业化和自由贸易的好处,但是只有到了李嘉图,国际贸易的原因和贸易发展的方向这一经济学中十分重要的研究成果才被发展。李嘉图在 1817 年出版的《政治经济学及赋税原理》这本著作中,发展了斯密的国际分工理论,突破了绝对优势的局限,提出了沿用至今的比较利益学说(Theory of Comparative Advantage)。

李嘉图的比较利益说用了斯密绝对利益说的基本分析框架,同样假定只有两个国家使用一种生产要素(劳动),生产两种商品,即"2×2×2"模型;交易双方的生产成本不变,且规模报酬不变,即生产函数为一次齐次;生产要素在一国内可以自由流动,在两国间不能流动;不考虑运输成本和其他交易费用;并在完全竞争的市场结构下进行生产和交换。但是李嘉图在其模型中却放松了斯密理论中绝对优势这一最重要的假定条件,而代之以比较优势的假定。

李嘉图比较利益说的核心思想是:即使一国在两种商品的生产上都处于绝对劣势,它仍然可以通过参与国际贸易获利。两国间贸易可能性存在的原因在于:两国劳动生产率之间的绝对差距并不是在生产任何产品上都是一样的,于是处于绝对劣势的国家应专业化生产并出口其绝对劣势较小的商品(也就是其有比较优势的商品),同时进口其绝对劣势大的商品(也就是其有比较劣势的商品);同样,对于在两个商品上都拥有绝对优势的国家而言,也不必生产全部商品,只需选择其绝对优势较大的商品进行专业化生产并出口,而进口绝对优势较小的商品。简言之,所谓比较优势即指绝对劣势中较小者,或者说绝对优势中较大者。李嘉图认为是生产技术上的相对差异导致了相对劳动生产率的不同,进而导致对生产成本的相对价格的不同,两国劳动生产率的相对差异构成了贸易的基础。这一贸易基础大大拓展了国际贸易的可能性和范围,这样,贸易各国通过完全专业化生产并出口其有比较优势的商品,可提高整个世界的产出水平,同时贸易得益也增进了本国的福利。

李嘉图的比较利益说发展了斯密的理论,揭示出国际贸易因比较利益而发生,并且具有互利性,证明了各国通过专门生产并出口比较优势的商品,进口比较劣势的商品就可以实现贸易互利,从而为世界范围内更大规模地开展国际贸易奠定了理论基础,这是该学说的主要贡献。但是该理论的假设前提过于苛刻,并不符合国际贸易的实际情况,如要素在国际完全不能流动的假设就是不现实的。而且按照该学说,比较利益相差越大则贸易发生的可能性越大,那么当今的贸易便应该主要在发达国家与发展中国家展开,但现实却是发达国家间的贸易比重不断上升。这使得人们对传统的比较利益说的适用程度产生疑问。而且李嘉图的比较利益说还只是一种静态分析,对于比较利益的根源及形成机制还未能做出很好的解释,这些都由后来的经济学说对其进行修正和补充。

四、穆勒的相互需求理论

作为比较优势理论的拓展，英国经济学家约翰·斯图亚·穆勒（John Stuart Mill）在1848年出版的《政治经济学原理》中，提出了相互需求理论（Reciprocal demand theory）。他认为比较优势说虽然对贸易条件取决于两个国家中两种商品比较成本的比值这一点做出了规定，即两种商品的国际交换比例定在两种比较成本的比值之间，但是李嘉图没有指出这个幅度内的具体交换比例是如何形成的。因此，他提出"相互需求说"来说明这些问题。

穆勒认为，国家间商品的交换比例是由两国对彼此商品的需求强度决定的，交换比价或贸易条件是否有利，应视贸易双方对另一国出口商品的需求强度的强弱而定。如果外国对本国出口商品的需求大于本国对外国出口商品的需求，即外国的相对需求强度较大，本国的相对需求强度较小，则外国在同本国的竞争中就不得不做出某些让步，最终决定的国际贸易条件比较靠近外国的国内交换比例，因而本国就可以获得相对较大的贸易利益。

穆勒的相互需求理论为贸易条件的确定提供了解释，发展了李嘉图的比较利益说。但是该理论也有一定的局限性，这个原理只能应用于经济规模相当、双方的需求对国际市场价格有显著影响的两个大国经济。如果两个国家经济规模悬殊较大，那么大国的国内价格比例将成为国际市场交换比例，而不存在相互需求强度决定的贸易条件。并且，穆勒理论的表述还欠精确，后来的英国经济学家马歇尔和埃奇沃思用更严密的方式阐释了他的思想。

五、赫克歇尔—俄林的要素禀赋说

进入20世纪，一些经济学家对古典理论尤其是李嘉图的单一要素模型做了修正和拓展，从生产要素禀赋（Factor Endowment）差别的角度解释生产成本和价格的不同，重新阐释贸易基础，其中最具代表性的理论是瑞典经济学家赫克歇尔（E. F. Hecksher）和他的学生俄林（B. Ohlin）提出的"要素禀赋"理论，或简称"H—O模型"。

（一）假设前提

赫克歇尔—俄林模型是建立在一定的前提假设基础之上的。这些前提假设分别是：假定世界上只有两个国家，使用两种生产要素，即劳动（L）和资本（K），生产两种商品（X和Y），所以这是一个"2×2×2"模型；两国采用相同的生产技术，具有相同的生产函数，两种商品的生产都是规模报酬不变的；两国的需求偏好相同；没有运输成本；生产要素都被充分利用，并且在国内可以自由流动，但在国际却完全不能流动；在完全竞争的市场结构下进行生产和交换。

（二）赫克歇尔—俄林模型

赫克歇尔—俄林模型认为各国所生产的同一产品的价格的国际绝对差异是国际贸易的直接原因，各国商品价格比例不同是由于要素价格比例不同决定的（在完全竞争市场上，商品价格等于生产成本），要素价格比例的不同是由要素供给比例不同决定的。这样他们从每个国家所拥有的各种生产要素禀赋的不同，解释了比较成本差异这一现象。他们把生产要素分为劳动、土地、资本和技术等种类,然后指出各国所拥有的各种生产要素的相对比例是不同的,一个国家所拥有的某一生产要素的资源禀赋可能超过另一国家。在自由贸易条件下,一国应当出口该国相对丰裕和便宜的要素密集型商品,进口该国相对稀缺和昂贵的要素密集型商品。简言之,劳动力相对丰裕的国家应当出口劳动密集型产品,进口资本密集型产品。资本相对丰裕的国家应出口资本密集型产品,进口劳动力密集型产品。

(三)新古典贸易理论与古典贸易理论的差异

赫克歇尔—俄林模型从要素禀赋差异的角度对比较优势的原因和贸易基础进行全新阐释,修正和拓展了古典贸易理论,因而该理论又被称为新古典贸易理论。

古典理论的观点是生产技术的差别导致生产成本的差别,进而产生了产品的价格差异,而赫克歇尔—俄林理论则在技术同一的假定下把生产要素供给量的差异专门提出来,解释了要素相对价格的差异及其导致的相对产品价格差异。由于赫克歇尔—俄林理论假定各国需求偏好(及收入分配)是相同的,这样来自需求方对要素价格的影响是相同的。根据这一推论,各国所拥有的各种生产要素禀赋的差异就成为贸易发生的唯一原因。

赫克歇尔—俄林的要素禀赋说仍然是建立在比较利益基础上的,只是在理论假设上对古典理论进行了修正,如构造了"2×2×2"模型,考虑了成本递增的情况。该理论从一国基本经济资源优势的角度解释了国际贸易发生的原因,找到了传统贸易理论中比较优势形成的根源,并为后来新贸易理论的形成奠定了基础。但是日益发展的国际贸易实践表明要素禀赋差异并非贸易产生的充分条件,规模经济、技术进步等因素都在不同程度地影响着国际贸易格局,所以过于强调静态结果的赫克歇尔—俄林理论的适用性有一定的限制。

第二节　现代国际贸易理论介绍

以赫克歇尔—俄林模型为代表的新古典贸易理论从各国要素禀赋差异的角度寻找到了比较优势产生的根源,发展了古典贸易理论。但是,该理论对现实的解释力仍然有限。首先,它面临的是来自实证检验方面的挑战——如何解释里昂惕夫之谜。其次,面对当今世界要素禀赋相似的发达国家之间日益增长的产业内贸易,以禀赋差异为分析基础的赫克歇尔—俄林理论也显得束手无策。传统国际贸易理论的局限性促使经济学家们超越赫克歇尔—俄林理论去寻求新的对贸易基础的解释,从而产生了建立在规模经济和不完全竞争市场结构之上的产业内贸易理论;从动态技术差异角度解释贸易产生的技术差距模型和产品生命周期模型以及以需求为主导的贸易分析。把这些有别于前人的贸易理论统称为"新贸易理论(New Trade Theories)"。

一、赫克歇尔—俄林模型面临的挑战——里昂惕夫之谜

1951年,美国哈佛大学的著名经济学家瓦西里·里昂惕夫(Wassily Leontief)利用美国1947年的有关数据对赫克歇尔—俄林模型进行了首次实证检验。按照H—O理论,美国应出口资本密集型产品,进口劳动密集型产品。但是,出人意料的是,实证检验结果是:美国进

口替代品的资本/劳动比例比出口商品的资本/劳动比例高出大约 30% 。这意味着,美国在向全世界其余国家出口劳动密集型产品以换取资本密集型产品。这一与赫克歇尔—俄林理论相悖的结论在国际贸易理论界被称为"里昂惕夫之谜（Leontief Paradox）"。由此引发了经济学家们对于这个谜的各种解释,主要有从人力资本、自然资源稀缺、贸易壁垒、需求逆转、要素密集度逆转以及研究方法等几个角度进行的分析和探索。要素禀赋说面临的另一个挑战则是来自贸易实践方面的。20 世纪 60 年代以来,工业国之间产业内贸易比重的迅速上升,使得很难在传统贸易理论中为其找到理论依据。国际贸易发展的新趋向为新贸易理论的产生和发展提供了契机。

二、规模经济与国际贸易

通过放宽赫克歇尔—俄林模型的假设条件,考察了新贸易理论与传统贸易理论间的承继关系。由分析可以发现,放宽大多数的假设并不影响要素禀赋说的基本结论,但是放宽规模报酬不变和完全竞争等几个关键假设后,对贸易基础的解释则需要到新贸易理论中寻找更具说服力的答案。首先放宽规模报酬不变的假定,可以发现国际贸易也可以在规模报酬递增的基础上进行,而且规模经济本身可以成为贸易发生的一个独立源泉,这就解释了很大一部分赫克歇尔—俄林理论所未涵盖的国际贸易模式,如产业内贸易,这也正是下一节介绍的新贸易理论的一个主要发展。进一步放宽完全竞争市场的假定,将使理论分析更贴近现实,因为基于产品差别和规模经济的产业内贸易往往存在于不完全竞争的市场结构中。所以,为了更有效地解释产业内贸易,需要把不完全竞争理论整合到国际贸易理论中。

（一）规模经济的内涵

所谓规模经济（Economies of Scale）是指生产过程中随着产量的增加,产品的平均成本不断降低的生产状况,换言之,即生产过程中产出水平的增长比例高于要素投入增长比例,所以又称规模报酬递增（Increasing Returns to Scale）。规模经济的原因是大规模生产可以有效地利用劳动力进行专业分工,因此效率提高,单位生产成本下降。

规模经济又分为内部规模经济和外部规模经济（即外部经济）两种。前者存在于企业内部,是企业产量扩大导致的平均成本降低;后者则是由于整个行业规模的扩张,有利于行业内部所有企业的平均成本下降。例如:某行业最初由 10 家厂商组成,每家生产 100 件产品,整个行业的产出是 1 000 件。如果全行业产出不变,仍是 1 000 件,但只剩下一半厂商（5家）,每家各生产 200 件产品。若每件产品的生产成本下降,则存在内部规模经济。如果该行业规模扩张了一倍,即由 20 家厂商组成,每家仍生产 100 件,每件产品的成本下降,就是存在外部规模经济。基于此,内部规模经济对应的是不完全竞争的市场结构,而外部经济则依托于完全竞争的市场,所以这两种类型的规模经济对国际贸易产生的影响是不同的。

（二）内部规模经济与国际贸易

消费者的偏好是多样的。年轻人喜欢意大利的法拉利赛车,高级白领人士喜欢德国的名车宝马,日本的丰田车又为另一些人带来满足。世界各地的汽车具有不同的特点,满足了不同的需求,如果一个国家生产所有类型产品,则会由于产量低、成本高、销售量小,甚至有的产品一国国内需求太小,生产成本太高,导致没有企业愿意生产。但当把全世界的同一种需求集中在一起由少数企业满足时,各个企业又都实现了规模经济,消费者得到了低价格的汽车。如果一个国家只生产一种或几种类型,并供给全世界,同时,它们之间相互贸易又使消费所有产品成为可能。需求的多样性与规模经济的结合就是发达国家之间大量同类制成品进行贸易(即产业内贸易)的根本原因。

(三)外部规模经济与国际贸易

有关外部经济的分析可以追溯到一个世纪以前的英国经济学家阿尔弗雷德·马歇尔的论述。马歇尔把厂商的集中所导致的行业规模扩大而产生的外在经济归结为三个主要原因:厂商集中能促进专业化供应商队伍的形成;厂商的地理集中分布有利于劳动力市场共享;厂商的地理集中有助于知识外溢、技术扩散。这三点在今天看来也仍然成立,这就是很多计算机公司、半导体工业集中在美国加利福尼亚的硅谷,而大量的金融机构集中在华尔街的原因。即使单个厂商的平均成本和边际成本会随其产出的增加而上升(即单个厂商不具有内在规模经济),但是同一行业内竞争对手产出的扩大会有"外溢效应",加大了行业内的知识扩散和资源共享程度,从而使该厂商通过外部经济获得了自身成本下降的好处。开展国际贸易后,市场扩大使该行业不仅面对国内需求,而且还有一部分国外需求,这将促使各个厂商都增加产出。在没有内部规模经济的情况下,行业产出的增加使各个厂商通过分享外部经济的好处,提高生产率,从而降低了整个行业的成本。这样一来,产品的价格和平均成本都下降了,产量得到了增加。

(四)产业内贸易与产业间贸易

产业内贸易(Intra-industry Trade)或称行业内贸易,指在同一时期内既进口又出口属于同一产业的产品。导致产业内贸易的规模经济模型和导致产业间贸易(Inter-industry Trade)的要素禀赋说的最大区别在于二者所决定的贸易模式的不同。前者的背景是一个由众多生产差别产品的企业组成的垄断竞争行业,这为产业内贸易的开展提供了基础;而后者是以各国要素禀赋差别所形成的比较优势为贸易基础的,因而两国的专业化分工必然导致产业间贸易。

三、基于动态技术差异的国际贸易

从动态的角度考察国际贸易,发现技术差异及技术变化也可视为国际贸易的一种来源,这也是静态的赫克歇尔—俄林理论所无法解释的。

(一)技术差距模型

技术差距模型(Technological Gap Model)是 1961 年由美国经济学家波斯纳(Posner)提出的;波斯纳在这一模型中阐述的主要思想是:当一国通过技术创新研究开发出新产品后,它可能凭借这种技术差距所形成的比较优势向其他国家出口这种新产品,这种技术差距将持续到外国通过进口此新产品或技术合作等方式逐渐掌握了该先进技术,能够模仿生产从而减少进口后才逐步消失。而创新国由于技术优势所获取的垄断利润的消失而促使其不断地引进新技术、新工艺,开发出新产品,创造出新一轮的技术差距。

技术差距模型证明了:即使在禀赋和偏好均相似的国家间,技术领先也会形成比较优势,从而产生贸易。这也很好地解释了实践中常见的技术先进国与落后国之间技术密集型产品的贸易周期。但该模型只说明了技术差距会随时间推移而消失,并未解释其产生和消失的原因,同时它也不能确定技术差距的大小,因而该理论模型还需进一步发展。

(二)产品生命周期模型

产品生命周期模型(Product Cycle Model)是由美国经济学家雷蒙德·弗农(Raymond Vern)于1966年在其《产品周期中的国际投资和国际贸易》一文中首次提出,它是对技术差距模型的扩展和一般化。弗农把产品生命周期分为五个阶段:导入期、成长期、成熟期、标准化、产出减少甚至完全停止,后两个阶段又称衰退期。图8-1的四条曲线分别代表了产品创新国和模仿国的生产与消费情况(具体见图8-1中标识),五个时间区间表示产品生命周期的五个阶段。

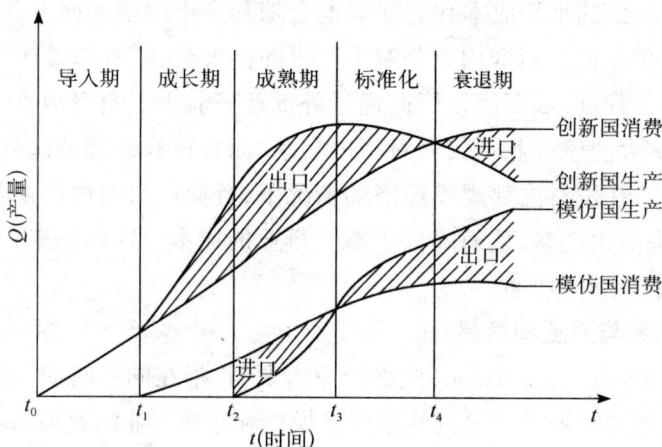

图8-1　产品生命周期模型

弗农的产品生命周期模型对波斯纳的技术差距模型所做的拓展表现为:一是解释了技术差距产生和消失的原因,发达国家与发展中国家的技术差距是其在研发(R&D)支出和人力资本存量等方面比较优势的反映;二是指出了技术的动态变化导致比较优势本身的变化,在这个模型中,比较优势本身随着时间的推移、技术差距的消失,逐渐发生变化。

综上所述,在现代技术创新日益重要的经济中,贸易是建立在随时间推移各国要素相对丰裕度的变化基础上的。产品生命周期模型和前面所述的技术差距模型是在技术动态变化的背景下对赫克歇尔—俄林模型所作的扩展,传统理论解释的是静态比较优势,而产品生命周期模型则解释了动态的比较优势。

四、需求决定的贸易模式

放弃禀赋差异和偏好相似的假定,我们将看到禀赋相似的国家仅仅因为偏好差异也能产生贸易。瑞典经济学家林德(S. B. Linder)第一个从需求角度考察了国际贸易的产生,于1961年提出了偏好相似理论(Preference Similarity Thesis)。

首先,一种产品的国内需求是其能够出口的前提条件。企业之所以生产某一产品是因为消费者对该产品有需求,为了满足国内市场,生产者会不断改进技术扩大产量,结果当产量增加的速度超过了国内需求增长的速度时,生产者才会想到扩大销售市场,将产品出口以赚取利润。所以,企业不可能生产一个国内不存在需求的产品。但它对国外市场不可能像对国内市场那样熟悉。因而,企业的技术改进、新产品推出也是基于国内消费的信息反馈。出口只是产品国内生产和销售的延伸。

其次,两个国家的消费偏好越相似,则其需求结构也越接近,或者说需求结构的重叠部分越大。这样一来,一国生产很容易与另一国的需求相适应,两国之间开展贸易的可能性就越大,贸易量也就越大。

最后,也是最重要的一个命题,即影响一国需求结构的最主要因素是平均收入水平。不同收入水平的国家,其需求结构是不同的。高收入国家对技术水平高、加工程度深、价值较大的高档商品的需求较大,而低收入国家则以低档商品的消费为主,以满足基本生活需求。所以,平均收入水平可以作为衡量两国需求结构或偏好相似程度的指标。故两国的人均收入水平越接近,其需求结构也越相似,相互需求就越大,从而两国间的贸易量也就越大。

以这三个基本命题为基础,林德从需求的角度解释了发达国家之间日益上升的产业内贸易生产的原因。由于发达国家的人均收入水平较高且相接近,根据恩格尔定律,它们对工业制成品等高档商品的需求比重较大,并且工业制成品间存在的差异性使其相互需求也较大,这样相似的需求结构促使发达国家之间的贸易关系日益密切。

案例

中欧纺织品贸易争端解决

一、事件起因

2005年2月,欧委会发布了基于"242"条款制定的《对华纺织品特别限制措施行动指南》,规定了欧盟对来自中国纺织品进行设限的条件和程序。随后,欧盟先后对十余种中国纺织品启动了设限调查,并于5月27日,决定对来自中国的亚麻纱和T恤衫提出正式磋商请求。按照有关程序,中欧双方应在15日的期限内(即6月11日前)寻求双方满意的解决办法,否则欧盟将采取设限措施:欧盟就将从这天开始对中国产的T恤和亚麻纱实行增长不超过7.5%的数量限制,而这两种纺织品2005年一季度出口欧盟的增长率分别为164%和51%。

二、贸易争端的解决

经过约十小时的漫长谈判,中国商务部部长与专程来华的欧盟贸易委员曼德尔森11日凌晨就中国部分输欧纺织品问题签署备忘录,欧盟承诺对源自中国的棉布、T恤、套头衫、裤子、女式衬衫、床单、女连衣裙、胸衣、桌布、亚麻纱十类纺织品终止调查。

中欧双方同意,在 2005 年 6 月 11 日至 2007 年年底期间,对上述十类纺织品合理确定基数,并按照每年 8%~12.5% 的增长率确定中方对欧出口数量。

欧盟承诺在 2005~2007 年,对于上述十类产品之外的 2005 年实现一体化的中国纺织品克制使用中国加入世界贸易组织报告书"242 段"条款;2008 年,对所有 2005 年实现一体化的中国纺织品克制使用"242 段"条款。2008 年欧盟市场将对中国纺织品全面开放。

商务部部长在签署协议之后表示,双方就纺织品贸易问题达成协议表明中国与欧盟的战略合作伙伴关系不是一句空话,协议将为中国纺织品企业创造稳定的和较长时间的出口环境,也为欧盟纺织品企业创造了稳定的进口环境,中国政府赞赏欧盟解决中欧纺织品贸易争端的诚意。欧盟一直谋求通过双方的磋商来友好地、妥善地解决双边的贸易关系,而不像有些国家试图采取单方面的行动来解决问题。

曼德尔森也表示,达成的协议会为双方行业提供一个可确定的、可预见的贸易环境,也会为发展中国家向欧盟出口和相关行业提供一个呼吸的空间,这是一个符合各方利益的协议,是一个双赢的协议。曼德尔森还表示,2005 年 4 月欧盟制定的《对华纺织品特别限制措施行动指南》将为中欧所达成的协议所取代。

中国纺织品进出口商会就中欧达成纺织品贸易协议发表声明表示欢迎,认为这体现了中国政府为最大限度地保障我国纺织企业的利益、积极磋商、解决贸易摩擦的诚意,有利于为中国和欧盟相关企业创造积极、稳定、可预见的贸易环境,促进中国纺织品对欧出口有序增长。声明说,双方同意对今后纺织品贸易中出现的问题通过磋商予以解决。这为新形势下解决纺织品贸易摩擦开创了良好的先例,对于全球纺织服装业向新的贸易格局过渡具有重要意义。

附:242 条款(本次美国和欧盟对中国纺织品设限的依据就是 242 条款)

中国加入世贸组织时签订的《中国加入世贸组织工作组报告书第 242 段(纺织品特殊限制措施)》,即 242 条款,主要适于纺织品和服务产品贸易。

根据 242 条款的规定,如一个世贸组织成员认为《纺织品与服装协定》所涵盖的原产于中国的纺织品和服装产品自《世贸组织协定》生效之日起,由于市场扰乱、威胁阻碍这些产品贸易的有序发展,则该成员可请求与中国进行磋商,以期减轻或避免此市场扰乱。

磋商将在收到磋商请求后 30 天内进行。双方将在收到这种请求后 90 天内,尽一切努力就双方满意的解决办法达成协议,除非双方同意延长该期限。如在 90 天磋商期内未能达成双方满意的解决办法,则磋商将继续进行。提出磋商请求的成员可对磋商涉及的一个或多个类别的纺织品或纺织制成品实行限制。

中国加入世贸组织时签订的议定书有 3 个条款,即《中国加入世贸组织议定书》第 15 条的反倾销和反补贴条款、第 16 条的特保条款以及《中国加入世贸组织工作组报告书第 242 段(纺织品特殊限制措施)》。242 条款截止日期为 2008 年 12 月 31 日。

案例分析题

1. 根据国际贸易理论分析,中国向欧盟国家出口纺织品的贸易模式是什么?

2. 中国纺织品出口的比较优势是什么？

3. 如何看待中欧达成纺织品贸易协议？

思 考 题

1. 解释李嘉图的比较利益学说。

2. H—O 模型的主要思想是什么？

3. 什么是"里昂惕夫之谜"？

4. 发达国家之间大量同类制成品贸易的根本原因是什么？

5. 简要分析产业内贸易与产业间贸易的区别。

参考文献

[1]保罗·克鲁格曼. 国际经济学[M]. 北京:中国人民大学出版社,1998.

[2]袁志刚,宋京. 国际经济学[M].2 版. 北京:高等教育出版社,2006.

[3]尹翔硕. 国际贸易教程[M]. 上海:复旦大学出版社,2000.

[4]卜伟. 国际贸易与国际金融[M]. 北京:清华大学出版社,2005.

第九章　中国纺织品对外贸易及发展战略

● 本章知识点 ●

1. 国际纺织品贸易的现状及特点。
2. 中国纺织品主要出口市场的特点及面临的挑战。
3. 中国纺织品对外贸易的特点与竞争格局。
4. 中国纺织品对外贸易的发展战略与应对措施。

第一节　国际纺织品贸易发展现状与趋势

一、国际纺织品贸易的发展及现状

伴随着纺织业国际分工的形成,产生了纺织品国际贸易。在第二次世界大战之前,世界纺织业的国际分工是工业国与农业国之间的分工,因此这时期纺织品国际贸易的格局是主要资本主义国家出口纺织制成品,广大的亚非拉地区出口纺织原料,进口纺织制成品。

第二次世界大战后,广大的亚非拉发展中国家相继独立,走上了发展民族经济的道路,并选择了纺织业作为工业化进程中的先导产业。此外,跨国公司的迅速发展,以及地区经济一体化的进程,都对纺织业的国际分工产生了很大的影响。随着发展中国家加入纺织品生产和出口行列,发达国家生产、出口纺织制成品,落后地区生产、出口纺织原料的工业与农业的分工逐渐向纺织产业内制成品内部的分工过渡,即不同国家对纺织生产过程的不同阶段进行专业化生产,并形成了发达国家和发展中国家各自出口具有比较优势的纺织产品的国际贸易新格局。在欧美国家继续保持在高档和新型纺织品服装方面竞争优势的同时,广大发展中国家,依据其自身的原料和更低的劳动力价格优势也积极参与国际纺织品市场竞争,包括中国在内的部分亚洲发展中国家已成为世界纺织品服装的出口大国。

2014 年,世界纺织品出口总额 3140.8 亿美元,亚洲占 59.7%;世界服装出口总额4832.8 亿美元,亚洲占 59.9%。亚洲纺织品服装出口已经占据了世界纺织品服装市场的半壁江山。这很大程度上来自亚洲国家内部以中国为中心的贸易增量:中国对东盟和南亚国家出口的纺织品增长,支承后者的服装业出口,而中国庞大的消费市场则成为其他亚洲国家服装出口增长的目的地。

同时,伴随着各国纺织工业的恢复和发展,国际纺织品贸易也在不断扩大。根据 GATT/WTO 的有关资料表明,从 1990 ~ 2000 年,再到 2010 年,全球纺织品服装贸易总额从 2113 亿美元增长至 3550 亿美元及 6053 亿美元,年平均增长率分别高达 5.9% 和 6.1%,其增长速度远低于同期全球货物贸易总额的增长速度。

目前世界纺织品服装贸易以年 3.4% 的速度增长。2013 年,世界纺织品贸易总额为 3040.9 亿美元,占世界货物贸易总额的 0.8%,占世界工业制成品贸易总额的 2.6%;世界服装贸易总额达 4596.6 亿美元,占世界货物贸易总额的 1.2%,占世界工业制成品贸易总额的 3.9%。2014 年,世界纺织品和服装贸易总额分别为 3140.8 亿美元和 4832.8 亿美元。

随着全球经济的发展,纺织品服装贸易在今后一段时期内,依然会保持继续平稳增长的趋势,预计在 2020 年世界纺织品贸易额将增至 9000 亿美元。

目前国际纺织品服装贸易的主要特点是。

(1)发展中国家和地区已成为全球纺织品服装的主要供应者,其中亚洲是全球纺织品服装出口的最主要地区。

(2)世界纺织品服装出口以区域内部流向为主。根据 WTO 统计,2014 年,欧洲国家之间的纺织品出口额达 215.7 亿美元,服装出口金额达 276.6 亿美元;亚洲国家之间的纺织品出口额为 798 亿美元,服装出口额为 737 亿美元。亚洲向欧洲和北美洲纺织品出口分别为 260 亿美元和 181 亿美元,服装出口分别为 906 亿美元和 687 亿美元。

(3)纺织品服装出口集中于主要纺织品服装出口国家和地区。根据 WTO 统计,2014 年,前 15 个纺织品和服装出口国家(地区)分别约占了世界纺织品和服装出口总额的 95% 和 94.2%。其中,中国纺织品出口占世界纺织品出口总额的比重由 2004 年的 17.2% 跃升至 2014 年的 35.6%,中国服装出口占世界服装出口的比重由 2004 年的 24% 跃升至 2014 年的 38.6%。

(4)世界纺织品服装进口国家和地区主要集中在发达国家和地区。根据 WTO 统计,2014 年,前 15 个纺织品进口国家(地区)中,有 6 个是发达经济体,分别是欧盟、美国、日本、加拿大、韩国和中国香港,占世界纺织品进口的 38.90%;而其余 9 个发展中国家(地区)所占的比重仅为 20.9%。其中欧盟(28 国)纺织品进口总额占世界纺织品进口总额的 24.8%,位居榜首,美国以 8.4% 的比重紧随其后。

2014 年,仅欧盟(25 国)、美国和日本这三大经济体服装进口就占了世界服装进口总额的 61.3%。其中欧盟(25 国)服装进口占世界服装进口总额的 37.7%,美国以 17.7% 的比重紧随其后,日本则占世界服装进口金额的 5.9%。

二、国际纺织品贸易的发展趋势

(一)发达国家将继续占据主导地位

面对来自低成本生产国家不断加剧的竞争,以及受到本国成本不断膨胀的影响,欧洲、北美和亚洲的发达国家正在不断损失市场份额,但在短时期内,发达国家在国际纺织品市场上的主导地位不会动摇。而且,凭借其科技和研发优势,其高附加值,高科技含量纺织产业竞争力不容小觑,发达国家还将在高端纺织品特别是产业用纺织品出口方面继续居于领先地位;凭借其设计、品牌、营销网络和物流等方面的优势,发达国家仍将在高级时装和特殊用途服装市场上独领风骚。

(二)发展中国家和地区仍将是纺织品服装的主要供应者

根据WTO公布的2015年全球贸易初步统计资料显示,2015年,中国在所有主要发达国家的进口市场占有率仍持续扩大,而印度2015年服装出口有望达到180亿美元,比去年增长15亿美元,越南纺织品服装出口较2014年又增长11.3%。

除此之外,在大部分国家对美国及欧盟的出口呈低增长或负增长时,柬埔寨、越南等国家对美国及欧盟的出口也均呈两位数字增长,其涨幅甚至大于中国对欧美出口的增长幅度(表9-1)。

表9-1 2015年主要纺织品服装进口市场进口统计

供 应 国	进口国及地区			
	美国	欧盟	日本	澳大利亚
	进口值(百万美元)			
全球	122100.4	124802.5	36843.9	9339.3
	增长率(%)			
	4	−8.26	−8.2	0.5
中国大陆	0.2	−10.35	−12.1	−1.2
印度	7.3	−9.63	−10.2	10.3
巴基斯坦	6.6	−2.77	−2.1	−3.2
孟加拉国	—	2.63	19	26.5
柬埔寨		10.42	38.3	3.9
印尼	5.4	−12.77	1.2	17.9
菲律宾			−4.9	
越南	13.5	4.27	7.4	18.1
泰国	−18.3	−18.47	−3.4	−0.5
斯里兰卡	—	−9.44	—	7.8
埃及	—	−13.23	—	—
摩洛哥		−15.12		
墨西哥	0.3	—	—	—
美国	—	−1.92	−6.8	3
罗马尼亚			−11.5	
土耳其	−1.7	−13.7	−19.2	−0.2
中国香港	—	4.64		
洪都拉斯	−1.4			−3.5
意大利	−8.9	—	−11.7	−4.7
突尼斯		−19.09		
缅甸			3.5	—

供 应 国	进口国及地区			
	美国	欧盟	日本	澳大利亚
马来西亚	0	1.76	2	-12.7
中国台湾	—	—	-7.6	-10.1
韩国	14	-10.95	-18	-0.6
德国	1.7	—	-24.4	—
日本	-2.9	-11.62	—	-12.1
荷兰	-12.8	—	—	-
英国	2.1	—	-1.2	5
以色列	1.9	—	—	—
秘鲁	9.4	—	—	—
法国	0.89	—	-11.5	—
阿联酋	74.1	—	—	—
瑞士	—	-10.92	—	—
马其顿	—	-18.85	—	—
新西兰	—	—	—	-18.2
比利时	—	—	—	-12.8

注　1. 东亚包括中国台湾、中国香港、中国澳门地区及韩国。

　　2. 欧盟进口统计包括欧盟区内贸易。

资料来源　Global Trade Atlas 及欧盟统计局

第二节　中国纺织品对外贸易的发展与现状

一、中国纺织品贸易的发展

中国纺织品贸易历史悠久,著名的"丝绸之路"就是为丝绸贸易而开辟的沟通中外物资和文化交流的通道。中华人民共和国成立后,特别是改革开放以来,中国纺织品对外贸易得到了长足发展。自 1994 年起,中国在世界纺织品服装出口中一直位居第一,并一直保持至今。

中国纺织品出口的发展历程可分成四个阶段。

第一阶段(1960～1980 年),我国国内纺织品的供应并不充足,但为创收外汇,我国依然从中挤出部分纺织品用来出口,即使出口也主要是一些初级产品。1960 年,纺织品占我国商品出口总额的 29%。但这一时期,我国纺织品的出口额很少,在国际纺织品市场上基本没有什么地位。

第二阶段(1981～2001 年),是中国纺织品出口迅速增长的时期,纺织业成为我国最大的出口创汇产业。到 1994 年,中国已成为世界第一大纺织品服装生产国和出口国。

第三阶段(2002～2004 年),是我国纺织品出口处于调整的阶段,出口增速减缓,进口增大,我国纺织品服装由以出口为主转变为进出口并重(图9-1、图9-2)。

第四阶段(2005年以后),2005年以来,我国纺织品出口又进入了高速增长时期。2009年受金融危机影响,我国和世界的纺织品出口均出现不同程度的下降,但是,我国纺织品出口额占世界纺织品出口额的比例仍稳步上升。2010年开始,我国纺织品的出口占世界纺织品出口的1/3以上(图9-2)。

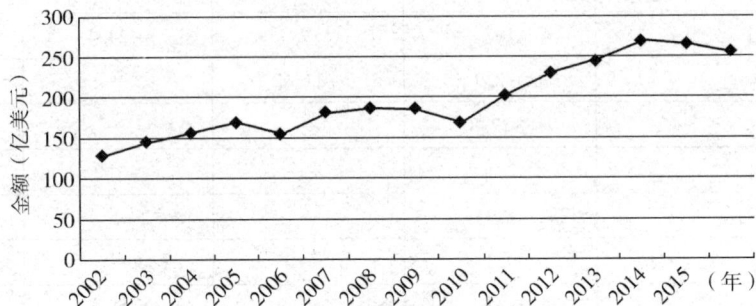

图9-1 2002~2015年我国纺织服装商品进口趋势

资料来源 中国纺织品进出口商会

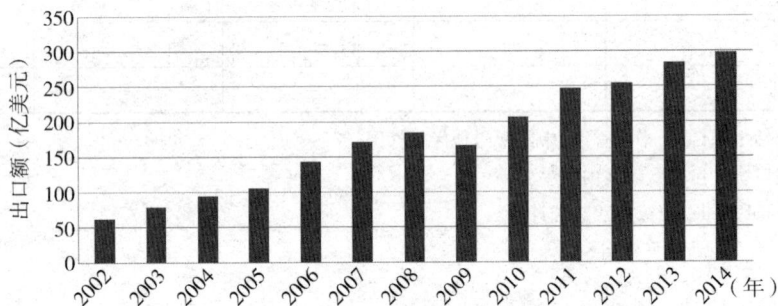

图9-2 2002~2014年我国纺织品服装出口额

资料来源 中国纺织品进出口商会

2005年,全球纺织品配额取消后,我国长期受配额压制的生产能量得到了进一步的释放,纺织品服装出口达1 175.35亿美元,占世界纺织品服装市场24.5%的份额;2006年面对欧美对我国纺织品服装的重新设限,我国纺织品服装出口仍达到了1440亿美元的佳绩,同比增长25.1%,占世界份额的24%。根据WTO的统计,如果不包括欧盟内部的贸易,2006年我国纺织品服装所占的世界贸易市场份额可能达到31%。

尽管自1995年以来,机电产品成为全国第一位的出口商品,但从净创汇来看,纺织品服装仍位居首位。2005年纺织品服装共实现贸易顺差900亿美元,占全国贸易顺差的88.4%;2006年又实现贸易顺差1 259亿美元,占全国贸易顺差的70%以上。

2007年我国纺织品服装进口186.36亿美元,同比增长3.03%。但由于我国纺织品服装进口基数较低,因此在我国纺织品服装对外贸易中,仍以出口为主。

2007年我国服装出口占纺织品服装出口总额的67.2%,纺织品出口占纺织品服装出口总额的 32.8%。其中面料占 15.8%,制成品占 12.4%,纱线占 4.6%。

2008 年,我国纺织品服装进出口额为 2037.5 亿美元,其中出口 1852.2 亿美元,同比增长 8.2%;纺织品服装出口额在全国货物贸易出口总额中的比重为 13%,对全国货物贸易出口的贡献率为 6.6%。可以看出,纺织品服装对全国货物贸易增长的拉动作用正在逐步减弱。进口 185.4 亿美元,同比下降 0.6%,全年各月进口始终处于低迷状态,其中主要商品纱线和面料的进口量、进口值下降迅速。

2009 年,面对金融危机引发的一系列挑战,我国纺织服装进出口总额仍高达 1670.7 亿美元,比 2008 年下降 9.8%,与 2007 年基本持平,仍是世界上最大的纺织品服装出口国。

2010 年,全国纺织品服装出口 2065.4 亿美元,增长 23.6%,占全国货物贸易出口的 13.1%。其中,纺织品出口 770.51 亿美元,同比增长 28.44%;服装及其附件出口 1294.78 亿美元,同比增长 20.88%。

2011 年,国内纺织品服装出口仍保持增长态势,鉴于 2010 年出口基数较大,2011 年出口额的增长速度有所放缓。2011 年,我国出口纺织品服装 2479.6 亿美元,比去年同期增长 20%,增速较 2010 年回落 3.6 个百分点;其中,出口纺织纱线、织物及制品 946.7 亿美元,比去年同期增长 22.9%;出口服装及衣着附件 1532.2 亿美元,比去年同期增长 18.3%。

2012 年,我国纺织品服装累计出口 2549.8 亿美元,全年增长 2.8%,其中服装出口增幅超过纺织品。服装出口 1591.4 亿美元,增长 3.9%,纺织品出口 957.8 亿美元,增长 1.2%。

2013 年,我国纺织品服装累计贸易额 3110.6 亿美元,增长 11.3%,其中,出口 2840.7 亿美元,增长 11.4%,超过年初预期;进口 269.9 亿美元,增长 10.4%,累计顺差 2570.8 亿美元,增长 11.5%。

2014 年,我国纺织品服装(指以上两类)出口额累计为 2984.9 亿美元,同比增加 144.36 亿美元,同比增长 5.08%。其中,纺织品出口额累计为 1121.41 亿美元,同比增长 4.86%;服装出口额累计为 1862.85 亿美元,同比增加 5.22%。

2015 年,中国纺织品服装进出口出现自 2009 年全球性金融危机后 6 年来的首次进口、出口双降,我国纺织品服装累计贸易额 3095.1 亿美元,下降 4.8%,其中出口 2839 亿美元,下降 4.9%,进口 256.1 亿美元,下降 3.5%。累计贸易顺差 2582.9 亿美元,下降 5%(表 9 - 2)。

表 9 - 2　2013 年和 2015 年我国纺织品服装出口商品结构

商品名称			出口金额(万美元)		同比增加(%)		出口平均单价(千美元/t)		同比增加(%)	
			2013 年	2015 年	2013 年	2015 年	2013 年	2015 年	2013 年	2015 年
合计			28407079	28389959	11.41	-4.89				
纺织品	合计		10698221	10954407	11.67	-2.35				
	纱线	合计	1210346.6	1100497.4	5.95	-8.79	3.28	2.74	-5.23	-9.2
		棉纱线	251827.78	167146.57	15.28	-19.05	4.81	4.86	-1.45	1.54
		丝线	25192.24	18868.48	0.5	-16.26	37.1	38.6	15.04	-7.18

续表

商品名称		出口金额（万美元）		同比增加（%）		出口平均单价（千美元/t）		同比增加（%）	
		2013 年	2015 年	2013 年	2015 年	2013 年	2015 年	2013 年	2015 年
纺织品	纱线								
		羊毛、动物毛纱线 106372.62	97956.47	2.66	−3.32	32.76	30.6	7.48	0.31
		化学纤维纱线 726462.43	702191.94	5.32	−7.73	3.02	2.46	−9.1	−12.16
		其他纱线 100491.48	114333.97	−4.78	−0.79	1.39	1.46	−3.05	3.02
	面料	合计 5189964.6	5479811.6	14.05	0.66				
		棉布 1502476.1	1408607.7	19.04	−0.9	1.65	1.69	2.64	−0.05
		丝机织物 96036.96	72444.63	−9.17	−19.71	5.74	5.62	12.36	−3.14
		羊毛、动物毛机织物 59651.15	54213.31	−7.33	−12.61	7.4	7.41	−0.32	−2.92
		化学纤维机织物 1833209.8	2057497.4	12.88	1.83	1.11	1.12	1.26	−1.31
		其他面料 1698590.6	1887048.6	13.67	2.01	1.61	1.55	0.33	−2.87
	制成品	合计 4297910	4374097.6	10.56	−4.23				
		家用纺织品 1865172.6	1754236.5	12.21	−9.8				
		地毯 250609.14	262991.81	4.25	−1.92	4.22	4.09	0.11	−3.56
		工业用纺织制品 737657.07	713206.45	7.66	−6.23				
		无纺织物 413286.91	486201.29	16.68	5.7	3.87	3.74	7.26	−2.47
		其他制成品 1031184.3	1157461.5	9.08	2.07				
服装		合计 17708858	17435553	11.25	−6.42				
	针织服装	合计 8690984.1	7379824.7	11.47	−9.7	3.83	3.75	2.97	1.93
		棉制针织服装 4383614.8	3161571.5	10.87	−13	3.94	3.65	3.29	1.05
		丝制针织服装 61580.7	18388.99	31.58	−33.17	2.17	4.28	24.58	−18.71
		毛制针织服装 188946.64	212446.11	9.31	−3.93	16.57	16.82	4.21	0.99
		化学纤维制针织服装 3436779.5	3317744.2	10.59	−7.56	3.7	3.71	2.96	2.52
		其他材料制针织服装 620062.48	669673.85	20.23	−4.49	3.3	3.51	0.53	2.85
	机织服装	合计 6454781.9	7500681.1	11.28	−3.41	6.07	5.5	1.95	−5.84
		棉制机织服装 2450652.2	2810475.7	8.81	−4.05	6.93	6.69	0.48	−0.97
		丝制机织服装 69218.12	116178.69	−4.27	54.84	20.38	22.38	−0.47	15.16
		毛制机织服装 198503.78	195036.42	−7.17	−0.52	35.17	34.06	3.32	−3.27
		化学纤维制机织服装 2930806.3	3625678.7	15.9	−2.9	5.01	4.45	3.93	−8.48
		其他材料制机织服装 805601.46	753311.96	9.84	−9.38	6.92	6.31	7.54	−9.05
		毛皮革服装 271610.76	255659.9	20.11	−23.51	166.69	206.3	13,4	−1.86
		其他服装 301701.22	304403.78	1.51	−0.29	4.15	4.07	−0.81	−2.03
		衣着附件 1546191.4	1518019	9.79	−5.13				
		帽类 443588.21	476964.02	14.16	5.31				

资料来源 中国纺织品进出口商会

从具体品种来看,我国纺织品服装出口以棉制和化学纤维制产品为主,2015年,我国化学纤维制服装的出口额超过棉制服装,占服装出口总额的48.3%,棉制服装占37.5%。

在进口商品结构中,尽管近几年来我国纱线进口趋缓,但纱线仍是我国纺织品服装进口的主要品种(表9-3)。2015年,面料进口占我国纺织品服装进口总额的34.71%,面料占24.84%,制成品占14.95%,服装占25.51%。但在我国面料进口中,加工贸易占绝对优势。2015年一般贸易进口占比达到51.5%,进口额同比增长2.5%,同期加工贸易进口份额减至38.6%,同比下降12.3%,对整体进口形成拉动。

表9-3 2013~2015年我国纺织品服装进口商品结构

商品名称	进口金额(万美元)			同比增长(%)		
	2013年	2014年	2015年	2013年	2014年	2015年
合计	2699413.5	2654787.4	2561078.9	10.35	-1.65	-3.53
纺织品	2167160.1	2038612.1	1907713.1	8.70	-5.93	-6.42
纱线	960657.9	890169.1	888846	25.38	-7.34	-0.15
面料	802230.5	724410.3	636083.2	-4.13	-9.70	-12.19
制成品	404271.7	424032.7	382783.9	3.45	4.89	-9.73
服装	532253.4	616175.4	653365.8	17.66	15.77	6.04

资料来源 中国纺织品进出口商会

这一时期,我国对欧盟、东盟和日本等传统市场的出口下跌,新兴市场和部分"一带一路"国家呈现较好的态势,其中对中东出口增长4.6%,对非洲增长5.2%(图9-3)。

而在纺织品服装出口贸易中,一般贸易方式则占主要地位,而且占纺织品服装出口的比重不断增加。2014年一般贸易方式占全国纺织品服装出口总额的76.2%(图9-4)。

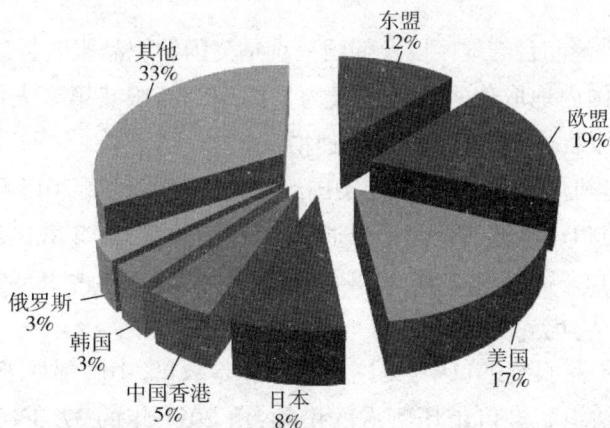

图9-3 2015年我国纺织品服装主要出口市场

资料来源 中国纺织品进出口商会

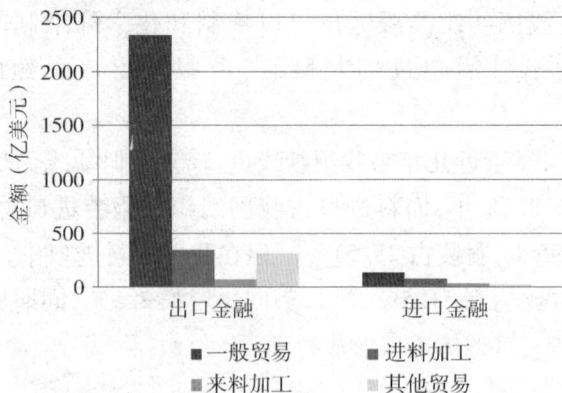

图 9-4 2014 年我国纺织品服装出口贸易方式
资料来源 中国纺织品进出口商会

　　纺织品服装一般贸易的不断增长和加工贸易的颓势表明了我国纺织服装产业结构的调整正在往积极的方向进行,国内纺织服装产业链渐趋完整。

　　我国纺织品服装的进口市场则主要以中国台湾、日本、韩国、越南和印度为主。2015 年我国从上述国家和地区进口纺织品服装共计 98.58 亿美元,占我国纺织品服装进口总额的 38.49%。

　　其中纱线面料进口的主要市场是中国台湾、日本、巴基斯坦和印度,2015 年四大市场的进口额所占比重均在 10% 以上。其中,中国台湾位居第一,所占市场份额达 13.9%,其他三大市场的比例分别为 12.7%、11.4% 和 11.0%。2015 年 1~12 月中国棉纱线进口数量为 235 万吨,同比增长 16.6%;2015 年 1~12 月中国棉纱线进口金额为 88.9 亿美元,同比增长 2.4%。2015 年印度成为我国棉纱线进口第一大来源国。

二、中国纺织品服装主要出口市场

(一)美国

　　长期以来,我国香港和台湾地区以及韩国一直是美国纺织品服装进口的主要地区和国家,但自 1992 年开始,中国内地取代香港地区成为美国纺织品服装第一大供应地。2001 年加入 WTO 后,我国纺织品服装对美出口又开始迅速增长。

　　自 2008 年金融危机爆发以来,2013 年美国经济呈现复苏现象,2015 年,美国纺织品服装进口小幅增长,从中国进口逐步进入低速增长通道(图 9-5),2011 年我国纺织品服装对美出口占美国纺织品服装进口总额的 38.9%,2012 年占 39.0%,2013 年占 38.8%,2014 年占 38.2%,2015 年占 38.0%(图 9-6)。

　　目前,在美国纺织品服装进口中,无论是金额还是数量,中国都处于第一位。2015 年,以价值计,中国在美国纺织品进口市场所占的份额,由 2011 年的 37.3% 增至 40.5%,在美国服装进口市场所占的份额,由 2011 年的 39.3% 降至 37.2%;以数量计,中国在美国纺织品进口市场所占的份额由 2011 年的 35.4% 增至 39.5%,在美国服装进口市场所占的份额由

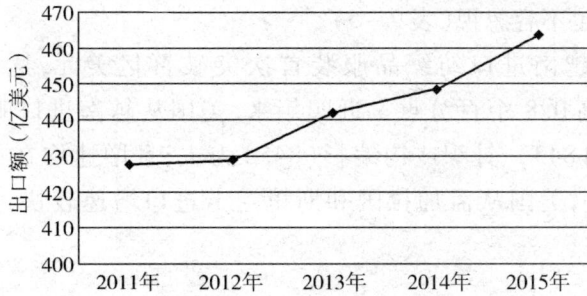

图 9-5　2011~2015 年中国纺织品服装对美出口额

资料来源　美国商务部纺织品服装办公室

2011 年的 22%增至 25.9%。

在中美纺织品贸易的产品构成方面，中国对美出口主要以服装为主，家用纺织品次之，面料和纱线较少；而美国对我出口则主要是以纱线、面料和服装为主，家用纺织品占比较少。这反映了中美双方纺织产品的竞争力强弱。

在中美纺织品服装贸易中，无论是在服装还是在纺织品方面，美国对中国都存在着很大的贸易逆差。2015 年美国纺织产品贸易逆差共计 1013 亿美元，其中来自中国大陆的贸易逆差为 457 亿美元，占美纺织产品全部逆差的 45.1%。但中美纺织品贸易逆差主要出现在服装、家用纺织品和其他制成品方面，在纱线和面料方面较小（表 9-4）。

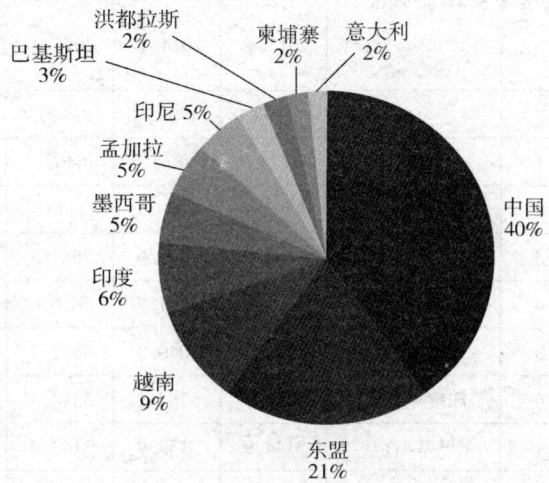

图 9-6　2015 年美国纺织品服装进口国别结构

资料来源　美国商务部纺织品服装办公室

表 9-4　2015 年中美纺织品服装贸易商品结构　　　　　　　　单位：亿美元

贸易方式＼商品	总　额	服　装	纱　线	面　料	家用纺织品	其他制成品
我国对美国出口	463.681	349.065	5.032	15.043	43.355	51.186
我国自美国进口	687.1	0.831	2.327	0.894	0.057	2.762

资料来源　中国纺织品进出口商会

但在美国市场上，中国服装只处于中低档次，对于中高档和世界级的名牌服装，中国则是一个空白。而且在中低档次的美国服装市场，中国还面临着来自其他发展中国家越来越激烈的竞争。墨西哥、加拿大、巴基斯坦、印度、印度尼西亚、韩国等国一直是美国纺织品服装的主要供应国，也是我国纺织品服装在美国市场上的主要竞争对手，而孟加拉国、越南、柬埔寨等国的竞争实力也不容忽视(表9-5)。

2015年,美国从越南进口纺织品服装首次突破百亿美元,达111.1亿美元,增长13.5%,比上年度提高0.8个百分点。近四年来,美国从越南进口服装类别以女装(842和844)、男装(841和843)、针织或钩编衫(845)为主,且增速均在10%以上,2015年份额已达11.5%。另外,美国从孟加拉国和斯里兰卡进口增速较快,增幅分别为11.95%和14.2%。

表9-5 2015年美国纺织品服装主要进口来源国(地区)统计

| 排名 | 国家/地区 | 进口金额(按2015年进口金额排序) | | | | | | | |
| | | 金额(百万美元) | | | 同比增加(%) | | 占比(%) | | |
		2013年	2014年	2015年	2014年/2013年	2015年/2014年	2013年	2014年	2015年
	全球	113997.0	117395.8	122100.4	3.0	4.0	100	100	100
1	中国	44175.8	44834.5	46368.1	1.5	3.4	38.75	38.19	37.98
2	越南	8591.1	9789.4	11114.4	13.9	13.5	7.54	8.34	9.10
3	印度	6691.8	7149.9	7683.3	6.8	7.5	5.87	6.09	6.29
4	墨西哥	5629.0	5741.7	5650.6	2.0	-1.6	4.94	4.89	4.63
5	孟加拉国	5149.6	5040.3	5642.7	-2.1	12.0	4.52	4.29	4.62
6	印度尼西亚	5423.7	5254.2	5394.4	-3.1	2.7	4.76	4.48	4.42
7	巴基斯坦	3144.9	3152.9	3143.0	0.3	-0.3	2.76	2.69	2.57
8	洪都拉斯	2613.6	2711.6	2801.8	3.7	3.3	2.29	2.31	2.29
9	柬埔寨	2607.4	2532.9	2537.0	-2.9	0.2	2.29	2.16	2.08
10	意大利	2202.1	2402.4	2269.0	9.1	-5.6	1.93	2.05	1.86
11	斯里兰卡	1772.7	1889.4	2158.3	6.6	14.2	1.56	1.61	1.77
12	加拿大	2123.3	2111.1	2080.0	-0.6	-1.5	1.86	1.80	1.70
13	萨尔瓦多	1894.4	1935.8	1984.7	2.2	2.5	1.66	1.65	1.63
14	马来西亚	1754.1	1739.2	1914.6	-0.8	10.1	1.54	1.48	1.57
15	泰国	1914.7	1872.8	1787.0	-2.2	-4.6	1.68	1.60	1.46
16	危地马拉	1370.9	1408.6	1494.8	2.8	6.1	1.20	1.20	1.22
17	尼加拉瓜	1431.6	1514.9	1468.5	5.8	-3.1	1.26	1.29	1.20
18	土耳其	1110.6	1223.2	1323.0	10.1	8.2	0.97	1.04	1.08
19	约旦	1070.6	1156.3	1261.0	8.0	9.1	0.94	0.98	1.03

数据来源 美国商务部纺织品服装办公室

尽管这些国家目前在美国市场上所占的份额并不大,但由于他们在某些方面比我国更具竞争优势,因此,他们将可能成为我国在美国市场上强有力的竞争对手。

目前,这些国家在美国纺织品服装市场上的份额正在不断增加,如美国从越南进口的服装占据的市场份额越来越大,从 2013 年前 9 个月的 10%,增长到 2014 年的 11.3%。9 月,美国从越南进口的服装总计达到创纪录的 9.14 亿美元,与 2013 年同期相比增长了 22.7%。中国、越南出口到美国的服装种类主要以女士针织上衣、女士和男士的棉裤、女士人造纤维针织上衣和裙子以及棉质内衣为主。相比之下,中国服装出口美国市场的份额出现了下滑:从 37.1% 下降至 36.2%,这意味着中国服装行业受到了一定损失。可以想象,随着这些国家纺织工业的进一步发展,增长速度进一步加快,我国纺织品服装在美国市场上将会面临更加激烈的竞争。

此外,我国纺织品服装出口美国市场还面临着特保措施、反倾销、社会责任标准、技术壁垒等一系列的贸易壁垒。我国纺织业遭遇美国反倾销指控的产品范围相当广泛,几乎涵盖了纺织产品的领域,已从传统的各种原坯布、纱线及织物发展到各种面料、麻绳、鞋类、服装配饰等产品领域。2009 年和 2010 年,美国又分别对来自中国的编织电热毯和带织边窄幅织带实施了反倾销,使中国该类产品对美国的出口受到了重大影响。社会责任标准的实施和各种技术性贸易壁垒又使中国企业面临着增加生产成本或被取消供应商的风险。而美国与一些国家签署的自由贸易协定,也对中国纺织品服装的出口产生了贸易转移效应。

(二)欧盟

2015 年欧盟经济虽度过了债务危机最危险的阶段,但仍深陷经济低增长的泥潭。近几年来,我国对欧盟纺织品服装的出口一直呈上升态势。2013 年,欧盟从盟外进口纺织品 1249.0 亿美元,中国作为欧盟最大的纺织品进口来源国,进口金额为 477.9 亿美元,所占进口市场份额为 32.8%;2014 年,欧盟自全球进口纺织品服装 1360.5 亿美元,自中国进口纺织品服装 512.6 亿美元,增长 14.8%,占比 37.68%;2015 年,欧盟自全球进口纺织品服装 1252.7 亿美元,自中国进口纺织品服装 459.1 亿美元,同比下降 10.3%,欧盟仍是我国纺织品服装第一大出口市场,同时我国也成为欧盟纺织品服装进口的第一大来源国(图 9-7 和表 9-6)。

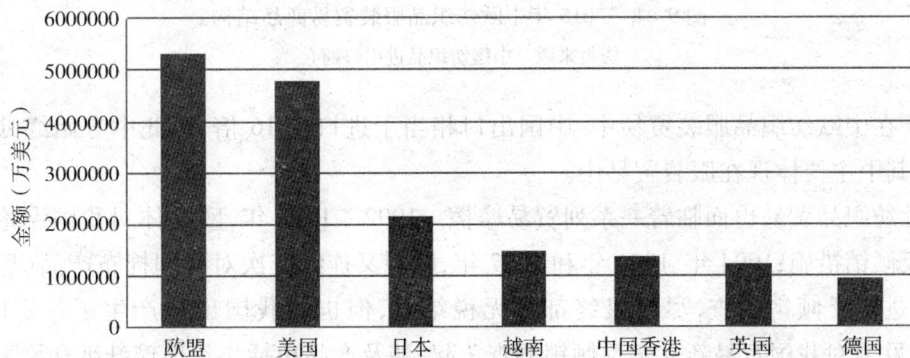

图 9-7　2015 年中国纺织服装出口前 7 位的国家与地区

资料来源　中国纺织品进出口商会

表9-6　2015年欧盟纺织服装进口前5位的国家和地区

排名	国别	进口金额(亿美元)	同比增加(%)	所占份额(%)
1	中国	459.1	-10.3	36.7
2	土耳其	156.7	-13.8	12.5
3	孟加拉国	156.6	2.7	12.5
4	印度	90.3	-9.6	7.2
5	巴基斯坦	54.2	-2.8	4.3

数据来源　中国纺织品进出口商会

在中欧纺织品服装贸易中,中国对欧盟出口主要以服装为主,2015年服装出口占总出口额的78%,其中又以针织、机织服装为主;在进口方面则以面料和服装为主,分别占总进口额的16.35%和53.78%,其中面料是以毛织物为主,服装则以机织服装和针织服装为主(图9-8)。

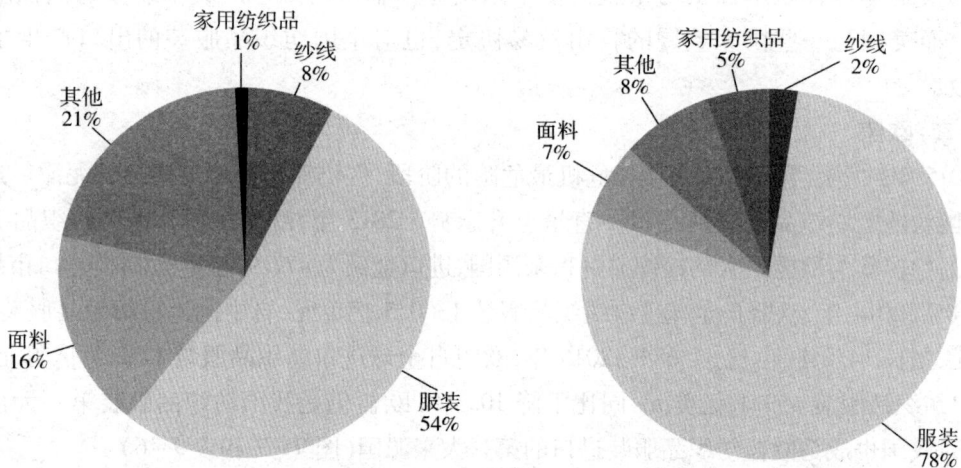

图9-8　2015年中欧纺织品服装贸易商品结构
资料来源　中国纺织品进出口商会

由于在中欧纺织品服装贸易中,中国出口相当于进口的16倍,因此中方始终处于贸易顺差,而其中主要体现在服装贸易中。

中欧纺织品贸易也面临着一系列贸易摩擦。1992～1997年,欧共体对我国涤纶采取了五年的反倾销措施;1994年、1996年和1997年,欧盟又连续三次对我国棉布产品(后两次是棉坯布)进行反倾销调查,尽管最终都是无税结案,但也对我国出口产生了一定的影响。2009年,欧盟对我国贸易新立案反倾销调查7起,涉及产品包括长丝玻璃纤维和聚酯高强力纱等。

2005年配额取消后,各种形形色色的贸易壁垒,如"特保措施"、反倾销、绿色壁垒和技术壁垒等,2005年、2006年以及2010年,欧盟委员会相继对中国出口欧盟的12种纺织品实施保障措施和特保措施,依旧阻挡着我国纺织品服装对欧盟的出口。

尽管欧盟对中国纺织品服装出口数量的限制已于2007年年底取消,但欧盟仍会采用其他的贸易武器,如目前较少实行的反倾销、反补贴措施以及一些新的环保规定,如REACH、欧盟CE认证标志等来遏制中国纺织品服装的大量涌入。这种凭借技术优势,以环保为名筑建的"技术壁垒"在对国内产业的保护中更具合理性、隐蔽性和进攻性。2013年欧盟因经济型利益集团对我国玻璃纤维网格格物、玻璃纤维长丝和聚酯短纤维等提出犯规避和反补贴。2015年欧盟NPE禁令正式生效,该禁令将影响约2/3的纺织产品。此外,我国还将面临着来自其他发展中国家的激烈竞争。

(三)日本

中国是日本纺织品服装最大的出口市场,也是日本纺织品服装最大的进口国。2015年日本对中国纺织品服装出口占日本纺织品服装出口总额的31.24%,自中国进口纺织品服装占日本纺织品服装进口总额的65%左右;2015年中国对日本出口纺织品服装占中国纺织品服装出口总额的7.6%,中国自日本进口纺织品服装占中国纺织品服装总进口的9.7%。因此,中日纺织品服装贸易在中日双边贸易中均占有重要的地位。

自2012年以来,日本从中国进口纺织品服装连续负增长。2015年,日本从中国进口纺织品服装237.7亿美元,下降12.1%,所占市场份额逐年下降,从2011年的74.9%,降至2015年的64.5%(图9-9)。2015年,中国纱线产品对日本出口额为3.9亿美元,下降5.2%,我国家用纺织品对日本出口全年持续深跌,出口额为26.4亿美元,下降14.1%,占全国家用纺织品出口总额的10%。中国服装占日本进口市场的数量份额从2004年的95%下降到2015年的81%,10年下降近15个百分点。在日本服装市场上,中国服装的优势受到了越南、印度尼西亚和孟加拉国等国的影响。

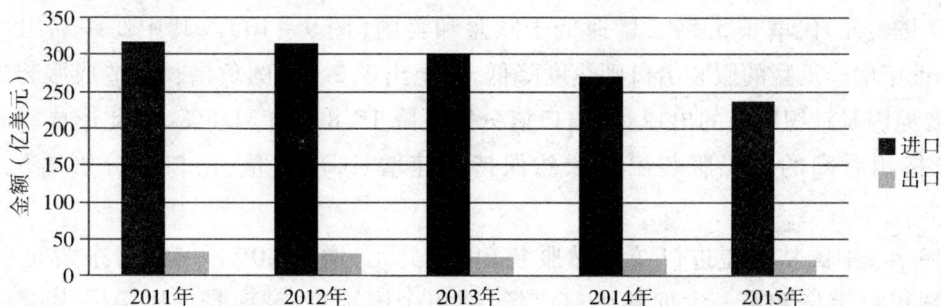

图9-9 中国对日本纺织品服装进出口情况

资料来源 中国纺织品进出口商会

同样,日本产品在中国也具有较强的国际竞争力,2015年,日本对中国纱线和面料进口分别占22.36%和40.14%。

中日纺织品服装贸易的主要模式是:中国从日本进口纺织原料和面辅料,加工成服装成品后再返销到日本。因此,在中日纺织品服装贸易中,中国出口以服装为主,进口则以纺织品为主。2015年,在我国对日本纺织品服装出口中,服装占了80.71%,在我国自日本进口纺织品服装中,纺织品占了71.71%。而且中国对日本纺织品服装出口中约有30%是加工贸易,与2006年相比降幅明显,说明日资纺织服装企业向外转移仍在持续进行。

为了限制中国产品的进口,近年来,日方也多次发起保障措施调查或实施保障措施。2005年,为了防止贸易规则变化对本国纺织工业造成严重不利影响,日本政府又专门制订了《应对中国纺织品特别措施》,以防范中国纺织品对日无序出口。2012年,日本厚生省启动了"控制家庭用品含有害物质法"的立法程序,其中一项内容就是限制纺织服装产品中芳香胺物质的含量,对进口纺织服装产品进行监控。因此,如何有序、高质量地发展对日纺织品出口,将是中国纺织产业今后面临的主要难题。

(四)东盟

东盟也是我国纺织品服装传统的出口市场,2015年韩国位居我国纺织品服装出口市场的第三位,占我国纺织品服装出口总额的12.6%。中国的纺织服装出口在东盟一直弱于对其他主要贸易伙伴的出口。这使得我国的纺织品服装对东盟的出口具有相当大的增长潜力。

近年来,中国与东盟纺织品贸易发展迅速,中国向东盟纺织品服装出口总值从2000年的19亿美元上升至2013年的342亿美元。2013年中国与东盟纺织品服装进口32.4亿美元,增长34.7%。且从2009年开始,即中国—东盟自由贸易区正式形成后,中国的纺织服装对东盟出口的占比逐年递增,显示出强有力的增长潜力。其中以对菲律宾和越南的出品比重增加得最快,带动了整体向上的趋势。

在中国与东盟纺织品服装贸易中,中国出口主要是以服装为主,而进口则以纱线为主。

经过连续4年的迅速增长后,2014年我国对东盟出口增长的脚步开始放慢,当年对东盟出口367亿美元,仅增长5.5%,增速低于欧盟和美国(图9-10)。其中纺织品出口增长10.9%,近年增长迅猛的服装出口则热度降低,甚至出现2.1%的负增长。造成服装出口下降的主要原因是针织服装的出口量、出口值分别下降15.8%和34.8%,与此形成鲜明对比的是,价格相对高的机织服装出口依然保持高速增长,出口量、出口值分别增长120%和14.5%。

2014年,中国从东盟进口纺织品服装39亿美元,增长20%。目前,东盟是中国第一大纱线出口市场和第一大面料出口市场,按单个国别算,越南是中国第一大面料出口目的国。从劳动力成本上看,东盟国家较中国而言,有着明显的优势。为了充分利用东南亚国家的成本优势、关税优惠和棉花价格优势,适应进口商采购战略的变化,许多中国企业实施了成功的产能转移和海外布局,把中国与东盟国家的竞争关系转变为合作共赢的关系。

越南的纺织服装贸易位居东盟十国之首。在美国单一进口市场中排第二位,越南占美国进口服装市场份额每年递增约1个百分点,2015年份额为11.5%。越南也是日本服装进口来源第二大国家,2015年进口额为29.3亿美元,增长8%,所占市场份额为

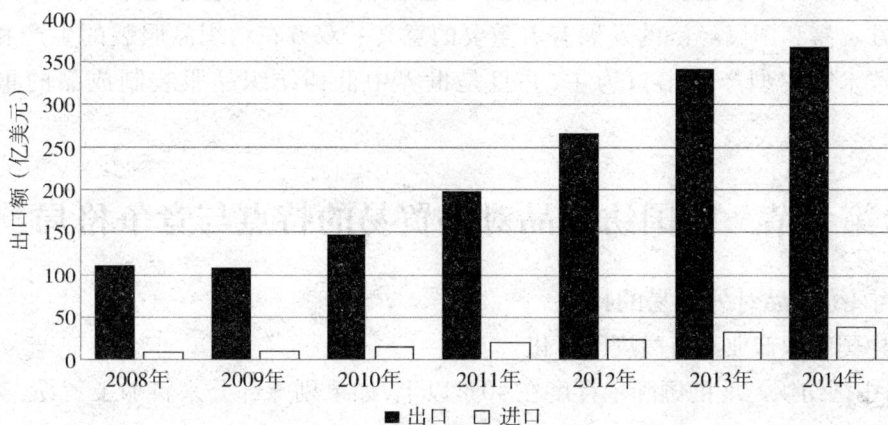

图 9 - 10　2008~2014 年中国对东盟纺织服装进出口额统计

资料来源　中国纺织品进出口商会

10. 3% 。凭借 TPP 的巨大利好,未来越南将从日本和美国获得更多订单。越南政府也在逐步增强纱线、面料的生产能力,完善产业链进口,2014 年以服装出口为优势的越南,纺织品出口排名也提升至第 11 位,增幅为 14% ,为主要出口方中最高,显示出其上游产业的强劲发展势头。

越南政府为鼓励纺织服装投资出台了明确政策。在南定、西宁和广宁省建立大型工业园区并提供完备的基础设施,方便纺织服装企业在越投资。

近年来,缅甸纺织服装也取得较快的发展,特别在 2012 年美国和欧盟相继取消对缅甸的贸易限制后,引发投资热情,我国对缅甸纺织品服装出口也呈上升趋势。2013 年对缅甸纺织品服装出口 10. 7 亿美元,同比增长 53. 8% ,位居我国纺织品服装出口市场第 46 位,东盟十国第 8 位。主要出口产品是面料,占比 60. 4% ;其次是制成品,占比 25. 8% ;纱线占比 7. 1% 。2015 年,缅甸服装行业规模进一步扩大,日本和韩国是其主要出口市场,两国主导缅甸成衣出口,合计占总订单的 70% 。

孟加拉国成衣业起步于 1978 年,到 2005 年出口总额达到 64 亿美元,2010 年突破百亿美元,据预测,2021 年其出口额将达到 500 亿美元。孟加拉国成衣主要出口市场是欧盟和美国。其中,法国占出口的 22% ,美国占 21% ,德国占 17% 。其成衣制造业的主要优势包括低廉的价格、达到国际标准的产品、年轻的人口结构、向主要发达国家出口零关税、印染等配套产业链快速发展等。随着中国纺织服装产业的转型升级,孟加拉国承接中国转移的产能,目前,孟加拉国生产的 28. 34% 的裤装、24. 68% 的 T 恤及 11. 32% 的毛衫出口到中国。未来在内衣、西装/套装、夹克、运动装等产品的生产方面可加强合作,也可在弹力布、人造丝、合成纤维和机织面料等方面加强投资。

在世界主要的纺织品服装的消费领域——美国和欧盟市场上,中国和东盟的纺织品服装产品均占有很大的市场份额,双方均有较强的竞争力。鉴于中国与东盟双方的纺织品服装贸易的发展对各自经济发展的重要性以及双方对第三方市场出口结构的相近性,双方在对外贸易中应加强协调合作,避免双方在国际市场上的恶性竞争,减少贸易摩擦,对促进双方贸易和国民经济的发展有着重要的意义。双方在纺织品服装的生产和加工上均是以低技术密集型产品出口为主,并且是世界中低档纺织品服装制成品的重要生产基地。

第三节　中国纺织品对外贸易的特点与竞争格局

一、中国纺织品对外贸易的特点

(一)中国纺织产业具有高度国际化

目前,中国纺织产业的国际依存度在40%以上,如果剔除部分来料加工贸易,实际的国际依存度也在30%以上,而中国服装业的国际依存度更是高达50%以上。这意味着中国纺织产业在从国际化中受益的同时,也承受着很大的国际市场风险的压力。据测算,中国服装出口每下降1个百分点,全国服装生产就要下降0.5个百分点,全国就会有3.6万人失业。

(二)进出口市场仍以发达国家和地区为主

目前,中国纺织品服装出口的主要市场仍集中在欧、美、日等发达国家和地区。但近年来,通过实施"市场多元化战略",中国纺织品服装对新兴市场的出口也在迅速增长。

2013年,我国对东盟出口增长28.32%,对俄出口增长35.84%,对中东出口增长12.22%。2015年,中国对中东出口增长4.6%、对非洲增长5.2%。对"一带一路"沿线的28个国家出口实现增长,其中对16个国家出口增幅达10%以上。

至于进口方面,日本、韩国、欧盟、美国、越南、印度和中国香港、中国台湾仍是中国纺织品服装进口的主要来源地。但近几年来,来自中国台湾、日本、韩国、美国、欧盟等传统地区的进口增长幅度不大,甚至出现了下降,而来自印度、越南的进口增长强劲,2015年增幅分别达13.7%和17.8%。尤其值得注意的是,来自印度尼西亚和孟加拉国的进口增长迅速,2013年来自印度尼西亚和孟加拉国的进口分别增长了33.2%和43.3%,2015年来自印度尼西亚和孟加拉国的进口同比增长11.7%和20.0%。

(三)出口仍以服装为主,进口也以服装为主

出口方面,2015年中国出口纺织品共计1095.22亿美元,累计与上年同比下降2.3%,占中国纺织品服装出口总额的38.58%;服装出口1743.27亿美元,累计同比下降6.4%,占中国纺织品服装出口总额的61.42%。进口方面,纺织品进口下降6.4%,其中纱线、面料和制成品分别下降0.2%、12.2%和9.7%,面料下降最快。服装进口增长6%,其中针织、机织服装合计进口量增长11%,毛皮革服装增长35.2%。

(四)出口以一般贸易为主,进口则以加工贸易为主

2015年,在我国纺织品服装出口中,一般贸易占76.9%,而在我国纺织品服装进口中,加工贸易则占38.6%,这说明我国纺织品特别是面料的国际竞争力有所提高。

(五)进出口具有很强的地域性

我国纺织品服装的进出口主要集中在浙江、广东、江苏、上海、山东、福建、辽宁等省市,

具有很强的地域性(表9-7、表9-8)。但近年来中西部地区的纺织品服装出口也出现了迅速增长的态势。2013年,中、西部地区纺织品服装出口分别增长21.2%和26%,超过平均增幅,其中云南、甘肃、宁夏等地增幅超过1倍。2014年中西部地区出口合计502.8亿美元,增长10.5%,增幅超过东部地区,其中有9个省市的出口增幅超过20%。2015年,广西依靠快速发展的边境小额贸易在服装出口方面实现41%的迅速增长。

表9-7　2013~2015年我国纺织品服装出口前六省市所占的比例

	省市	合计	浙江	广东	江苏	福建	山东	上海
2013年	占比(%)	77.8	23.69	15.81	15.39	8.09	7.6	7.22
	同比增加(%)	11.41	12.43	5.27	6.12	22.3	9.32	0.53
2014年	占比(%)	81.44	25.00	17.04	16.17	8.06	7.82	7.35
	同比增加(%)	10.87	5.53	6.82	5.07	-0.37	2.89	1.8
2015年	占比(%)	80.56	24.2	18.4	15.52	8.07	7.5	6.87
	同比增加(%)	-4.89	-3.2	7.96	-4.01	0.11	-4.05	-6.51

资料来源　中国纺织品进出口商会

表9-8　2013~2015年我国纺织品服装进口前七省市所占的比例

	省市	合计	浙江	广东	江苏	福建	山东	上海	辽宁
2013年	占比(%)	86.18	9.4	30.8	11.26	3.71	6.14	20.68	4.19
	同比增加(%)	10.35	10.6	7.61	2.84	19.48	4.25	13.2	5.16
2014年	占比(%)	90.06	9.25	30.20	11.91	3.80	6.40	24.46	4.04
	同比增加(%)	11.82	-1.6	-1.9	5.77	2.43	4.23	18.28	-3.58
2015年	占比(%)	87.47	8.95	29.09	10.99	3.93	6.36	24.52	3.63
	同比增加(%)	-3.53	-3.26	-3.69	-7.73	3.34	-0.54	0.26	-10.17

资料来源　中国纺织品进出口商会

(六)进出口贸易以三资企业和民营企业为主

2013年、2014年和2015年,在我国纺织品服装出口金额中,民营企业分别占62.4%、42.57%和66.8%,三资企业分别占24.3%、22.8%和21.7%,国有及国有参股企业分别占13.3%、11.9%和11.5%,民营企业已成为带动我国纺织品服装出口的主要生力军。而在进口贸易中,则主要以三资企业为主,2013年、2014年和2015年,三资企业分别占我国纺织品服装进口总额的61.76%、60.90%和59.20%。

(七)贸易摩擦不断加剧

1992~2001年,针对中国纺织品贸易的反倾销新立案6起,2002~2004年达到11起,其中2004年一年的涉案金额就达到6.62亿美元。

2005年全球纺织品服装配额取消以后,欧美又对中国纺织品服装出口重新设限。除此之外,欧美等国还对中国实施了一系列反倾销措施。例如,2005年美国第一次对中国纺织产品(艺术画布)提起了反倾销,由于输美艺术画布被征收高额的反倾销税,导致我国2007年1~6月艺术画布的出口与去年同期相比,金额和数量分别下降了74%和85%。2005年和2006年,欧美又分别对我国的涤纶短纤产品实施了反倾销措施。2009年,欧盟对我国贸易新立案反倾销调查7起,涉及产品包括长丝玻璃纤维和聚酯高强力纱等。2014年前9个月,欧盟、美国和加拿大共计通报我国纺织品服装不合格174起。

除了传统的反倾销和"特保措施"以外,知识产权争端、技术性贸易壁垒、劳工标准等各种新型的贸易摩擦也已经有所发生,中外纺织品服装贸易摩擦的表现形式越来越多。

此外,中国面对的摩擦发生国的范围也在不断扩大。除了欧美等发达国家外,越来越多的发展中国家和地区也加入了这一行列,甚至发展中国家和地区发起的贸易救济调查案件的数量已经超过了发达国家。例如2005年,土耳其、哥伦比亚、秘鲁、墨西哥、巴西和南非等国相继对中国纺织品服装提起贸易保护措施,南非对原产于中国的玻璃纤维短切原丝毡、印度对原产于中国的锦纶轮胎帘布、土耳其对原产于中国的编织绒纤维和绳绒线纤维、秘鲁对原产于中国的棉或棉涤混纺坯布实施了反倾销措施。2006年和2007年印度和哥伦比亚又分别对来自中国的部分丝绸坯布、锦纶长丝和家用纺织品实施了反倾销措施。2009年,对来自中国的人造纤维/合成纤维制纺织品和面料实施了反倾销措施。2014年,埃及对我国出口的合成纤维毯进行反倾销调查。

可以预见,随着中国纺织品贸易的不断发展,各种形式的贸易摩擦将呈现长期化、复杂化和严重化的特点,也使得中国应对贸易摩擦的成本将不断增加。

二、中国纺织品服装贸易的竞争格局

(一)发达国家

欧美等发达国家的纺织企业,一方面希望通过贸易保护来对付中国在后配额时代的竞争力扩张,另一方面,又十分看好中国市场,13亿消费者的大市场对欧美等发达国家具有极大的诱惑力。目前,中国自欧美等发达国家进口的纺织品服装在其纺织品服装出口中所占的比重微乎其微,欧美等纺织企业必然会加快进军中国市场的步伐,中国纺织业将在国内外面临"双线作战"的境地。

(二)发展中国家

在中国纺织品服装进军国际市场、大放异彩的同时,一批发展中国家和地区的纺织企业也利用各自的竞争优势,正在迅速崛起。尽管目前中国纺织企业在管理、质量、效益、成本等整体水平上具有竞争优势,但在其他一些方面,中国纺织企业处于劣势。例如地中海沿岸和新加入欧盟或申请加入欧盟的发展中国家,在地理上临近欧洲市场,在经济上与欧盟国家有着休戚相关的利益关系,在地缘政治上有着独特的地位。一方面,欧盟对这些国家的纺织品服装出口实现了无配额和无关税的完全开放;另一方面,欧盟与这些国家已经形成了一个分工协作的产业链,欧盟将其占有技术优势的纺织面料出口到这些国家,利用当地便宜的劳动力加工生产,再返销至欧盟。

印度纺织业则拥有规模优势和劳动力成本优势,尽管在短期内,印度尚难以撼动中国在国际纺织品市场上的地位,但从中长期来看,它将对中国纺织品的出口构成很大的威胁。

此外,巴基斯坦、孟加拉、柬埔寨和越南等国也与中国一样拥有低廉的劳动力,欧美国家还出于战略利益的考虑,已经或将对这些国家的纺织品实行贸易优惠待遇,虽然目前这些国家的纺织产业整体实力和配套能力还远不如中国,但也是中国不容忽视的竞争对手。

第四节　中国纺织品对外贸易的应对策略与措施

基于纺织工业在带动我国国民经济增长、促进就业,以及在保持我国进出口贸易平衡等方面具有举足轻重的作用,因此,面对日益复杂且不利的纺织品国际贸易环境,应该制订相应的发展战略和应对措施,以维护我国在纺织品国际贸易中的地位及正当利益,提高我国纺织工业的整体竞争优势,促进我国纺织产业的健康发展。

一、政府层面的应对策略与措施

(一)充分利用世贸组织规则,维护我国企业应有的利益

随着我国纺织品服装对外贸易摩擦的不断升级,政府应充分利用 WTO 平台,通过政府间的磋商与谈判机制,加强与贸易伙伴的沟通与理解,或利用世贸组织的规则维护企业的权益。此外,还应该积极参与 WTO 纺织品贸易国际规则的制定,努力推动我国的主要贸易伙伴尽快承认我国市场经济的地位。同时,要充分利用 WTO 贸易政策评审机制表明我国观点,通过 WTO 向其他国家施加影响,为我国纺织品服装的出口营造一个有利的外部环境。

(二)积极推进自由贸易区的谈判

自由贸易区的安排不仅能极大地促进成员国之间的贸易和投资,还能极大地减少成员国之间的贸易摩擦。应进一步加强区域间的经济合作,除加快建设中国—东盟自由贸易区外,还要积极推动与其他国家、特别是周边国家的自贸区谈判,为稳定纺织品贸易国际环境、减少纺织品贸易摩擦提供新的体制条件。

(三)加强我国纺织服装业转型升级,转变发展方式

目前,我国纺织品服装出口的驱动方式为要素驱动,应加强对出口的纺织品服装产品创新、技术创新、市场创新,并注重商业模式创新、资源配置创新和组织创新,改善我国纺织工业在全球价值链中的地位。此外,我国要通过政策引导和市场培育的方式,鼓励企业积极发展 OEM(代工厂),塑造纺织服装大国形象。

(四)建立健全我国纺织服装业的技术性贸易措施体系

目前,我国纺织服装业尚未有一套完整、系统的技术性贸易措施体系。面对国外技术性贸易壁垒以及不断增加的纺织品服装进口,政府应尽快建立健全有关的纺织品服装和技术法规技术标准,特别是建立我国特有产品的相关标准。一方面可以促进纺织服装企业的技术改造和工艺改进,开发生态纺织品服装,以应对国外的技术性贸易壁垒;另一方面,也可以对进口纺织品服装实施有效的监控,将不符合生态标准的外国产品拒之门外,从而保护国内纺织产业的利益。

此外,政府应积极组织有关部门和人员参与国际标准的制定和修订工作,把我国的一些意见和要求充分反映到国际标准中去,为我国纺织品服装顺利进入国际市场创造有利条件。我国政府还应该加大对反倾销类人才的培养,及时预测并发布相关的进口市场动态信息,不断地完善我国的预警机制,使我国纺织品服装业能够在重重危机中处于主动状态。

另外,政府还应积极开展与主要的纺织品服装进口国和地区,特别是发达国家和地区的体系认证、产品认证和实验室认可的双边互认和多边互认工作,促进实验室管理的规范化、国际化,提高认可机构的国际地位,使更多的实验室能够获得被国外认可的产品认证资格的授权或代理,从而使我国的出口企业可以在国内实验室进行检验,获得价格相对低廉的服务,减少检验及运输成本和退货及违约的风险,极大地便利我国出口企业产品的出口。

(五)为中国纺织产业的发展制订一个科学的规划体系

目前我国纺织产业的增长方式是以原料、能源、劳动力,甚至资金高投入低产出为基本特征的粗放型经济增长方式。随着我国特别是沿海地区各类资源的紧缺和生产成本的不断上升,这种增长方式已经阻碍了我国纺织产业国际竞争力的进一步提升。要想在竞争日益激烈的国内外市场中处于不败之地,就必须尽快实现经济增长方式的转变,走集约型的经济发展道路,鼓励自主创新,培育自主品牌,提高劳动生产率,提升营销管理水平,加强产业整合能力,在继续以品种多、数量大、物美价廉等优势占领中低档市场的同时,努力拓展中高档产品市场,提高高附加值产品、技术密集产品在出口中的比重。

为此,政府必须制定相应的产业政策,以引导、鼓励和促进我国纺织产业结构的调整、转移与升级,在推动一部分纺织企业向具有比较优势的中西部地区转移的同时,积极引导沿海和中西部地区部分有实力的纺织企业向高端发展,尽快实现产业结构的升级。

此外,政府相关部门还应为促进企业实施"走出去"战略,进一步开放对外投资领域,改革有关规定,制定有关政策,同时为实施"走出去"战略的企业提供多方面的政策支持和信息服务,以减少投资风险,提高投资效益。

此外,政府相关部门还应为促进企业实施"走出去"战略,充分利用"一带一路"的发展契机,大力发展丝绸之路和21世纪海上丝绸之路沿线东欧、中欧国家的纺织服装的经济贸易往来。推动以我国为主导的全球产业链生产和贸易链条的发展;注重发展产业海外集聚,支持企业通过建立产业园区等方式,形成产业集聚;鼓励国内企业通过海外并购获取市场渠道和设计等资源,加速企业国际化。

(六)利用新型贸易业态创新交易模式

强化"互联网+"纺织服装的思维,国家应积极出台支持外贸发展各项措施,明确加快培育外贸新业态,完善跨境电子商务平台,改变传统单一的贸易模式,促进市场采购贸易发展。

继续鼓励跨境电子商务零售出口,加快跨境电子商务综合实验区建设,完善与之适应的政策环境、法律法规、监管制度以及标准体系。优化对中小企业的支持和服务,积极鼓励通过市场采购出口,推进各项配套措施实施。

二、企业层面的应对策略与措施

(一)实施技术进步和新产品开发战略,提升企业的管理和服务水平,创造企业竞争优势

面对日益激烈的竞争,企业要在市场上立于不败之地,就要不断提高自身的竞争实力,而产品则是企业生存与竞争的生命线。因此,企业应坚持技术创新,在引进国外先进技术和设备的同时,注重自主创新能力的培育,加大研发投入,不断提高企业技术装备水平,提高技术质量和环保标准,优化产品结构,提升产品档次,增加产品附加价值,从而提升企业的核心竞争力。

此外,企业还应提高自身的管理水平和服务意识,以高质量的管理效率与周到的服务获得客户稳定的订单。

(二)调整出口产品结构,大力推行品牌战略

目前,我国纺织品服装的出口主要靠以量、以价取胜,产能主要集中在中低档产品上,创新能力不足,新产品开发能力有限,缺少自己的品牌,尤其是国际知名的品牌。这导致企业主要从事低附加值的来样加工或贴牌生产,虽然出口数量很大,但价格低廉,企业获利甚微,并且容易遭受进口国的各种贸易壁垒。据美棉公司对美国市场的调查分析,近几年中国对美国出口的十大类纺织品服装价格不升反降,平均价格下降2%,最高品种要下降4%,且有多种产品的价格降幅明显。但从我国出口产品的实际情况来看,这几年由于原料价格与加工费用的提高,生产成本不断增加,另外,人民币又在不断升值。因此对企业而言,只有尽快调整出口经营观念,实现出口贸易增长方式由"规模导向型"向"效益导向型"的转变,以质取胜才是最好的出路。企业应通过技术创新推动产品创新,改变低档面料出口而大量高档面料依赖进口的局面,在提高出口产品质量和档次、扩展产品功能上下功夫,在巩固并适当扩大现有中低档产品出口的基础上,增加高档次、高附加值产品的出口量,完善出口产品的结构。

同时,企业应加大自主品牌的建设力度。如今,品牌竞争已成为国际竞争的主要形式,尽管近几年来我国服装业已拥有像雅戈尔、杉杉等一批著名服装品牌,但在欧美等发达国家市场上却很少有中国品牌的服装,自有品牌特别是知名品牌的缺失已经成为制约中国纺织服装产业发展的瓶颈。要改变纺织品服装出口微利的状态,就必须创立国际品牌,让"中国制造"被国际认可。对于暂时没有条件自创品牌的纺织品服装企业,则应利用贴牌生产,做大规模,积累参与国际市场竞争的经验,提高企业生产技术和管理水平,为将来自有品牌的建设和维护做好准备。

(三)实施"走出去"战略,优化企业资源配置,打造全球供应链,建立国外营销网络

"走出去"战略是指企业向国外转移生产基地,利用当地各项有利的资源,或在目标市场建立自己的营销渠道,以获得更大的经济利益。一些具备相当实力的纺织服装企业,应该主

动"走出去"，以规避国内不断增长的生产成本，以及国外不断增加的各种贸易壁垒，优化资源配置，打造全球供应链；或与国外大企业联盟，探索介入国外终端的销售市场，开发自有品牌，改变仅赚取廉价加工费的状态，获取品牌和批发、零售环节的巨大利润。

（四）主动监测目标市场变动情况，合理规避贸易风险

企业应密切关注国内外相关的政策信息和行业信息的发布，或建立自己的信息中心或研究机构，利用各种信息渠道，密切关注国际纺织品服装贸易的最新发展动态，及时追踪市场变化。针对可能出现的新的贸易限制，及时调整贸易策略，采取相应的预防措施，积极规避贸易风险，尽量减少贸易摩擦产生的机会，从而稳定出口市场，避免遭受重大损失。

（五）规范企业的财务会计制度，积极进行反倾销应诉

在遭遇反倾销的情况下，中国企业应积极应诉，不要轻易放弃市场。

由于反倾销应诉的根本问题在于纺织品出口的价格是否正常，因此，企业财务会计数据是反倾销证据的核心。企业要高度重视应诉材料的准备工作，规范财务会计数据的管理，加快会计核算制度与国际惯例的接轨，完备企业财务报表独立审计制度，为在必要情况下赢得应诉提供基础条件。

（六）依托国内市场，实现企业市场的全面拓展

企业要树立内外部市场统一的观念，积极开拓国内市场，在为自身赢得更多的发展机会的同时，也可缓解出口的压力。

案例

无锡纺织行业的发展战略

在竞争日益激烈的国际市场上，2007年，无锡纺织行业外贸出口创汇首次超过40亿美元，同比增长14.4%，占全市出口总额的15.1%。

无锡纺织行业努力实施科技兴贸战略，加大对研发和渠道的投入。例如江阴云蝠集团将设计中心和营销网络扩大到美国、德国等国家，在美国纽约曼哈顿由40多名美国人组成的设计营销团队，将云蝠50%以上的自主品牌产品直接打入零售终端，在众多大型零售商场中站稳脚跟。

为了降低劳动力成本，无锡纺织企业把劳动密集型加工基地转移到中西部地区的河南、贵州等地。

无锡纺织行业实施"出口品牌"战略。到目前为止，已拥有1个中国世界名牌，4个商务部重点培育和发展的出口名牌，8个江苏省级重点培育的出口名牌，出口名牌数量居江苏省各地同行之首，已形成了阳光、海澜、红豆、三房巷等一批具有国际竞争力的名牌企业。

无锡纺织行业积极实施"走出去"战略，到国外创办工厂、贸易机构以开辟新的战场。由红豆、光明等4家企业在柬埔寨创建江苏省第一个境外经济贸易合作区；由宜兴绿田化学纤维在阿联酋创建江苏省第一个境外仓储物流企业；在澳大利亚创建江苏省第一个羊毛建材

项目。以生产销售油画布等享誉欧美市场的凤凰画材集团是目前中国最大的油画布生产出口企业,2005年遭遇美国画布反倾销后,提前实施生产国际化战略,在越南胡志明市设立凤凰画材越南有限责任公司,确保北美市场的产品供给。

案例分析题

1. 面对日益复杂且不利的纺织品国际贸易环境,无锡纺织企业的应对策略是什么?

2. 纺织企业实施"走出去"战略,应考虑哪些因素?

思考题

1. 请分析在后配额时代中国纺织品服装出口所面临的主要贸易壁垒及这些贸易堡垒对我国纺织品服装出口的影响。

2. 请分析《美—韩自由贸易协定》对中国纺织品服装出口的影响。

3. 请分析中国与欧美等发达国家以及土耳其、印度、墨西哥等发展中国家产生纺织品贸易摩擦的成因。

参考文献

[1] 谭劲松. 中国纺织经济[M]. 北京:中国纺织出版社,2001.

[2] 赵京霞. 后配额时代的国际纺织品贸易[M]. 北京:中国纺织出版社,2006.

[3] 宁俊. 国际服装商务[M]. 北京:中国纺织出版社,2005.

[4] 常亚平. 中国纺织产业分析和发展战略[M]. 北京:中国纺织出版社,2005.

[5] 范福军,钟建英. 服装外贸学[M]. 北京:中国纺织出版社,2004.

[6] Microsoft Website. 后配额亚洲各国纺织业发展[EB/OL]. http://www. efu. com. cn/data/2007/2007 - 04 - 17/193044. shtml.

[7] Microsoft Website. 2006 年中国纺织行业研究报告[EB/OL]. http://www. 51report. com/research/detail/11586160. html.

[8] Microsoft Website. 2004 年世界纺织品服装贸易统计[EB/OL]. http://www. ccpittex. com/tjsj/1065. html.

[9] Microsoft Website. 2006 年全球纺织品与成衣贸易发展概况初步统计[EB/OL]. http://blog. sina. com. cn/s/blog_4cde60be010009gh. html.

[10] Microsoft Website. 06 年 1 - 12 月日本出口纺织品服装前 50 位国别地区排序[EB/OL]. http://news. ef360. com/Articlesinfo/2007 - 3 - 14/145297. html.

[11] Microsoft Website. 韩国对华纺织品贸易和投资现状调查[EB/OL]. http://www. efu. com. cn/data/2007/2007 - 03 - 06/187876. shtml.

[12] Microsoft Website. 三大战略提升竞争力 无锡纺织出口突破 40 亿美元[EB/OL]. http://www. smesun. com/uid - 42 - action - viewspace - itemid - 1849 html.

[13] 周顺,王立. 2005 年中国纺织品贸易回顾[J]. 国际经济合作,2006,02:25 - 28.

[14]中国纺织工业协会. 中国纺织工业发展报告(2008/2009)[M]. 北京:中国纺织出版社,2009.

[15]张宗英. 后 ATC 时代我国纺织品服装贸易发展现状分析[J]. 商场现代化,2007,31:23 - 24.

[16]温庭海. 美国对华纺织品反倾销的对策分析[J]. 科技信息,2012,35:186.

[17]中国纺织品进出口商会. 我国纺织品服装 2015 年出口结构性下跌[J]. 上海纺织科技,2016,03:62 - 64.

[18]王华兵. 中国纺织品服装对外贸易发展现状及对策[J]. 合作经济与科技,2015,03:81 - 82.

[19]姚敏. 中欧纺织品贸易摩擦原因研究[D]. 济南:山东大学,2009.

[20]张漪. 中国纺织服装产业对外贸易研究[D]. 上海:华东师范大学,2010.

第十章 纺织品对外贸易实务

━━━━● 本章知识点 ●━━━━

1. 出口贸易的一般流程步骤。
2. 国际贸易术语的含义,使用时注意的问题。
3. 国际贸易术语的选用原则。
4. 纺织贸易中的实际案例分析。

国际贸易与国内贸易有较大的差别,其交易条件、交易过程和交易细节远比国内贸易复杂,交易过程的各环节之间联系密切,国际贸易的业务程序复杂烦琐,大致可分为交易前准备、磋商与合同签订以及履行合同三个阶段。在国际货物买卖中,双方在洽谈和交易的同时,必须考虑很多问题,诸如交货、运输、保险、通关以及双方风险划分等,而这些问题在长期的贸易实践中都可以采用不同的贸易术语来加以解释和确定,所以贸易术语在国际贸易中具有非常重要的作用。因此,掌握贸易流程和常用的贸易术语,对于每个从事外贸工作的人都具有非常重要的意义。

第一节 出口贸易的流程

国际贸易流程的环节很多,各个环节之间往往都有着密切联系。在实际工作中,还经常出现先后交叉进行的情况。总的来说,进出口贸易的一般步骤是:交易前的准备阶段;交易磋商、订立合同阶段;组织货源阶段;履行合同、处理争议阶段;核算效益、总结得失阶段。出口和进口的贸易流程分别如图 10 – 1、图 10 – 2 所示。

一、交易前的准备阶段

这一阶段内要完成的主要工作是行情调研和制订方案。

(一)行情调研

行情调研为了获得与贸易有关的各种信息。通过对信息的分析,得出国际市场行情特点,判定贸易的可行性并进而据以制订贸易计划。

行情调研范围和内容包括经济环境调研、市场调研、客户调研。

1. 经济环境调研 经济调研的目的在于了解一个国家或地区的总体经济状况、生产力发展水平、产业结构特点、国家的宏观经济政策、货币制度、经济法律和条约、消费水平和基本特点等。总之,经济环境调研是对经济大环境有一个总体的了解,预估可能的风险和效

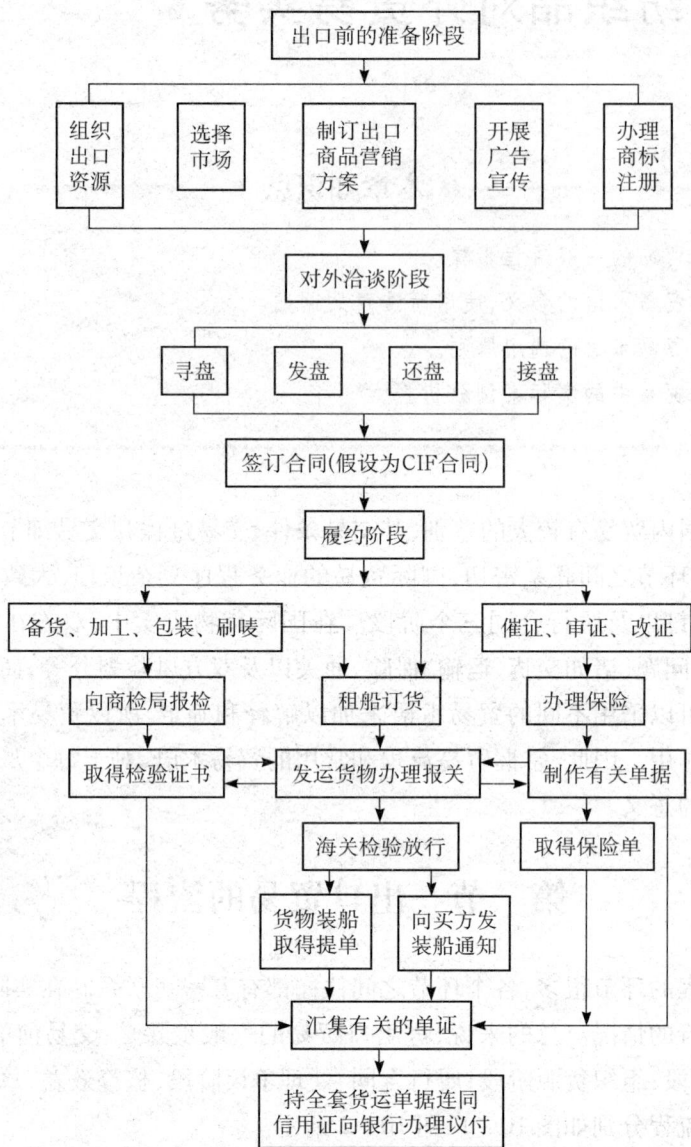

图 10-1 出口贸易流程图

益情况。对外贸易总是要尽量与总体环境好的国家和地区间开展。

2. 市场调研 市场调研主要是针对某一具体选定的商品,调查其市场供需状况、国内生产能力、生产的技术水平和成本、产品性能、特点、消费阶层和高潮消费期、产品在生命周期中所处的阶段、该产品市场的竞争和垄断程度等内容。目的在于确定该商品贸易是否具有可行性、获益性。

3. 客户调研 客户调研在于了解欲与之建立贸易关系的国外厂商的基本情况。调研内容主要包括客户的历史、资金规模、经营范围、组织情况、信誉等级等其自身总体状况,还包括它与世界各地其他客户和与我国客户开展对外经济贸易关系的历史和现状。只有对国

```
                        ┌──────────────────────┐
                        │   进口前的准备工作阶段   │
                        └──────────────────────┘
   ┌──────────┬──────────┬──────────┬──────────┬──────────┐
┌─────────┐┌────────┐┌────────┐┌────────┐┌────────┐
│根据批件向有关││订货部门  ││进口公司  ││安排订购市 ││制订具体 │
│方面申请进口许││填制进口  ││审查订货  ││场和选择交 ││的进口方 │
│可证(如需领证)││订货卡片  ││卡片      ││易对象    ││案      │
└─────────┘└────────┘└────────┘└────────┘└────────┘
                        ┌──────────────┐
                        │   对外洽谈阶段   │
                        └──────────────┘
            ┌────────┬────────┬────────┬────────┐
         ┌──────┐┌──────┐┌──────┐┌──────┐
         │ 寻盘 ││ 发盘 ││ 还盘 ││ 接盘 │
         └──────┘└──────┘└──────┘└──────┘
              ┌────────────────────────┐
              │  签订合同(假设以FOB成交)  │
              └────────────────────────┘
                    ┌──────────────┐
                    │   履行合同阶段   │
                    └──────────────┘
        ┌──────────────┐        ┌──────────────────┐
        │   租船订舱      │        │ 购买外汇、申请开证   │
        └──────────────┘        └──────────────────┘
        ┌──────────────┐        ┌──────────────┐
        │   发催装通知     │        │   银行审单付款   │
        └──────────────┘        └──────────────┘
    ┌──────────┐   ┌──────────┐   ┌──────────┐
    │  办理保险  │──→│  发物装货  │   │   赎单    │
    └──────────┘   └──────────┘   └──────────┘
                   ┌──────────┐
                   │  接货、报关 │
                   └──────────┘
                   ┌──────────┐
                   │  进行商检  │
                   └──────────┘
                   ┌──────────┐
                   │  拨交、结算 │
                   └──────────┘
    ┌──────────┐              ┌──────────┐
    │  船边提货  │              │  货物入库  │
    └──────────┘              └──────────┘
              ┌──────────┐   ┌──────────┐
              │  货主自提  │   │  货运外地  │
              └──────────┘   └──────────┘
```

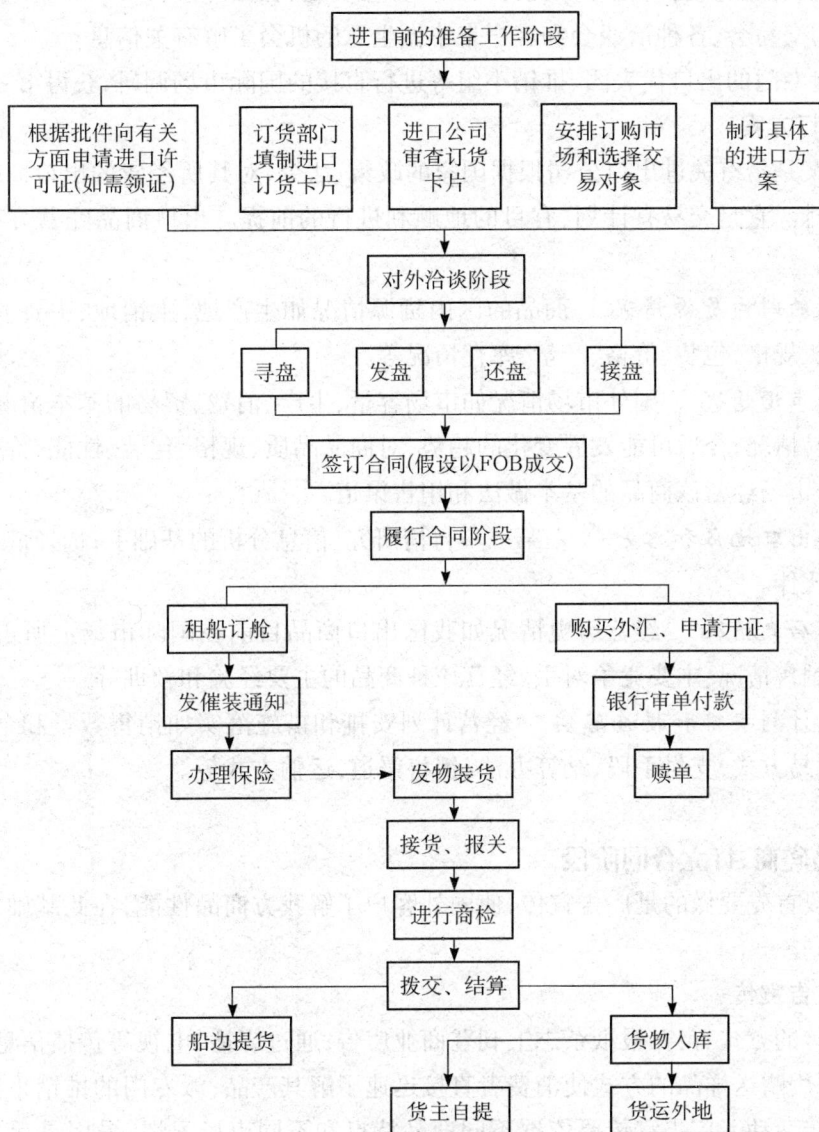

图 10 – 2　进口贸易流程图

外厂商有了一定的了解,才可以与之建立外贸联系。我国对外贸易实际工作中,常有因对对方情况不清,匆忙与之进行外贸交易活动而造成重大损失的事件发生。因此,在交易磋商之前,一定要对国外客户的资金和信誉状况有十足的把握,不可急于求成。

调研信息的主要来源如下。

(1)一般性资料,如一国官方公布的国民经济总括性数据和资料,内容包括国民生产总值、国际收支状况、对外贸易总量、通货膨胀率和失业率等。

(2)国内外综合刊物。

(3)委托国外咨询公司进行行情调查。

(4)通过我国外贸公司驻外分支公司和商务参赞处,在国外进行资料收集。

(5)利用交易会、各种洽谈会和客户来华做生意的机会了解有关信息。

(6)派遣专门的出口代表团、推销小组等进行直接的国际市场调研,获得第一手资料。

(二)制订方案

制订方案是指有关进出口公司根据国家的政策、法令,对其所经营的出口商品做出一种业务计划安排。它是交易有计划、有目的地顺利进行的前提。出口商品经营方案一般包括以下内容。

1. 商品的国内货源情况 商品的国内货源情况如生产地、主销地、主要消费地;商品的特点、品质、规格、包装、价格、产量、库存情况等。

2. 国外市场情况 国外市场情况如市场容量、生产、消费、贸易的基本情况,主要进出口国家的交易情况,今后可能发展变化的趋势,对商品品质、规格、包装、性能、价格等各方面的要求,国外市场经营该商品的基本做法和销售渠道。

3. 确定出口地区和客户 在第一步行情研究、信息分析的基础上,选择最有利的出口地区和合作伙伴。

4. 经营历史情况 经营历史情况如我国出口商品目前在国际市场上所占地位、主要销售地区及销售情况、主要竞争对手、经营该种商品的主要经验和教训等。

5. 经营计划安排和措施落实 经营计划安排和措施落实如销售数量和金额,增长速度,采用的贸易方式,支付手段、结算办法,销售渠道,运输方式等。

二、交易磋商、订立合同阶段

这一阶段首先要做的是广告宣传,使国外客户了解我方商品性能,在此基础上再进行磋商并订立合同。

(一)广告宣传

广告宣传的方式有:在报纸杂志上刊登商业广告;通过广播、电视等传播信息;举办专门的展销会;采用赠送样品的方式使消费者直接迅速了解其产品;派专门的推销小组到国内进行直接的宣传活动。广告宣传要依据不同商品特点和不同市场习惯,采用灵活多样的方式进行,既要做到新颖,有针对性,有吸引性,能够刺激起潜在消费者的购买冲动,又要特别注意广告的真实性,不能通过虚假广告欺骗消费者。同时,进行广告宣传还要注意节约,应巧妙选择宣传方式,认真设计广告内容,以最少的投入获得最广泛的宣传效果。

做好出口商品的对外广告宣传,是使商品顺利进入市场、扩大销售的重要手段。据西欧、日本、美国等几个发达国家的统计,每年仅广告费用一项就占国民生产总值的1%左右。

(二)交易磋商

交易磋商的主要过程是:建立业务关系;询盘;发盘;还盘和接受。

1. 建立业务关系 出口商应通过直接接触或政府机构、银行、商会等多种渠道了解有贸易关系的国外厂商的基本情况。包括其历史、资金规模、经营范围、组织情况、信誉等级等其自身总体状况,还包括它与世界各地其他客户和与我国客户开展对外经济贸易关系的历史和现状,从而选择与政治上友好、资信良好、经营能力强的客户建立业务关系。

2. 询盘　询盘又称询价,是指交易的一方为购买或出售某种商品,向对方口头或书面发出的探询交易条件的过程。其内容可繁可简,可只询问价格,也可询问其他有关的交易条件。

询盘对买卖双方均无约束力,接受询盘的一方可给予答复,亦可不做回答。但作为交易磋商的起点,商业习惯上,收到询盘的一方应迅速做出答复。

(1)买方询盘。买方询盘是买方主动发出的向国外厂商询购所需货物的函电。在实际业务中,询盘一般多由买方向卖方发出。买方询盘如:"请电告灰鸭绒最低价。""请发盘50公吨特浅琥珀蜂蜜。"

买方询盘过程中应注意的问题如下。

①对多数大路货商品,应同时向不同地区、国家和厂商分别询盘,以了解国际市场行情,争取最佳贸易条件。

②对规格复杂或项目繁多的商品,不仅要询问价格,而且要求对方告之详细规格、数量等,以免往返磋商、浪费时间。

③询盘对发出人虽无法律约束力,但要尽量避免询盘而无购买诚意的做法,否则容易丧失信誉。

④对垄断性较强的商品,应提出较多品种,要求对方一一报价,以防对方趁机抬价。

(2)卖方询盘。卖方询盘是卖方向买方发出的征询其购买意见的函电。例如:"可供中国东北大豆,请递盘。"卖方对国外客户发出询盘大多是在市场处于动荡变化或供求关系反常的情况下,探听市场虚实、选择成交时机,主动寻找有利的交易条件。

3. 发盘　发盘又称发价,是指交易的一方向另一方提出一定交易条件,并表示愿意按照提出的交易条件达成买卖该项货物的交易并签订合同的一种口头或书面的表示。发盘人可以是买方,也可以是卖方。发盘有实盘和虚盘之分,前者有约束力,后者无约束力。

4. 还盘　还盘又称还价,是受盘人不同意或不完全同意发盘中的内容或条件而提出自己的修改意见或条件的表示。还盘中的任何一点改动,都意味着对原发盘的拒绝。

还盘只能由受盘人在原发盘的有效期内做出,其他任何人无还盘权利。发盘人对于受盘人的还盘,要仔细分析,弄清实质性变动和对方的真实意图,并做出相应答复。若原发盘人对还盘内容和条件又做出新的修改,则成为再还盘,有时又构成新的发盘。一笔交易的成立,往往要经过多次还盘和再还盘的过程。

5. 接受　接受是指受盘人在发盘有效期内无条件同意发盘的全部内容,并愿意签订合同的一种口头或书面的表示。接受可由买方表示,也可由卖方做出,但必须是合法的受盘人,而且接受表示须在发盘有效期内送达发盘人。接受的表示必须明确。

(三)订立合同

订立合同是对以往磋差过程中双方达成的协议、共同接受的交易条件的最终书面确认。合同具有法律效力,一经订立,以后的贸易活动都应与合同条款一致。

实盘虽然对双方都有约束力,但仍应通过合同的方式加以确认。我国涉外经济合同法中规定:"当事人就合同条款以书面形式达成协议并签字,即为合同成立。通过信件、电报、电传达成协议,一方当事人要求签订确认书的,签订确认书时,方为合同成立。"

三、组织货源阶段

(一)生产或收购

对于自营出口商,订立合同后,应立即组织好生产。要求产品的品质、性能、包装、规格、外形等都与合同条款保持一致。要保证原辅料、中间产品的及时供应,确保按时交货。对于代营出口业务,出口商订立合同后,应做好国内的收购、调拨。

(二)调运

调运是将组织好的出口货物运往选定的出口地。例如港口、车站、机场。调运过程中要合理安排流向,选择从产地到出口地的最便利、最省时的运输路径。

(三)仓储保管

货物运到出口地不能马上出运时,应妥善保管。仓储时间要尽量缩短,因为仓储货物的价值不能马上实现,是一种资金的占用,同时还要支付仓储费,这是一种双重的损失。为此,应及时与外运公司取得联系,使货物尽快装运出口。

四、履行合同、处理争议阶段

(一)履行合同

履行合同的主要内容可用"货、证、船、款"概括。

1. 货 "货"指按合同要求备齐货物待运,这在组织货源阶段已基本完成。

2. 证 国际贸易结算的主要方式是托收、电汇和信用证。以信用证最为普遍,目前前两种方式已很少再使用。这里所说的"证",即指信用证。与信用证有关的活动如下。

(1)催证。指卖方督促买方尽快将信用证开出,通过开证行、议订行送抵卖方。对外贸易中不履约事件经常发生,只有拿到了信用证,交易才有了基本成功的可能性,卖方才有可能收到货款。

(2)审证。信用证的有关内容必须与合同条款完全一致,即所谓"证同一致"。因为银行在议付时,只按信用证内容付款,而不管合同条款如何。卖方应确保证同一致,防止买方通过信用证改变合同中规定的交易条件而使卖方蒙受损失。

(3)改证。当发现信用证与合同不符时,卖方应及时要求买方按合同规定修改信用证。

(4)展证。展证要求是由买方在修改信用证时提出的。以避免出现延期违约行为。

3. 船 国际贸易运输方式有海运、陆运、空运等。以海运为主。"船"指的是货物的运输、报关过程。

国际贸易货物运输的一般程序首先是租船和定舱,然后是出运,最后是到达目的地并报关。国际贸易运输路途远、时间长、风险大,因而必须投保。

4. 款 "款"指制单结汇过程。国际贸易凭单结汇,主要单据有以发票为中心的货物单据,以提单为中心的运输单据和以保险单为中心的保险单据。各套单据之间的内容应相符,即"单单一致",且都要与信用证内容相同,即"单证一致"。银行在结汇时,只要审查为单单一致,单证一致即付款,而不管货物实际情况如何,这是信用证结算的主要特点之一。

(二)处理争议

在国际贸易活动中,买卖双方往往因彼此间权利和义务等问题发生纠纷,引起争议,争议的解决办法一般有三种。

1. 友好协商 在解决争议时,要看是否构成违约,以及违约的后果等。对于争议,首先双方应在平等的基础上进行友好协商,互相谅解,圆满解决争议。

2. 仲裁 仲裁是买卖双方根据双方达成的协议自愿由双方同意的第三者进行裁决。仲裁结果是任何人无权改动,必须执行的。合同中一般都有关于仲裁地点、方式等内容的条款。采用仲裁有几个优点:程序简单、费用较少、时间较短,更重要的是可以较少地影响双方的关系。

3. 司法诉讼 司法诉讼主要用于办理无仲裁的案件。因为外贸争议诉讼时间过长(一般均在两年以上),且诉讼期间该产品不得进入该国市场,所以一般的外贸争议都不通过此种方式解决,而普遍采用仲裁法。

五、核算效益、总结得失

此阶段往往被外贸企业所忽视,而它恰恰是求得外贸持续稳定发展的重要因素。

核算效益是指衡量投入与产出之间的比例。投入是出口商品的成本和与贸易有关的直接费用之和;产出指出口外汇收入。核算效益的主要指标有投入产出之比,出口商品盈亏,换汇成本、创汇率等。出口贸易不仅要追求出口数量及金额的绝对量的增加,还要努力提高经济效益,这样的出口发展才有积极意义。亏损型的出口贸易对经济发展并无裨益。

总结得失应包括对整个贸易过程各个阶段的经验总结,以便在以后的贸易中更熟练、更有把握。

第二节 常用国际贸易术语

一、国际贸易术语的含义和作用

国际贸易交易双方在洽谈交易、订立合同时都会考虑以下几个重要问题:卖方在什么地方,以什么方式办理交货? 货物发生损坏或灭失的风险何时由卖方转移给买方承担? 由谁负责办理货物的运输、保险以及通关过境的手续? 由谁承担办理上述事项时所需的各种费用? 买卖双方需要交接哪些有关的单据?

贸易术语就是为解决上述问题,而在实践中产生和发展起来的。贸易术语也称价格术语,是在长期的国际贸易实践中产生的,用来表示商品的价格构成,说明交货地点,确定风险、责任、费用划分等问题的专门用语。贸易术语简化了交易手续,缩短了商洽时间,节省了费用开支。掌握贸易术语是国际贸易从业者必须掌握的一项基本技能。

关于贸易术语的表达,在国际货物贸易合同中,单价应包括:计价单位、价格及贸易术语。其中应注意在贸易术语的缩写字母后面,写上规定的装运地(港)或目的地(港)。

例如:每吨1 000 美元 FOB 上海,此处上海应为装运港。

二、国际贸易术语相关的国际贸易惯例

(一)《1932 年华沙—牛津规则》

《1932 年华沙—牛津规则》主要说明 CIF 贸易术语。19 世纪中叶,CIF 贸易术语已在国际贸易中被广泛采用,但由于各国对其解释不一,从而影响到 CIF 买卖合同的顺利履行。此规则的修订,对 CIF 合同的性质、特点及买卖双方的权利和义务都作了具体的规定和说明,为那些按 CIF 贸易术语成交的买卖双方提供了一套易于使用的统一规则,供买卖双方自愿采用。在缺乏标准合同格式或共同交易条件的情况下,买卖双方可约定采用此项通则。凡在 CIF 合同中订明采用《华沙—牛津规则》的,合同当事人的权利和义务,即应按此规则的规定办理。由于现代国际贸易惯例是建立在当事人"意思自治"的基础上的,具有任意法的性质,因此,买卖双方在 CIF 合同中也可变更、修改规则中的任何条款或增添其他条款,当此规则的规定与 CIF 合同内容相抵触时,仍以合同规定为准。

(二)《1941 年美国对外贸易定义修订本》

《1941 年美国对外贸易定义修订本》中分别对 Ex、FOB、FAS、C&F、CIF、Ex Dock 6 种贸易术语进行了统一解释。

(三)《2000 年国际贸易术语解释通则》

《2000 年国际贸易术语解释通则》(*International Rules for the Interpretation of Trade Terms*, 2000, 简称 INCOTERMS2000, 以下简称《2000 通则》)由国际商会于 1936 年制定,几经修订,2000 修订本把国际贸易术语分为 13 种,并对这 13 种贸易术语作了详细的解释,具体规定了买卖双方在交货方面的权利与义务。

在使用该惯例时,应注意以下两点:一是,INCOTERMS 涵盖的范围只限于销售合同当事人的权利义务中与已售货物交货有关的事项;二是,如合同当事人要在销售合同中订入 INCOTERMS 时,要清楚地指明所引用的版本。

(四)《2010 年国际贸易术语解释通则》

《2010 年国际贸易术语解释通则》(*International Rules for the Interpretation of Trade Terms*, 2010;简称 INCOTERMS2010, 以下简称《2010 通则》)。国际贸易术语解释通则 2010 版考虑全球范围内免税区的扩展,商业交往中电子通信运用的增多,货物运输中安保问题关注度的提高以及运输实践中的许多变化。国际贸易术语解释通则 2010 更新并加强了"交货规则"——规则的总数从 13 降到 11,并为每一规则提供了更为简洁和清晰的解释。国际贸易术语解释《2010 通则》同时也是第一部使得所有解释对买方与卖方呈现中立的贸易解释版本。

国际贸易术语的数量由 13 个减至 11 个,这是因为 DAT(运输终点交货)和 DAP(目的地交货)这两个新规则取代了 INCOTERMS2000 中的 DAF、DES、DEQ 和 DDU 规则。但这并不影响约定的运输方式的适用。在这两个新规则下,交货在指定目的地进行:在 DAT 术语

下,买方处置运达并卸载的货物所在地(这与以前的 DEQ 规定的相同);在 DAP 术语下,同样是指买方处置,但需做好卸货的准备(这与以前的 DAF、DES 和 DDU 规定的相同)。

新的规则使 INCOTERMS2000 中的 DES 和 DEQ 变得多余。DAT 术语下的指定目的地可以是指港口,并且 DAT 可完全适用于 INCOTERMS2000 中 DEQ 所适用的情形。同样的,DAP 术语下的到达的"运输工具"可以是指船舶,指定目的地可以是指港口,因此,DAP 可完全适用于 INCOTERMS2000 中 DES 所适用的情形。与其前规则相同,新规则也是"到货交付式"的由买方承担所有费用,即买方承担全部费用(除了与进口清算有关的费用)以及货物运至指定目的地前所包含的全部风险。

另外,FOB、CFR 和 CIF 三个术语,删除了以越过船舷为交货标准而代之以将货物装运上船。这更贴切地反映了现代商业实际且避免了风险在臆想垂线上来回摇摆这一颇为陈旧的观念。

三、INCOTERMS2010

1.11 种术语　《2010 通则》规定每种术语下买卖双方的义务见表 10 – 1(A 卖方义务;B 买方义务)。

表 10 – 1　《2010 通则》贸易术语规定的买卖双方义务

卖方义务	买方义务
A1 提供符合合同的货物	B1 支付货款
A2 许可证批准书海关手续	B2 许可证批准书海关手续
A3 运输合同与保险合同	B3 运输合同与保险合同
A4 交货	B4 收取货物
A5 风险转移	B5 风险转移
A6 费用划分	B6 费用划分
A7 通知买方	B7 通知买方
A8 交货凭证运输单据或具有同等效力的电子信息	B8 交货凭证运输单据或具有同等效力的电子信息
A9 检验包装及标记	B9 货物检验
A10 其他义务	B10 其他义务

2.11 种贸易术语的分类　11 种贸易术语分为 E、F、C、D 四组见表 10 – 2。

表 10 – 2　《2010 通则》贸易术语的分类

E 组(启运)	EXW(Ex-works)	工厂交货
F 组 (主运费未付)	FCA(Free Carrier)	货交承运人
	FAS(Free Alongside Ship)	船边交货
	FOB(Free on Board)	装运港船上交货

续表

	CFR(Cost and Freight)	成本加运费
C组 （主运费已付）	CIF(Cost-Insurance and Freight)	成本、保险费加运费
	CPT(Carriage Paid to)	运费付至
	CIP(Carriage and Insurance Paid to)	运费及保险费付至
D组 （到达）	DAT(Delivered at Terminal)	目的地交货
	DAP(Delivered at Place)	所在地交货
	DDP(Delivered Duty Paid)	完税后交货

四、常用国际贸易术语解释

国际贸易常用术语买卖双方的主要义务见表10-3。

表10-3　常用国际贸易术语买卖双方主要义务

术　语	租船订舱承运	保险	出口许可证、文件、报关	进口许可证文件、报关
FOB	买方	买方	卖方	买方
CIF	卖方	卖方	卖方	买方
CFR	卖方	买方	卖方	买方
FCA	买方	买方	卖方	买方
CIP	卖方	卖方	卖方	买方
CPT	卖方	买方	卖方	买方

（一）EXW——工厂交货(……指定地点)

"工厂交货(……指定地点)"是指当卖方在其所在地或其他指定的地点,如工场(强调生产制造场所)、工厂(制造场所)或仓库等,将货物交给买方处置时,即完成交货。卖方不需将货物装上任何运输工具,在需要办理出口清关手续时,卖方亦不必为货物办理出口清关手续。

1. EXW术语的注意事项

(1)适用于任何运输方式。

(2)本规则较适用于国内交易,对于国际交易,则应选FCA"货交承运人(……指定地点)"规则为佳。

(3)卖方没有义务为买方装载货物,即使在实际中由卖方装载货物可能更方便。若由卖方装载货物,相关风险和费用亦由买方承担。

2. 使用EXW术语应注意的事项

(1)交货地点和风险转移。交付前的费用与风险由卖方承担,自卖方按规定交货之时起,买方必须承担货物灭失或损坏的一切风险。卖方并无义务主动办理出口清关手续。

（2）运输与保险。卖方没有为买方签订运输和保险合同的义务。

（二）FCA——货交承运人（……指定地点）

"货交承运人"是指卖方于其所在地或其他指定地点将货物交付给承运人或买方指定人。建议当事人最好尽可能清楚地明确说明指定交货的具体点，风险将在此点转移至买方。FCA要求卖方在需要时办理出口清关手续。

1. FCA术语的注意事项

（1）卖方没有为买方订立运输合同的义务。但是，若经买方要求，或者依循商业惯例且买方未适时给予卖方相反指示，则卖方可以按照通常条件订立由买方承担风险与费用的运输合同。在任何一种情况下，卖方都可以拒绝订立此合同；如果拒绝，则应立即通知买方。

（2）"承运人"是指在运输合同中履行铁路、公路、海洋、航空、内河运输或多式运输，或承担取得上述运输履行的人。

（3）该术语适用于任何运输方式。

2. 使用FCA术语应注意的事项

（1）交货地点和风险转移。若合同规定的交货地为卖方所在地（工厂、工场、仓库等），则当货物装上由买方指定的承运人的收货工具上时，卖方即完成了交货义务，风险随之转移；在其他情况下，当货物在买方指定的交货地，在卖方的送货工具上（已达到卸货条件），被交由买方指定的承运人处置时，卖方即完成了交货义务，风险随之转移。

（2）运输与保险。买方应当自付费用订立从指定的交货地点运输货物的合同，卖方没有义务为买方订立保险合同。

（三）FAS——船边交货（……指定装运港）

"船边交货"是指卖方在指定装运港将货物交到买方指定的船边（例如码头上或驳船上），即完成交货。从那时起，货物灭失或损坏的风险发生转移，并且由买方承担所有费用。

1. FAS术语的注意事项

（1）本规则只适用于海运或内河运输。

（2）销售商负责办理货物出口清关手续。

（3）由买方承担风险和费用，卖方必须给予买方关于货物已按规定交付或者船舶未能在约定的时间内接收货物的充分通知；买方必须给卖方关于船舶的名称、装船地点，以及如有必要，在约定期限内选定的交付时间的充分通知。

2. 使用FAS术语应注意的事项

（1）交货地点和风险转移。卖方必须在买方指定的装运港，在买方指定的装货地点（如果有指定的装货地点），将货物交至买方指定的船边，或者取得已经交付的货物，此时风险转移至买方。

（2）运输与保险。买方必须自行承担运费，订立自指定装运港运输货物的合同，卖方没有义务为买方订立保险合同。

（四）FOB——船上交货（……指定装运港）

"船上交货"是指卖方在指定的装运港，将货物交致买方指定的船只上，或者指（中间销售商)设法获取这样交付的货物。一旦装船,买方将承担货物灭失或损坏造成的所有风险。

1. FOB 术语的注意事项

(1)本规则只适用于海运或内河运输。

(2)销售商负责办理货物出口清关手续。

2. 使用 FOB 术语应注意的事项

(1)交货地点和风险转移。卖方必须将货物运到买方所指定的船只上,若有的话,就送到买方的指定装运港或由中间商获取这样的货物;卖方要承担货物灭失或者损坏的全部风险,直至已经按照规定交付货物为止。卖方通知买方装船,买方必须给予卖方有关船名、装船点以及需要时在约定期限内所选择的交货时间的充分通知。

(2)运输与保险。卖方没有义务为买方订立运输合同和保险合同,但是当买方要求的时候,卖方必须向买方提供买方获得保险时所需要的信息,此时一切风险和费用(如果有的话)由买方承担。

(五)CFR——成本加运费付至(……指定目的港)

"成本加运费"是指卖方在装运港将货物越过船舷,并支付将货物运至指定目的港所需的运费,就算完成交货义务。买方承担交货后货物灭失或损坏的风险,以及由于各种事件造成的任何额外费用。

1. 买卖双方的义务

(1)卖方的义务。卖方承担货物在指定装运港越过船舷之前的一切风险。

卖方承担的责任如下。

①负责在合同规定的日期或期限内,把符合合同规定的货物运到指定装运港,并按港口惯常方式装上船舶,然后向买方发出已装船通知。

②负责取得出口许可证或其他官方文件,办理出口报关手续。

③负责租船订舱。

④负责提供商业发票或交货证明;承担运费及货物装船以前的一切费用和出口报关的税费。

(2)买方的义务。买方承担货物在指定装运港越过船舷之后的一切风险。

买方承担的责任如下。

①负责取得进口许可证或其他官方批准文件,办理进口报关手续。

②办理保险。

③收取卖方按合同规定交付的货物,接受交货单据,并支付货款。承担的费用:保险费用,货物在运输途中直至到达目的港为止的一切费用,卸货费用和进口报关税费。

2. 使用 CFR 术语应注意的问题

(1)CFR 也是装运港交货的贸易术语之一,CFR 与 CIF 很相似,二者的区别仅在于海运保险的责任和费用方面。CIF 的变形完全适用于 CFR。

(2)卖方在货物装船之后必须及时向买方发出装船通知,以便买方办理投保手续。

(六)CIF——成本,保险加运费付至(……指定目的港)

"成本,保险费加运费"指卖方将货物装上船或指(中间销售商)设法获取这样交付的商品。货物灭失或损坏的风险在货物于装运港装船时转移向买方。卖方须自行订立运输合同,支付将货物装运至指定目的港所需的运费和费用。

1. 买卖双方义务

(1)卖方的义务。卖方承担货物以规定的方式放装船运送或者(由承运人)获取已经运送的货物之前的一切风险。

卖方承担的责任如下。

①负责在合同规定的日期或期限内,把符合合同规定的货物运到装运港,并按港口惯常方式装上船舶。然后向买方发出已装船通知。

②负责取得出口许可证或其他官方批准文件办理出口报关手续。

③租船订舱,办理货物运输保险。

④提供商业发票及交货证明。

卖方承担的费用:运费和保险费;货物装船前的一切费用和出口报关的税费。

(2)买方的义务。买方承担货物按规定方式送达之后的一切风险。

买方承担的责任如下。

①负责取得进口许可证或其他官方批准文件,办理进口报关手续。

②收取卖方按合同规定交付的货物,接受交货单据,并支付货款。

承担的费用:货物装船以后的一切费用和进口报关的税费。

2. 采用 CIF 术语成交时,应注意的问题

(1)保险险别问题。CIF 术语中的"I"指的是 Insurance,即保险。从价格构成来讲,指保险费。卖方负责办理保险,但不同的险别,保险人承保的责任范围不同,收取的保险费率不相同。按 CIF 成交,卖方投保险别应遵循以下原则。

①合同有规定的,按合同办理。

②合同没有规定的,根据惯例来办理,即卖方只需投保最低险别。

(2)租船订舱问题。如果没有相反的约定,卖方只是负责按通常条件下习惯的航线,租用适当船舶将货物运往目的港。

(3)卸货费用负担问题。卖方负责包括在港口装载货物的费用以及根据运输合同由卖方支付的在约定卸货港的卸货费;买方负责运费和码头搬运费在内的卸货费用。

关于卸货费用负担的问题,CIF 有以下几种变形。

①CIF Liner Terms(班轮条件)。卸货费用按班轮做法来办,即买方不负担卸货费,而由卖方或船方负担。

②CIF Landed(卸至岸上)。卖方负责承担将货物卸到码头上的各项有关费用,包括驳船费和码头费。

③CIF Ex Ship's Hold(舱底交货)。货物运达目的港后,自船舱底起吊直至卸到码头的卸货费用,均由买方负担。

④CIF Ex–Tackle(吊钩交货)。卖方负担将货物从舱底吊至船边卸离吊钩为止的费用。

需要注意的是,CIF 的变形只是为了说明卸货费用的负担问题,并不改变 CIF 的交货地点和风险划分的界限。

(4)象征性交货问题。象征性交货是指卖方只要按期在约定地点完成装运,并向买方提交合同规定的包括物权凭证在内的有关单据,就算完成了交货义务,而无需保证到货。

实际交货是指卖方要在规定的时间和地点将符合合同规定的货物提交给买方或其指定的人,不能以交单代替交货。

CIF 是一种典型的象征性交货。

(七)CPT——运费付至(……指定目的港)

"运费付至……"指卖方在指定交货地向承运人或由其(卖方)指定的其他人交货并且其(卖方)须与承运人订立运输合同,载明并实际承担将货物运送至指定目的地所产生的必要费用。在 CPT、CIP、CFR,或 CIF 适用的情形下,卖方的交货义务在将货物交付承运人,而非货物到达指定目的地时,即告完全履行。

1. CPT 术语的注意事项

(1)适用于任何运输方式。

(2)买卖双方当事人应在买卖合同中尽可能准确地确定以下两个点:发生转移至买方的交货地点;在其须订立的运输合同中载明的指定目的地。

2. 使用 CPT 术语应注意的事项

(1)交货地点和风险转移。卖方必须在约定的日期或期限内依照规定向订立合同的承运人交货,风险进行转移;及时发装运通知。

(2)运输与保险。卖方应当自付费用将货物运至指定的目的地的约定点,包括根据运输合同规定应由卖方支付的装货费和在目的地的卸货费;卖方没有义务为买方订立保险合同。

(八)CIP——运费和保险费付至(……指定目的地)

"运费和保险费付至"是指在约定的地方(如果该地在双方间达成一致)卖方向承运人或是卖方指定的另一个人发货以及卖方必须签订合同和支付将货物运至目的地的运费。

1. CIP 术语的注意事项

(1)适用于任何运输方式。

(2)在 CPT、CIP、CFR 和 CIF 这些术语下,当卖方将货物交付与承运人时而不是货物到达目地时,卖方已经完成其交货义务。

2. 使用 CIP 术语应注意的事项

(1)交货地点和风险转移。卖方必须在约定的日期或期限内依照规定向订立合同的承运人交货,风险进行转移;及时发装运通知。

(2)运输与保险。卖方应当自付费用将货物运至指定的目的地的约定点,包括根据运输合同规定应由卖方支付的装货费和在目的地的卸货费;卖方还必须订立保险合同以防买方货物在运输途中灭失或损坏风险。买方应注意到 CIP(运费和保险费付至指定目的地)术语只要求卖方投保最低限度的保险险别。如买方需要更多的保险保障,则需要与卖方明确地达成协议,或者自行进行额外的保险安排。

(九)DAT——终点站交货(……指定目的港或目的地)

"终点站交货"是指卖方在指定的目的港或目的地的指定的终点站卸货后将货物交给买方处置即完成交货。"终点站"包括任何地方,无论约定或者不约定,包括码头、仓库、集装箱堆场或公路、铁路或空运货站。

1. DAT 术语的注意事项

(1)适用于任何运输方式。

(2)DAT 规则要求卖方办理货物出口清关手续。

2. 使用 DAT 术语应注意的事项

(1)交货地点和风险转移。卖方必须承担货物灭失或损坏的一切风险,直至货物已经按照规定交付为止;卖方必须提供买方需要的任何通知,以便买方能够为受领货物而采取通常必要的措施。

(2)运输与保险。卖方应承担将货物运至指定的目的地和卸货所产生的一切风险和费用。卖方负责货物交付为止而产生的一切与货物有关的费用及出口海关手续费用;买方负责货物交付时起与货物有关的一切费用及进口海关手续费用。

(十)DAP——目的地交货(……指定目的地)

DAP 是《国际贸易术语解释通则 2010》新添加的术语,取代了 DAF(边境交货)、DES(目的港船上交货)和 DDU(未完税交货)三个术语。目的地交货的意思是:卖方在指定的交货地点,将仍处于交货的运输工具上尚未卸下的货物交给买方处置即完成交货。卖方须承担货物运至指定目的地的一切风险。

1. DAP 术语的注意事项

(1)适用于任何运输方式。

(2)DAP 规则要求应由卖方办理货物的出口清关手续,但卖方没有义务办理货物的进口清关手续。

2. 使用 DAP 术语应注意的事项

(1)交货地点和风险转移。卖方必须在约定日期或期限内,在指定的交货地点,将仍处于约定地点的交货运输工具上尚未卸下的货物交给买方处置,此时,风险从卖方转移给买方;卖方必须提供买方必要的通知,以便买方能够为受领货物而采取必要的措施。

(2)运输与保险。卖方必须自付费用订立运输合同,将货物运至指定的交货地点。

卖方应承担将货物运至指定的目的地交货前与货物有关的一切费用和出口海关手续费用;买方负责货物交付时起与货物有关的一切费用、卸货费用及进口海关手续费用。

(十一)DDP——完税后交货(……指定目的地)

"完税后交货"是指卖方在指定的目的地,将货物交给买方处置,并办理进口清关手续,准备好将在交货运输工具上的货物卸下交与买方,完成交货。

1. DDP 术语的注意事项

(1)适用于任何运输方式。

(2)DDP 术语下卖方承担最大责任。

2. 使用 DDP 术语应注意的事项

(1)交货地点和风险转移。卖方必须在约定的日期或者期限内,在位于指定目的地的约定地点(如果有约定),将运输工具上准备卸下来的货物交与买方处置,此时,风险进行转移。

(2)运输与保险。卖方必须自付费用订立运输合同,将货物运至指定的交货地点。

卖方承担将货物运至指定目的地的一切风险和费用,并有义务办理出口清关手续与进口清关手续,对进出口活动负责以及办理一切海关手续。

FOB、CFR、CIF 与 FCA、CPT、CIP 的主要区别有如下几点。

(1)适用的运输方式不同。

(2)交货和风险转移的地点不同。

(3)运输单据不同。

(4)装卸费用的负担不同。

五、贸易术语的选用

在实际的外贸实务中,由于关系经济利益,买卖双方都十分重视贸易术语的选用问题。贸易术语的选用应结合以下几个方面的情况具体考虑。

(1)在合同单价条款中写明所采用的贸易术语,其他合同条款参照该贸易术语规定。

(2)明确合同受约束的贸易惯例(包括年份)。因为国际商会对《国际贸易术语解释通则》随着国际贸易的发展形势不断进行修订,所以,合同双方当事人在商定要将《国际贸易术语解释通则》的有关内容订入合同中时,应该清楚地说明所引用的内容是哪一年的《国际贸易术语解释通则》。

(3)虽然进出口业务操作过程中要涉及销售合同、运输合同和保险合同等,但是,《国际贸易术语解释通则》只涉及销售合同和销售合同中买卖双方的关系,只适用于销售合同当事人的权利和义务中与合同标的(有形商品,如计算机,但是不包括其软件)交货有关的事宜,如货物交付、进出口手续、风险转移、费用划分、通知义务等方面。

(4)在贸易实践中,选用 FOB、CFR 和 CIF 术语的较多,人们也较为熟悉,原因如下。

①这三个贸易术语历史最为悠久,内容也比较成熟,因此人们最熟悉。

②由于海运价廉、运量大,国际贸易的货物主要是通过海运运输的,这三个贸易术语又主要适用于海运和内河运输。

③这三个贸易术语比较全面地规定了买卖双方在费用、保险等方面的义务,可以满足不同情况的需求。

(5)结合自身业务发展,灵活选用贸易术语。根据纺织企业的实际情况以及与外贸方的关系,可以多选用 EXW,以降低自身的风险。

第三节　案例分析

一、国际贸易实务贸易术语部分

案例1

我方公司以 FOB 条件出口一批服装,合同签订后接到买方来电,称租船较为困难,委托我方代为租船,有关费用由买方负担。为了方便合同履行,我方接受了对方的要求,但时间已到了装运期,我方在规定的装运港无法租到合适的船,且买方又不同意改变装运港,因此到装运期满时,货仍未装船。买方因销售即将结束,便来函以我方未按期租船履行交货义务为由撤销合同。

问:我方应如何处理?

参考答案一:

(1) 我方应拒绝撤销合同的无理要求。

(2) 这个安全涉及 FOB 术语,根据 FOB 术语,买方负责租船订舱、输运输、支付运费。为了卖方装船交货方便,卖方也可以接受买方的委托,代为租船订舱,但费用和风险应由买方承担,卖方不承担租不到船的责任。

(3) 结合本案例,因为卖方代买方租船没有租到,买方又不同意改变装运港,因此卖方不承担因自己未租到船而延误装运的责任。买方也不能因此撤销合同。

参考答案二:

(1) 我方可以对买方提出的撤销合同不予接受,并要求买方赔偿相关的损失。

(2) 本案例涉及 FOB 术语,在 FOB 术语条件下,除非合同双方有明确的相关约定,否则按照国际惯例,卖方只负责交货,买方负责派船接货,这也就是说,即便卖方接受了买方的委托负责办理租船订舱运货,都属于代办性质,其风险和费用仍应由买方承担。

(3) 在上述的案例中,我方作为卖方只是接受了买方的委托,负责代为输买方租船订舱事宜,按照惯例是不承担租船订舱的风险的。在货物的装运期内,我方在规定的装运港无法租到合适的船,及时通知了买方,而买方并没有做积极的反映,不愿意改变装运港或改变运输方式,导致装运期满时货物仍无法运出,这应该由买方承担一切后果。买方更无权以"未按期租船履行交货义务"为由撤销合同。并且,假如我方按照合同规定将货物运至装运港,不论最后如何解决合同,我方都可保留追究买方未按时派船接货而导致我方货物仓储等费用的损失。所以,我方对于卖方无理撤销合同的要求可以拒绝,并可要求买方赔偿相关损失。

案例2

有一份出售 3×10^4 m 的一等品丝绸面料合同,按 FOB 条件成交,装船时经公证人检验,符合合同规定的品质条件,卖方在装船后已及时发出装船通知,但航行途中,由于海浪过大,丝绸面料被海水浸泡,品质受到影响,当货物到达目的港时,只能按三等品的价格出售,因而买方要求卖方赔偿损失。

试问:在上述情况下卖方对该项损失应否负责?

参考答案:

(1) 在上述情况下卖方对该项损失无须负责。

(2) 这个案例涉及 FOB 术语问题。根据 FOB 术语买卖双方的风险分界点在装运港的船舷,货物在装运港越过船舷以前的风险由卖方承担,越过船舷以后的风险买方承担,在本案例中,卖方已完全履行了自己的义务,将货在装运港装船时及时发出了装船通知。

(3) 结合本案例。这一批一等品丝绸面料在装运港已经公证人检验品质合格,说明卖方交货时,货物的品质是良好的。面料之所以发生变化,完全是由于运输途中被海水浸泡的结果,而这个风险已经越过装运港的船舷,应该由买方自己承担,卖方对该项损失无须负责。

案例3

我国某公司以 CFR 术语出口一批真丝产品,我方按期在装运港装船后,即将有关交易单寄交买方,要求买方支付货款。过后,业务人员才发现忘记向买方发出装船通知。此时,买方已来函向我方提出索赔,因为货物在运输途中因海上风险而损毁。

问:我方能否以货物运输风险是由买方承担为由拒绝买方的索赔?

参考答案:

(1) 我方不能以风险分界点在装船为由而拒绝买方的索赔要求。

(2) 这个案例涉及 CFR 术语,根据 CFR 术语,买卖双方的风险界点在装运港船上,货物在装运港装船以前的风险由卖方承担,货物装船以后的风险由买方承担。有鉴于此,买方为了保证自己在遭到风险时能够将损失减低,可以通过向保险公司办理货运保险手续将风险转嫁给保险公司,但是买方能否及时办理保险取决于卖方在装运港装船后是否即时向买方发出装船通知,根据 CFR 术语,卖方在货物装船后及时向买方发出装船通知是其重要义务,如果卖方未及时向买方发出装船通知而导致买方未能及时办理保险手续,由此引起的损失由卖方负担。

(3) 就本案例而言,很显然卖方没有及时向买方发出装船通知,结果买方未办理货物保险,而货物却因海上风险而损毁,故我方理应对该项货物损失负责,而不能以风险已转移给买方为由而拒绝买方的索赔。

案例4

某公司以 CIF 条件出口一批服装。合同签订后,接到买方来函,声称合同规定的目的港口最近经常发生暴乱,要求我方在办理保险时加保战争险。对此,我公司应如何处理?这批货物运抵目的港后,我方接到买方支付货款的通知,声明:因货物在运输途中躲避风暴而增加的运费已代我公司支付给船公司,故所付的货款中已将此项费用扣除。

问:对此,我公司应如何处理?

参考答案一:

(1) 我方可同意买方的要求加保战争险,但需由买方支付此笔保险费或另作商定。

（2）此案例涉及 CIF 术语中的保险问题,在 CIF 术语条件下成交,按照国际一般的做法,在签订买卖合同时,在合同的保险条款中,明确规定险别、保险金额等内容,这样卖方就按照合同的规定对货物进行投保。但如果合同中未能就保险险别等问题做出具体规定,那就根据国际惯例来处理,即:卖方只需投保最低的险别,并由买方承担费用,但在买方要求时,可在买方承担费用的情况下,加保战争险。

（3）在上述案例中,由于目的港情况特殊,买方要求加保战争险,是在双方合同签订后,也就是说合同中没有订立需要加保战争险,是买方事后要求的。根据《2010 通则》惯例,买方需自行支付加保战争险的保费,故而,对于买方加保战争险的要求,我方可以办理,但我方有权要求买方支付相应的保费。

参考答案二:

（1）我方应回函买方,声明属战争险的费用由买方支付的前提下,我方可以答应买方要求,否则可以拒绝买方的要求。

（2）根据《2010 通则》的解释,CIF 术语,卖方负责投保并支付保险费,但这种保险具有代办性质,投保的险别、金额均由双方协商、确定写在合同里面,也就是说:卖方只需投保合同规定的险别,没有义务投保战争险,除非买方要求并由买方承担费用,那么卖方可以投保战争险。

（3）在上述案例中,由于买方鉴于目的港经常发生暴乱,而要求买方加保战争险,显而易见是在合同签订以后,也就是说双方并没有在合同中订明加保战争险,故卖方若加保战争险就一定得自行支付相应的保险费。

参考答案三:

（1）我方应拒绝买方在将货船避风暴而增加的费用从货款中扣除的做法,应向买方追回这笔款项。

（2）按《2010 通则》的解释,按 CIF 条件成交时,卖方负责租船订舱、支付运费,但卖方支付的运费是从装运港至目的港的正常运费,因运输途中的风险而增加的运费,按照风险分界点划分界线的规定,应由买方承担。

案例 5

有一份 CIF 合同,货物已在规定的期限和装运港装船,并发出装船通知,但受载船只在离港 4h 后因触礁沉没。第二天,当卖方凭提单、保险单、发票等单证要求买方付款时,买方以货物已经全部损失为由,拒绝接受单证和付款。

试问:在上述情况下,卖方是否有权利凭规定的单证要求买方付款?

参考答案:

（1）卖方有权利凭规定的单证要求买方付款。

（2）此案例涉及 CIF 术语,CIF 术语条件成交时,买卖双方的风险分界点在装运港船上,货物在装运港装船以前的风险由卖方承担,货物装船以后的风险由买方承担。另外,CIF 合同为典型的象征性交货,即卖方凭单交货,买方凭单付款,只要卖方所提交的单据是齐全的、正确的,即使货物在运输途中灭失,买方仍需付款,不得拒付。

（3）结合本案例,卖方已完全履行了自己的合同义务,货物灭失是在离港 4h 后发生的事情,风险早已转移给买方,再加上 CIF 术语象征性交货的特点,所以尽管这批货物在运输途中已完全灭失,买方仍需要付款。所以卖方有权利凭规定的单证要求买方付款。

案例6

某公司按FCA条件出口一批服装,合同规定是4月装运,但到了4月30日,仍旧未见买方关于承运人名称及有关事项的通知。在此期间,备作出口的货物因火灾而焚毁。

问:此项货损应由谁负担?

参考答案:

(1) 此项货损应由卖方负责。

(2) 此案例涉及FCA术语,根据《2010通则》,在FCA术语条件下,买卖双方的风险分界点在指定地点货交承运人控制,卖方承担货物交给承运人控制之前的风险,买方承担将货物交给承运人控制之后的风险。该批货物因买方迟迟未订立运输契约指定承运人,故在合同规定的装运期满仍未能交于承运人处置,风险尚未转移给买方。

(3) 结合本案例,在FCA条件下,《2010通则》规定,如果买方未能及时通知卖方承运人及其他事项,买方应承担由此引起的风险和损失,但该规定是限于合同规定的交付货物的约定日期或期限届满后发生的风险和损失,而非装运期满后发生的风险和损失,因此,买方不应承担此项货损,此项货理应由卖方自己承担。

案例7

我国某公司按FCA条件进口一批纺织原料,合同中规定由卖方代办运输事项。结果在装运期满时,国外卖方来函通知,无法租到船,不能按期交货。因此我公司向国内生产厂家支付了10万元违约金。

问:对我公司的这10万元损失,可否向国外的卖方索赔?

参考答案:

(1) 我方的10万元延期交货违约金,不能向国外公司索赔,应由自己承担。

(2) 这个案例涉及FCA术语问题,买方负责订立运输契约,指定承运人到装运地点接货,买方可以委托卖方代办运输事项,但此项活动的风险和费用均由买方承担。

(3) 结合本案例,FCA术语应由我公司负责租船订舱,但我公司在自己承担风险的责任下由卖方代办运输,所以卖方租不到船、订不到舱的风险应由我公司承担,由此而导致的对国内企业的违约金的损失也应由我公司承担。

案例8

我国某公司按照FAS条件进口一批纺织面料,在装运完成后,卖方来电要求我方支付货款,并要求支付装船时的驳船费。

问:对卖方的要求我方应如何处理?

参考答案:

(1) 我方对于卖方支付装船时的驳船费的要求可以拒绝。

(2) 按照《2010通则》的解释,采用FAS术语成交时,买卖双方承担的风险和费用均以船舷为界,即买方所指派的船的船舷,在买方所派船只不能靠岸的情况下,卖方应负责用驳船将货物运至船边,驳船费用是在风险费用转移以前发生的,理应由卖方承担。

(3)故在本案例中,国外卖方要求我方承担驳船费用是不合理的,我方有权拒绝。

案例9

某公司按 EXW 条件出口一批纺织服装,但在交货时,买方以服装的包装不适宜出口运输为由,拒绝提货和付款。

问:买方的行为是否合理?

参考答案:

(1)买方的行为是不合理的,我方应拒绝。

(2)本案例涉及 EXW 条件下交货的问题,根据《2010 通则》的规定:在 EXW 术语中,除非合同中有相反规定,卖方应采用适宜运输的包装方式,除非买方在签订买卖合同前便告知卖方特定的包装要求。如果签约时已明确该货物是供出口的,并对包装的要求作出了规定,卖方则应按规定提供符合出口需要的包装。

(3)结合本案例,卖方在交货时以服装的包装不适宜出口运输为由拒绝提货和付款,并没有说不符合合同规定,由此说明,在合同中并无有关货物包装的规定,故根据惯例,买方以此借口拒付货款和提货的理由是不充分的。

二、国际贸易实务合同洽商部分

案例1

我国某出口公司于 2 月 1 日向美商电报出口某家产品,在发盘中除列明必要条件外,还表示:packing in sound–bags. 在发盘有效期内,美商复电称:refer to your telex first accepted, packing in new bags. 我方收到上述复电后,即着手备货,数日后该家产品国际市场价格猛跌,美商来电称:我方对包装条件做了变更,你方未确认,合同并未成立。而我出口公司则坚持认为合同已经成立,于是双方对此发生争执。

问:此案应如何处理?

参考答案:

(1)双方之间合同已经成立。我国某出口公司应坚持美商接受货物,支付货款。

(2)本案例涉及合同洽商发盘的有条件接受问题,所谓有条件的接受是指受盘人在接受发盘人的发盘时,对发盘的条件作了添加、限制或修改。根据《联合国国际货物销售合同公约》的规定有条件接受分两种情况:一种是实质上变更发盘条件则购成还盘,还盘是对原发盘的拒绝,使原发盘失效。同时,还盘还构成一个新的发盘,合同是否成立,关键在于原发盘人的态度,若原发盘人同意,则双方合同关系成立;若原发盘人表示反对,则双方之间合同不成立。另一种情况是非实质性变更发盘条件,若为非实质性变更发盘条件,只要原发盘人不及时表示反对,则双方之间的合同关系成立。《联合国国际货物销售合同公约》还规定:受盘人对货物的价格、付款、品质、数量、交货时间和地点,一方当事人对另一方当事人的赔偿责任范围或解决争端的办法等条件提出添加或修改,均作为实质性变更发盘条件。

(3)结合本案例:我方向美商发盘,美商在表示接受时对发盘条件作了变更,变更了包装条件,根据《联合国国际货物销售合同公约》规定:包装条件属于非实质性变更发盘条件。加之我国某出口公司对美商的这种变更并未加以拒绝,而是着手备货以实际行动对美商的变更加以确认,所以双方之间合同关系成立。美方的说法是没有道理的。我方应坚持美商接受货物,支付货款。

案例 2

我国出口企业对意大利某商发盘,限 3 月 10 日复到有效,3 月 9 日意商用电报通知我方:接受该发盘,由于电报局传递延误,我于 11 日上午才收到对方的接受通知,而我方在收到对方的接受通知前已获悉:市场价格急升。

问:依据《联合国国际货物销售合同公约》,我方应如何处理?

参考答案:

(1) 我方应迅速通知意商其逾期接受无效,按新的市场价格向意商重新发盘。

(2) 这个案例涉及逾期接受问题,所谓逾期接受就是指受盘人在接受发盘人的发盘时超过发盘规定的有效期,若发盘没有规定有效期,则规定受盘人的接受超过了合理的期限为逾期接受。根据《联合国国际货物销售合同公约》规定:第一,逾期接受原则上无效;第二,如果发盘人愿意按照逾期接受与对方达成交易,他必须迅速通知受盘人;第三,因邮递原因导致的逾期接受原则上有效;第四,若发盘人不愿意按照因邮递原因产生的逾期接受与对方达成交易,他也必须迅速通知受盘人。由此可见,逾期接受合同是否有效的关键在于发盘人的态度。

(3) 本案中,我国出口企业对意商发盘,因邮递延误,导致意商逾期接受,逾期接受合同是否成立的关键在于我国出口企业的态度。而当时,该商品国际市场价格急升,所以我国出口企业应迅速通知意商,因邮递原因导致的逾期接受无效。按当时上升的国际市场价格重新发盘给意商。

案例 3

某星期二上午我方用书信向德国某进口商发盘,报供某种大众商品有效期为本周星期五(我方时间),复到有效。但发电后两小时,我方发现计算错误,报价过低,于是立即用加急电报通知该客户撤回前电。然而到了星期五上午却又收到了该客户复电,表示接受我方星期二上午的发盘。在这段时间内双方电信联络一切情况正常。

试问:应如何处理该客户复电,为什么?

参考答案:

(1) 我方应立即通知德国进口商其接受无效,双方之间的合同关系并未成立。

(2) 此案例涉及发盘撤回的问题。所谓发盘的撤回是指发盘在发盘到达受盘人之前,由发盘人将其撤回,以阻止其生效。根据《联合国国际货物销售合同公约》:一项发盘即使是不可撤销的,也可以撤回,条件是:发盘人以迅捷的通信方式,使撤回通知比原发盘先行或同时到达受盘人。

(3) 结合本案例:我方周二上午用书信发盘需 24h 到达(即次日上午到达);但已于当天发加急电报撤回,加急电报 7h 到达(即当日下午到达),可见撤回的通知是先于发盘到达德国进口商的,故撤回有效,而德国进口商的接受无效。

案例4

法商于9月5日向我国某外贸公司发盘,供售某商品一批,有效期到9月10日,我公司于9月6日收到该项发盘,法商在发出发盘后,发现该项商品行情趋涨,遂于9月6日以加急电报致电我国该外贸公司要求撤销其要约。我国该外贸公司于9月7日收到其撤销通知,认为不能同意其撤销发盘的要求,2h后,我国该外贸公司回电法商,完全同意其9月5日的发盘内容,法商收到我国该外贸接受通知的时间是9月8日。

请问:买卖双方之间是否存在合同关系,简述理由。

参考答案:

(1)买卖双方之间的合同关系成立,法商撤销其要约无效。

(2)此案例涉及发盘撤销问题。发盘的撤销是指发盘已送达受盘人,即发盘生效之后将发盘取消,使其失去效力。《联合国国际货物销售合同公约》规定:发盘送达受盘人,即发盘生效后,受盘人表示接受前,发盘人可以将发盘撤销,但有以下两种情况例外:第一种是发盘规定了有效期或以其他方式表明此发盘是不可以撤销的;第二种是受盘人本着对发盘人的信任已对该项发盘采取了行动,则发盘不能撤销。

(3)结合本案例:法商向某外贸公司发盘时规定了有效期,所以在有效期内,法商是不能撤销其发盘的,而我国该外贸公司表示接受的通知是在法商规定的发盘有效期内到达法商的,所以双方合同关系成立。

案例5

我国出口企业于6月1日向英商发盘供应某纺织商品,限6月7日复到有效。6月2日收到英商电传表示接受,但提出必须降价5%,在我方研究如何答复时,由于该商品国际市场发生了对英商有利的变化,故该商又于6月5日来电传表示无条件接受我方6月1日的发盘。

试问:我方应如何处理,为什么?

参考答案:

(1)在该商品国际市场价格发生对英商有利变化的情况下,我方应立即电告英方:其6月1日接受无效。

(2)这个案例涉及有条件接受的问题,所谓有条件接受是指受盘人在接受发盘人发盘时,对发盘的条件作了添加、限制、修改。根据《联合国国际货物销售合同公约》,有条件接受分两种情况:一种为实质性变更发盘条件,实质性变更发盘条件是对原发盘的拒绝,使发盘失效,同时还构成一新的发盘,若原发盘人同意,则双方合同关系成立。若原发盘人表示反对,则双方间合同不成立。另一种情况是:非实质性变更发盘条件,若为非实质性变更发盘条件,只要原发盘人不及时表示反对,则双方间合同关系依然成立。《联合国国际货物销售合同公约》还规定:受盘人对货物的价格、付款、品质、数量、交货时间与地点,一方当事人对另一方当事人的赔偿责任范围或解决争端的办法等条件提出添加或更改,均为实质性变更发盘条件。

(3)结合本案例:我国出口企业于6月1日向英商发盘,那么6月2日英商电传表示接受,但是变更了价格条件,属于变更了发盘条件,已构成还盘,使我国出口企业于6月1日的发盘失效,同时6月2日的还盘构成一个新的发盘,双方之间合同是否成立的关键在于我国出口企业的态度,在商品国际价格对英商有利的条件下,我国出口企业应立即电告英方:其6月5日的接受无效,双方间的合同关系不成立。(当然,我

国出口企业愿意以不利价格与英商交易也应立即通知英商其接受有效）

三、国际贸易实务货款收付部分

案例1

我方某外贸公司与某港商做成一笔出口交易,合同中规定支付方式为 D/P 90 天,我方发货。代收行找该客户办理了见单(提示)和无期汇票的承兑手续。不久,货物到达香港,该客户出具信托收据(T/R)向代收行借得提单正本,提货并且出售。汇票到期时,该客户因经营不善失去偿付能力,代收行以汇票付款人拒付为由,通知托收行转告我方某公司,要我方某公司直接联系该客户解决。

问:我方某公司应如何处理,并说明理由。

参考答案：

(1) 我方应该拒绝代收行的不合理要求,应该坚持由代收行承担因为借单信用导致的货款损失。

(2) 案例涉及跟单托收中远期付款交单凭信托收据借单(D/P. T/R)问题, D/P. T/R 是指在无期付款奖章的条件下,代收行对于资信较好的进口人,允许进口人凭信托收据,取货运单据,先行提货。根据 D/P. T/R,在无期付款交单条件下,若在无期汇票的期限内,进口商在市场街市看涨的情况下,可以采用 D/P. T/R,若代收银行未经出口商授权擅自给进口商借单信用,到期收不到货款的风险由代收银行承担;若出口商在委托银行托收前授权给代收行在需要的情况下可以给进口商借单信用,则到期收不到货款的风险由出口商自己承担。

(3) 结合本案例,我方与港商签订的合同中规定了支付方式为 D/P 90 天,并未涉及有关 D/P. T/R,客户出具 T/R 向代收行借得提单正本,是未经我方同意而擅自给进口商借单信用。之所以出现钱货两空,完全是由于代收行擅自给进口商借单信用而导致的,故此损失应完全由代收行承担。因此我方应该拒绝代收行的不合理要求,应该坚持由代收行承担因为借单信用导致的货款损失。

案例2

我国 M 公司向香港 G 商出售货物一批,价格条件为 CIF 香港,付款条件为 D/P 见票后30 天。M 公司同意 G 商指定的香港汇丰银行为代收行。M 公司在合同规定的装船期限内将货物装船,取得清洁提单后,随即出具汇票连同提单、商业发票等委托中国银行通过香港汇丰银行向 G 商收取货款,5 天后所装货物安全运抵香港,因当时该商品的行情看涨,G 商凭信托收据向汇丰银行借取提单提货,并将部分货物出售。不料,因到货过于集中,货物价格迅速下跌,G 商遂以缺少保险单为由,在汇票到期时拒绝付款。

问:M 公司应如何处理此事? 请说明理由。

参考答案：

(1) 我方应该拒绝 G 商的无理说法,应该坚持由代收行承担因为借单信用导致的货款损失。

(2) 案例涉及跟单托收中远期付款交单凭信托收据借单(D/P. T/R)问题, D/P. T/R 是指在无期付款奖章的条件下,代收行对于资信较好的进口人,允许进口人凭信托收据,取货运单据,先得提货。根据

D/P. T/R,在无期付款交单条件下,若在无期汇票的期限内,进口商在市场街市看涨的情况下,可以采用D/P. T/R,若代收银行未经出口商授权擅自给进口商借单信用,到期收不到货款的风险由代收银行承担,或出口商在委托银行托收前授权给代收行在需要的情况下可以给进口商借单信用,则到期收不到货款的风险由出口商自己承担。

（3）结合本案例,我方与 G 商签订的合同中规定了付款条件为 D/P 见票后 30 天,由香港汇丰银行代收,之所以出现追不回货款,是由于代收银行未经我方同意而擅自给进口商借单信用。故此责任应由代收行承担。另外,本案例涉及的完全为借单信用,故 G 商缺少保险单而拒付货款的说法也没有道理。故我方应该坚持由代收行承担因为借单信用导致的货款损失。

案例 3

我方某公司向日本商人以 D/P 即期付款的方式推销商品。日商答复:我方接受 D/P 90 天,并通知其指定的代收行收取货款即可接受。

问:日商提出的这些条件对他有何好处?

参考答案:

D/P 90 天比 D/P 即期有 90 天长的付款期限,而且是以日商指定的代收行代收,这样日商可利用自身与代收行的关系,争取到无期付款交单凭信托收据借单（D/P. T/R）,可以取得与 D/A 的同等条件,实际上可获得融资的好处。

案例 4

我国某公司收到国外客户开来的不可撤销信用证一份,并按来证要求装货出运,但尚未将单据交广州中行议付之前,突然收到开证行通知,称开证申请人已经倒闭,为此开证行不再承担付款责任。

试问:我国出口公司应如何处理? 为什么?

参考答案:

（1）我国出口公司仍然可以坚持向开证行索取货款。

（2）这个案例涉及信用证问题。所谓信用证是指一种银行开立的有条件的承诺付款的书面文件,也是开证银行对受益人的一种保证,只要受益人履行信用证所规定的条件,即受益人只要提交符合信用证所规定的各种单据,开证行就保证付款。故使用信用证付款有此特点:开证行承担第一性付款责任;不可撤销信用证是指信用证开具后,在有效期内,非经信用证各有关当事人（即开证行、保兑行和受益人）的同意不得修改或撤销的信用证。

（3）结合本案例,开证申请人虽然倒闭,但我们采用的是信用证付款方式,开证行承担第一性付款责任。另外,根据不可撤销信用证的规定,只要我方提供符合信用证的各种单据,开证行是不得拒付的。故我国该出口公司应坚持向开证行索取货款。

案例 5

我国某出口企业收到国外开来的不可撤销信用证一份,由设在我国境内的某外资银行通知并加保兑,我国某出口企业在货物装运后,正拟将有关单据交银行议付时,突然接到该外资银行通知,由于开证银行已宣布破产,该行不承担对该信用证的议付或付款责任,但可接受我国该出口公司委托,向买方直接收取货款的业务。

问:对此,我方应如何处理? 请简述理由。

参考答案:

(1) 我方应坚持由保兑支付货款。

(2) 本案例涉及信用证问题,所谓信用证是指一种银行开立的有条件的承诺付款的书面文件,也是开证银行对受益人的一种保证,只要受益人履行信用证所规定的条件,即受益人只要提交符合信用证所规定的各种单据开证行就保证付款。不可撤销信用证是指信用证开具后,在有效期内,非经信用证各有关当事人(即开证行、保兑行和受益人)的同意不得修改或撤销的信用证。保兑信用证,是指开证行开出的信用证由另一银行保证对符合信用证条款的单据履行付款义务。保兑行与开证行一样,都承担第一性付款责任。

(3) 结合本案例,我国某出口企业收到国外开来的信用证为不可撤销信用证,并由设在我国境内的外资银行加以保兑,故保兑行在开证行倒闭的情况下必须支付货款,因而我国某出口企业应支持向保兑行索取货款。另外,保兑行所说的向买方直接收取货款的说法是没有道理的,从风险的角度来说:银行信用高于商业信用,我国该出口企业应坚持由保兑行支付货款。

案例6

美国纽约公司向意大利公司购买一批智利产全鱼粉,价格条件为 CFR,买方通过美国银行开出一张跟单的不可撤销的信用证。在信用证内规定的议付单证中规定提单必须是空抬头运费已付的提单,品质证明书必须证明含蛋白质不低于70%。但卖方向银行提交的提单是不可转让的提单,也未注明运费已付,品质证明书证明含蛋白质最低为67%,发票中所用的商品名称为"鱼粉"而非"全鱼粉",单证寄到开证行后遭到拒绝。后来,卖方又补交了符合要求的单证,要求开证行付款,但单证到开证行时,信用证的有效期已过。

试问:开证行有无付款的义务?

参考答案:

(1) 开证行两次均无付款的义务。

(2) 本案例涉及信用证问题,所谓信用证是指一种银行开立的有条件的承诺付款的书面文件,也是开证银行对受益人的一种保证,只要受益人履行信用证所规定的条件,即受益人只要提交符合信用证所规定的各种单据开证行就保证付款。根据信用证的特点信用证是一种纯粹的单据业务,实行严格相符原则,要求做到单单一致、单证一致,只要卖方提交的单据表面上与信用证条款相符,那么银行必须付款,反之银行有权拒付。另外信用证是有有效期的,超过有效期的信用证,银行有权拒付。

(3) 结合本案例,卖方遭到的第一次拒付是由于卖方提交的单据与证内规定的不符,故银行有权拒付,后虽卖方提供了相符的单证,但由于信用证的有效期已过,故银行亦无付款责任,因此,开证行两次均无付款责任。

案例7

我国天津某公司与日本商人成交出口某商品 2 000t，合同规定货物从 6～10 月分 5 批装运，日商于 5 月 20 日电报开来信用证，证中规定："最迟装运期为 10 月，允许分批，其他条件详见合同。"天津某公司收到信用证后即时与船公司联系洽订船舱，恰逢 6 月有两班轮驶进日本港口，天津公司为了早日收汇，于是将货物 2 000t 分装两船运往日本，并向银行议付了货款。7 月初日商来函称：货物即 2 000t 已收到并提出索赔 1 600t 货物仓租费资金及利息损失 5.6 万美元。

试问：天津公司应做如何处理，为什么？

参考答案：

（1）天津公司应赔偿日本公司 1 600t 货物的仓租费资金及利息损失 5.6 万美元。

（2）本案例涉及信用证问题。所谓信用证是指一种银行开立的有条件的承诺付款的书面文件，也是开证银行对受益人的一种保证，只要受益人履行信用证所规定的条件，即受益人只要提交符合信用证所规定的各种单据开证行就保证付款。根据信用证的特点：信用证是一份独立的文件，它以合同为基础而开立，但一经开出，就成为独立于合同之外的另一种契约，银行只受信用证条款的约束，不受合同约束；而进出口公司双方既要受信用证的约束，也要受合同约束。

（3）结合本案例，天津公司与日本公司是买卖关系，故买卖双方的契约是买卖合同，双方交易时应按合同办理，而银行只受信用证约束，故银行支付货款是无误的。在本案例中，有误之处是日本和天津公司受合同及信用证双约束，天津公司违反了合同中规定的货物装运规定，导致了日本公司的损失，故应赔偿日本公司的损失。如若不然，日本公司必然会提起诉讼，根据本案例，我方必然会败诉，故对于日文提出的索偿，天津公司应予以接受。

案例8

我国某出口企业与某外商，按 CIF 某江口以即期信用证的付款方式达成交易，出口合同和收到的信用证均规定：不准转运。我国该出口企业在信用证有效期内，将货物装运上直驶目的港的班轮并以直运提单办理了议付，国外开证行也凭议付行提交的直运提单付了款，承运船只驶于我国途经某港时，船公司为了接载其他货物，擅自将我国该出口企业托运的货物卸下，换装其他船舶，继续运往目的港。由于中途耽搁，加上换装的船舶设备陈旧，使抵达目的港的时间比正常直运船的抵达时间晚了两个多月，影响了买方对货物的使用。为此，买方向我国该出口企业提出索赔，理由是：我国该出口企业提交的直运提单，而实际上是转船运输，是弄虚作假行为，我国该出口企业有关业务员认为，合同采用的是到岸价格，船舶的舱位是其租定的，因此，船方擅自转船的风险应由我国该出口企业承担，从而按对方要求进行了理赔。

问：我国该出口企业这样做是否正确？为什么？

参考答案：

（1）我国该出口企业对外商理赔的做法是错误的。

（2）本案例涉及信用证及 CIF 术语风险分界点的问题。所谓信用证是指一种银行开立的有条件的承诺付款的书面文件，也是开证银行对受益人的一种保证，只要受益人履行信用证所规定的条件，即受益人只要提交符合信用证所规定的各种单据开证行就保证付款。根据信用证的特点：信用证是一份独立的文件，他以合同为基础而开立，但一经开出，就成为独立于合同之外的另一种契约，银行只受信用证条款约束，不受合同约束；而进出口公司双方既要受信用证的约束，也要受合同约束；另外，信用证是一种纯粹的单据业务，实行严格相符原则，要求做到单单一致、单证一致，只要卖方提交的单据表面上与信用证条款相符，那么银行必须付款，反之银行有权拒付。此外，信用证是有有效期的，超过有效期的信用证，银行有权拒付。根据《2010 通则》规定，按 CIF 成交时，买卖双方的风险分界点是在装运港的船舷，卖方负责货物越过装运港船舷之前的风险，买方负责货物越过装运港船舷之后的风险。

（3）结合本案例，议付行议付我方信用证是无误的，因为我方提供了与信用证一致的单证。之所以出现索赔是由于船公司擅自转船引起的，风险已越过分界点，由买方承担。我方有关业务人员认为合同采用的是到岸价，船舶的舱位是我方租定的，船方擅自转船的风险应由我方承担的观点是错误的，根据以上两点，我方对外商理赔的做法是错误的，应拒绝外商的理赔。

案例 9

我国某出口公司与外商就某商品按 CIF 即期信用证付款条件达成一项数量较大的出口合同，合同规定 11 月装运，但未规定具体开证日期，后来因该商品市场价格趋降，外商便拖延开证。我国该出品公司为防止延误装运期，从 10 月中旬起多次电催开证，终于使外商在 11 月 16 日开来了信用证。但由该商品开证太晚，使我国该出口公司安排装运发生困难，遂要求对方对信用证的装运期和有效期进行修改，分别推迟一个月，但外商拒不同意，并以我国该出品公司未能按期装运为由，单方面宣布解除合同，我国该出品公司也就此作罢。

试分析：我国该出口公司如此处理是否得当？

参考答案：

我国该出口公司处理不当，应吸取的教训有：合同中未就信用证开证日期做出明确规定显然不妥；按惯例，即使合同未规定开证期限，买方也应于装运前开到信用证，买方未能及时开证，我国该出口公司应保留索赔权；对于外商以我国该出口公司未能按时装运为由单方面宣布解除合同我国该出口公司不能就此作罢，因为买方未能按时开证违约在先，我国该出品公司理应索赔。

四、国际贸易实务货物运输保险部分
案例 1

某服装货物从我国天津新港驶往新加坡，在航行中航船货物起火，大火蔓延到机舱，船长为了船货的安全决定采取紧急措施，往舱中灌水灭火，大火虽被扑灭，但由于主机受损，无法继续航行，于是船长决定雇用拖轮，将货船拖回新港修理，检修后，重新驶往新加坡。事后调查，这次事件造成的损失有：①1000 箱货物被烧毁。②600 箱货物由于灌水灭火受到损失。③主机和部分甲板被烧坏。④拖船费用。⑤额外增加的燃料和船长、船员的工资。

问：从上述情况和各项损失的性质来看，哪些属单独海损，哪些属共同海损，为什么？

参考答案：

（1）以上各项损失，属于单独海损的有①③；属于共同海损的有②④⑤。

（2）本案例涉及海上损失中部分损失的问题。部分损失分两种，一种是单独海损，一种是共同海损。所谓单独海损，指损失仅属于特定方面特定利益方，并不涉及其他货主和船方。所谓共同海损，是指载货船舶在海上遇到灾害、事故，威胁到船货等各方面的共同安全，为了解除这种威胁，维护船货安全，使航程得以继续完成，船方有意识地、合理地采取措施，造成某些特殊损失或支出额外费用。构成共同海损必须具备以下条件：共同海损的危险必须是实际存在的，或者是不可避免而产生的，不是主观臆测的；消除船、货共同危险而采取的措施，必须是有意的和合理的；必须是属于非正常性质的损失；费用支出是额外的。

（3）结合本案例，①③损失是由于货船火灾导致，属意外事故，故其为单独海损；②④⑤损失是船长为避免实际的火灾风险而采取的有意的、合理的避险措施，属于非正常性质的损失，费用支出也是额外的，故其属于共同海损。

案例2

某载货船舶在航行过程中突然触礁，致使部分货物遭到损失，船体个别木板松动，船板产生裂缝，急需补漏。为了船货的共同安全，船长决定修船，为此将部分货物卸到岸上并存舱，卸货过程中部分货物受损，事后统计：这次事件造成的损失有：①部分货物因船触礁而损失。②卸货费、存舱费及货物损失。

问：从以上各项损失的性质来看，属于什么海损？

参考答案：

（1）以上各项损失，属于单独海损的是①；属于共同海损的是②。

（2）本案例涉及海上损失中部分损失的问题。部分损失分两种，一种是单独海损，一种是共同海损。所谓单独海损，指损失仅属于特定方面特定利益方，并不涉及其他货主和船方。所谓共同海损，是指载货船舶在海上遇到灾害、事故，威胁到船货等各方面的共同安全，为了解除这种威胁，维护船货安全使航程行以继续完成，船方不意识地、合理地采取措施，造成某些特殊损失或支出特殊额外费用。构成共同海损必须具备以下条件：①共同海损的危险必须是实际存在的，或者是不可避免而产生的，不是主观臆测的；②消除船、货共同危险而采取的措施，必须是有意的和合理的；③必须是属于非正常性质的损失；④费用支出是额外的。

（3）结合本案例，①损失是由于货船触礁导致，属意外事故，故其为单独海损；②⑤损失是船长为避免实际的船板裂缝风险而采取的有意的、合理的避险措施，属于非正常性质的损失，费用支出也是额外的，故其属于共同海损。

案例3

某外贸公司按 CIF 术语出口一批服装货物，装运前已向保险公司按发票总额的110%投保平安险，6月初货物装妥顺利开航。载货船舶于6月13日在海上遭遇暴雨，致使一部分货物受到水渍，损失价值2 100美元。数日后，该轮又突然触礁，致使该批货物又遭到部分损失，价值达8 000美元。

试问：保险公司对该批货物的损失是否赔偿，为什么？

参考答案：

（1）保险公司对于该批货物的损失应该赔偿。

（2）本案例涉及保险理赔问题。现行的中国人民保险公司的《海洋运输货物保险条款》规定平安险的主要保险责任范围有八项，其中第二项为：由于运输工具遭受搁浅、沉没、触礁、互撞、与流冰或其他物体碰撞，以及失火、爆炸等意外事故造成货物的全部或部分损失；第三项为：在运输工具已经发生搁浅、触礁、沉没、焚毁等意外事故的情况下，货物在此前后又在海上遭受恶劣气候、雷电、海啸等自然灾害所造成的全部损失。

（3）结合本案例，触礁是因为意外事故导致的，应赔；遇暴风雨受损的 2 100 美元，是在运输途中由于自然灾害造成的部分损失，但又因该批货物是在触礁意外事故前造成的，所以保险公司对上述两项损失都要赔偿。

案例 4

我国某外贸公司与荷兰进口商签订一份皮手套合同，价格条件为 CIF 鹿特丹，向中国人民保险公司投保了一切险，生产厂家在生产的最后一道工序将手套用塑料袋包好，然后用牛皮纸包好装入双层瓦楞纸箱，再装入 20 尺的集装箱，货物到达鹿特丹后检验结果表明：全部货物湿、霉、变色、沾污，损失价值达 80 000 美元。根据分析：该批货物的出口地不异常热，进口地鹿特丹不异常冷，运输途中无异常，完全属于正常运输。

试问：

（1）保险公司对该项损失是否赔偿，为什么？

（2）进口商对受损货物是否支付货款，为什么？

（3）出口商应如何处理此事？

参考答案：

（1）保险公司对该批货物的损失不予赔偿。原因是：根据中国人民保险公司《海洋货物运输保险条款》基本险的除外责任：在保险责任开始之前，被保险货物已存在品质不良或数量短少所造成的损失；被保险货物的自然损耗、本质缺陷、特性及市价跌落、运输延迟所引起的损失或费用保险公司不负责赔偿损失。在本案中，运输途中一切正常，货物发生质变不属于保险公司的责任范围，故保险公司对该批货物的损失不予赔偿。

（2）进口商应支付货款。因为本案中交货条件为 CIF，根据《2010 通则》中的解释，按 CIF 条件成交，买卖双方交货的风险分界点在装运港的船舷，货物越过装运港船舷以前的风险由卖方承担，货物越过装运港船舷以后的风险由买方承担；另外，CIF 是象征性交货，卖方凭单交货、买方凭单付款，即使货物在运输途中全部灭失，买方仍需付款，但若是货物品质问题，可凭商检机构的检验证书向卖方索赔。

（3）出口商应以该批货物负赔偿责任。因为该批货物在运输途中并无任何风险导致损失，发生质变完全是因为生产工序问题，这属于货物的品质问题，故其应向买方负赔偿损失的责任。

案例 5

我国某公司以 CIF 术语出口一批服装，装运前按合同规定已向保险公司投保水渍险，货物装妥后顺利开航。载货船舶起航后不久在海上遭遇暴风雨，海水涌入舱内，致使部分服装遭到水渍,损失价值达 1 000 美元。数日后,又发现部分服装袋包装破裂,估计损失达 1 500 美元。

问:该损失应由谁承担?

参考答案:

(1) 1 000 美元的损失应由保险公司承担赔偿责任,1 500 美元的损失应由买方自己承担。

(2) 本案例涉及保险理赔及 CIF 的风险分界点问题。根据中国人民保险公司《海洋货物运输保险条款》规定的水渍险的承保责任范围:除包括平安险的各项责任外,还负责被保险货物由于恶劣气候、雷电、海啸、地震、洪水等自然灾害所造成的部分损失。另外,本案中交货条件为 CIF,根据《2010 通则》中的解释,按 CIF 条件成交,买卖双方交货的风险分界点在装运港的船舷,货物越过装运港船舷以前的风险由卖方承担,货物越过装运港船舷以后的风险由买方承担;CIF 是象征性交货,卖方凭单交货,买方凭单付款,即使货物在运输途中全部灭失,买方仍需付款。

(3) 结合本案例,1 000 美元的损失是由于自然灾害导致的意外损失,属于保险公司水渍险的承保责任范围,故保险公司应该赔偿。1 500 美元的损失,是由于包装破裂引起的,它不属于水渍险的承保责任范围,而属于一般附加险中包装破裂险的责任范围,故保险公司是不负责赔偿责任的,另外,根据 CIF 风险分界点问题,此项损失应由买方自行承担。

案例 6

某合同中规定:"6、7 月分两批平均装运",我方某公司于 5 月 12 日收到美国某公司开来的信用证,规定:"装运期不迟于 7 月 31 日"。我公司货物早已全部备好,信用证中并没有规定必须分期装运,因此我公司于 6 月 10 日一次装船并运出。

试问:我公司的这种做法是否妥当,为什么?

参考答案:

(1) 我公司的做法是不妥当的。

(2) 本案例涉及信用证问题。由于合同规定"6、7 月分两批平均装运",信用证规定:"装运期不迟于 7 月 31 日",因此该信用证并无矛盾。另外,根据信用证的特点:信用证是一份独立的文件。他以合同为基础而开立,但一经开出,就成为独立于合同之外的另一种契约,银行只受信用证条款约束,不受合同约束。而进出口双方既要受信用证约束,也要受合同约束。

(3) 结合本案例,信用证与合同中的规定虽然并无冲突,但由于买卖双方又要受合同及信用证的双约束,故我方于 6 月一次装运显然是违反了合同,故是不妥当的,买方有权拒收货物或要求损害赔偿。

五、国际贸易实务违约、索赔、不可抗力和仲裁部分
案例 1

我国某外贸公司与某外商签订一份出口合同,合同中订有仲裁条款仲裁地点为北京,后来发生交货品质纠纷,外商不愿到北京仲裁,于是在当地法院起诉,当地法院向我国外贸公司寄来传票。

问：我公司应如何处理？

参考答案：

（1）我方可以将传票退还给外国法院，指出其对该案件是没有管辖权的，应将争议案件退交北京仲裁庭裁断。

（2）本案例涉及仲裁协议问题。所谓仲裁，指交易双方达成书面协议，自愿将他们之间的纠纷提交给一个双方同意的第三者进行裁判，第三者的裁决对双方均有约束力。仲裁协议的形式有：仲裁条款和提交仲裁的协议。仲裁协议的作用有：发生争议，只能以仲裁的形式解决而不得向法院起诉；排除法院对有关案件的管辖权；使仲裁机构取得对争议案件的管辖权。

（3）结合本案例，我方与外商的出口合同中明确有以双方自愿为基础的仲裁，外商不但不愿遵守，且在当地法院起诉，根据仲裁的作用，外商的做法违背了仲裁协议，是无理论依据的，故我方可以将传票退还给外国法院，指出其对该案件没有管辖权，坚持将该案件交由北京仲裁庭裁断。

案例2

有一份 CIF 合同，合同规定在 9 月 15 日以前装船，但在同年 8 月 20 日，卖方所在地发生地震，由于卖方存货的仓库距震中较远，因此货物未受到严重损失，仅因交通受到破坏而使货物不能按时运出。但事后，卖方以不可抗力为由通知买方撤销合同，买方不同意。

试分析：卖方的主张是否正确？

参考答案：

（1）卖方以不可抗力为由通知买方撤销合同的主张是不对的。

（2）本案例涉及不可抗力问题。所谓不可抗力，是指买卖合同签订后，不是由于合同当事人的过失或疏忽，而是由于发生了合同当事人无法预见、预防、避免和控制的事件，以致不能履行或不能如期履行合同，发生意外事故的一方可以免除履行合同的责任或推迟履行合同。不可抗力的后果有两种，一种是延期履行合同：即不可抗力事件导致的后果并不是十分严重，有继续履行合同的可能性；另一种是解除合同：即不可抗力事件导致的后果严重，完全排除了继续履行合同的可能性。根据《联合国国际货物销售合同公约》规定：合同签订后，发生了合同当事人订约时无法预见和事后不能控制的障碍，以致不能履行合同义务的，则可免除责任。

（3）结合本案例，卖方存货仓库距震中远而未受严重损失，该影响对合同所产生的实际影响程度尚不至于达到使合同完全无法履行的程度，只是暂时对合同履行造成一定影响，故卖方不得以不可抗力为由通知买方撤销合同，而只能同买方协商将合同延期履行。

案例3

某公司以 CFR 对德国出口一批皮革服装，合同规定货物到达目的港后 30 天内检验，买方有权凭检验结果提出索赔。我公司按期发货，德国客户也按期凭单支付了货款。可半年后，我公司收到德国客户的索赔文件，文件称：上述皮革制品有 60% 发生霉变，并附有德国某内地一检验机构出具的检验证书。

问：对德国客户的索赔要求，我公司应如何处理？

参考答案：

（1）我公司可拒绝德国客户的索赔要求。

（2）本案涉及 CFR 条件下商品品质检索赔问题。根据国际惯例，按 CFR 条件成交，买卖双方的风险分界点在装运港的船舷，货物在越过装运港船舷以前的风险由卖方承担，货物越过船舷之后的风险由买方承担；索赔是有期限的，超过索赔期限的索赔，对方有权拒绝；索赔是要有索赔依据的，索赔的商检证书的开出地点机构应符合合同规定，否则有权拒绝。

（3）结合本案例，首先，德公司按期议付了货款，表示我公司产品在目的港后本身没有问题，也说明产品变质发生在德国公司内地，由此可见此风险已超过了装运港的船舷，因此应由买方承担；其次，德国该公司出具的商检证书是该国某内地出具的，并未按合同规定的在目的港检验，这不符合合同的规定；再次，合同中明确规定货到目的港后 30 天内检验，而德国公司却在半年后才发来检验证书。

凭以上三点，我公司可拒绝德国客户的索赔要求。

案例 4

国内某研究所与日商签订了一项进口合同，欲引进一台精密仪器，合同规定 9 月交货，但到了 9 月 15 日，日本政府宣布：该仪器属于高科技产品，禁止出口，自宣布之日起 15 天生效。后日方来电，以不可抗力为由要求解除合同。

问：日方的要求是否合理？我方应如何处理较为妥当？

参考答案：

（1）日方的要求是不合理的，我方应尽快回电，催促日方尽快履约。

（2）本案例涉及合同履行过程中的不可抗力问题。所谓不可抗力是指买卖合同签订后，不是由于合同当事人的过失或疏忽，而是由于发生了合同当事人无法预见、预防、避免和控制的事件，以致不能履行或不能如期履行合同，发生意外事故的一方可以免除履行合同的责任或推迟履行合同。不可抗力的后果有两种，一种是延期履行合同：即不可抗力事件导致的后果并不是十分严重，有继续履行合同的可能性。另一种是解除合同：即不可抗力事件导致的后果严重，完全排除了继续履行合同的可能性。根据《联合国国际货物销售合同公约》规定：合同签订后，发生了合同当事人订约时无法预见和事后不能控制的障碍，以致不能履行合同义务的，则可免除责任。

（3）结合本案例，日本政府宣布禁止该产品出口，是属于社会因素的不可抗力，对合同影响大，买卖双方的合同本应无法继续履行，但由于其宣布的生效日在宣布之日（9 月 15 日）起的 15 天以后，也即 10 月 1 日，而买卖双方合同中明确规定交货日为 9 月，因此卖方可不受此政府禁令的约束，不应以不可抗力为由解除合同，故我方应拒绝日方的不合理要求，并督促日方按期交货。

案例 5

美国 A 公司从国外 B 公司进口一批圣诞服装，供应圣诞节市场，合同规定：卖方在 9 月底以前装船，但卖方违反合同，到 10 月 7 日才装船，致使该批服装到美国时圣诞节已过，因此，A 公司拒收货物并主张撤销合同。

试分析：A 公司是否有权拒收货物并撤销合同？

参考答案:

(1) A 公司有权拒收货物并撤销合同。

(2) 本案例涉及违约问题。所谓违约,是指合同一方当事人没有履行或没有完全履行约定的义务的行为。根据《联合国国际货物销售合同公约》规定:违约可划分为根本性违约和非根本性违约。所谓根本性违约,是指一方当事人违反合同的结果若使另一方当事人蒙受损失,以至于实际上剥夺了其根据合同有权期待得到的东西。所谓非根本性违约,是指违反合同的一方并不能预知而且在通常情况下也没有理由可以预知会发生违反合同的这种结果,即不构成根本性违约的都可称为非根本性违约。另外,《联合国国际货物销售合同公约》还规定:根本性违约受损方可解除合同,同时也可以请求损害赔偿;非根本性违约,受损方只可请求损害赔偿,不可解除合同。

(3) 结合本案例,由于 B 公司迟延交货而使该批服装到达美国时圣诞节已过,致使 A 公司无法从该批货物拿到预期的利润值,故 B 公司已构成根本性违约,根据《联合国国际货物销售合同公约》规定,A 公司有权拒收货物并撤销合同。

案例6

我国从印度进口真丝原料200t,交货期为 8 月,然而 4 月印度原定收购地点发生洪灾,收购计划落空,印商要求按不可抗力事件处理,免除交货责任。

问:中方应如何对待?

参考答案:

根据《联合国国际货物销售合同公约》对不可抗力事件的规定,印方事件不构成不可抗力,因为该事件并非不可克服的,合同不要求特定产地,印商可以从其他地方收购,尤其是离交货尚有 4 个月可供印方备货,故中方不应同意印方要求,应要求印方如期履约。

思 考 题

1. 国际货物买卖的特点是什么?
2. 进出口贸易的基本业务程序是什么?
3. 常用的贸易术语有哪些?如何解释?其含义和作用是什么?
4. 如何选用贸易术语?
5. 指出 FOB、CFR、CIF 之间的相同点和不同点是什么?

参考文献

[1]孟祥年. 国际贸易实务操作教程[M]. 3 版. 北京:对外经济贸易大学出版社,2007.

[2]张彦欣,卓小苏,李晓慧. 国际纺织品贸易实务[M]. 北京:中国纺织出版社,2005.

[3]张彦欣. 纺织品外贸操作实务[M]. 北京:中国纺织出版社,2006.

[4]周敏倩.国际贸易实务与案例[M].南京:东南大学出版社,2008.

[5]吴百福.进出口贸易实务教程[M].7版.上海:上海人民出版社,2015.

[6]陈岩,于永达.解释贸易术语[M].北京:清华大学出版社,2005.

[7]黎孝先,石玉川.国际贸易实务[M].2版.北京:对外经济贸易大学出版社,2012.

[8]李画画,顾立汉.国际贸易实务[M].北京:清华大学出版社,2014.